后浪出版公司

生存心理

野外探险家和生活挑战者的深度指南

LAURENCE GONZALES

[美] 劳伦斯·冈萨雷斯 著

朱鸿飞 译

DEEP SURVIVAL

WHO LIVES, WHO DIES, AND WHY

天津出版传媒集团

天津人民出版社

致父亲：

您啊，我的父亲，在那悲哀的高处，
现在用您的热泪诅咒我，祝福我吧，我求您。

——迪伦·托马斯（Dylan Thomas）

目录

新版前言

我曾在芝加哥消防队工作过，但不是从我四岁时就开始梦想的职业——消防队员，而是作为一名委派来的记者，来讲述身处最危险的职业之一的消防队员之间的生活是怎样的。这些英勇高尚的消防队员接纳了我，和我共享午餐，一起吃腌牛肉、卷心菜和土豆。一天，非常荣幸地，他们给了我一套属于我自己的装备：凯夫拉纤维外套、厚重的靴子和一顶面罩已经半熔化的破帽子——这套装备曾出入火场，我敬畏它，甚至在穿戴时心怀愧疚。毕竟，既然现在它归了我，那么它的主人又在哪里？我到过各种事故现场，遭遇过受困的窗户清洁工、撞毁的汽车和废物失火。大多数时候只是一场虚惊。

终于有一天，我们赶到一个火灾现场。这次他们没让我坐在车上袖手旁观，而是直接让我进入火魔中，向我展示他们是如何扑灭一场大火的。这是一份非常危险的工作，但它的传奇色彩深深吸引了我。他们是我儿时梦中英雄的现实化身，并且有一点我再清楚不过：只要他们能出来，我就能出来。我知道，就算他们自己命悬一线，也不会丢下我自生自灭。

一天，我们在扑灭一座四卧木屋的大火。整幢房子都在燃烧，我不敢相信我们居然还在往里面走。我们爬上脚下正在熊熊燃烧的楼梯，站在二楼上，房子的后墙已经倒塌，扑火的同时，从我们所在的猛烈燃烧的高处可以看到后院熊熊燃烧的废弃卡车轮胎和儿童游乐设施。这次经历在我的心里为消防队员塑造了一个特殊的地位。

《生存心理》出版后，我开始接到一些消防组织的电话，询问我可否过去与他们分享一些可能增加生存概率的观点。消防队员居然想听我的意见，我既惭愧，又兴奋。当我听说美国各地甚至加拿大的消防队员正将本书用于训练时，我更意外了。自那以后，我一直与消防队员群体有交流。

从事世上最危险职业之一的人想读《生存心理》，这我能理解，但接下来的电话和来信更加让我惊讶。我收到了来自一名经常登上《财富》（*Fortune*）杂志和《华尔街日报》（*Wall Street Journal*）的著名投资家的函件。他邀请他所有的雇员都阅读《生存心理》，并且希望他们能够听到我的演讲。我是否能在不久后去他们公司演讲呢？

消防队员面临的危险与股市投资人面临的挑战会有关联吗？写作《生存心理》一书时，我希望能够传递这样一个观点：所有事故都是一样的。所有危害——身体上、经济上或其他方面的——都有共同特征。所有的错误都来自一个错误家族，而我们可以从其中汲取经验教训。我们的终极生存——无论是生命、爱还是生意方面的——都是在同一片土地上，遵循共同的规律演化而来的。

对书中观点做出反馈的人员范围之广让我产生了强烈兴趣。我曾将我的研究集中于野外事故，因为这些故事扣人心弦而且有详细记录。但随着写作的深入，我也从中发现了这些经验的普适性。我满心希望，各行各业的人都能从中学到同样适用于他们的生活和工作的经验。关于这一点，我还未曾失望过。

一些早期的读者是治疗癌症的医生，他们想知道为什么有的病人会与病魔斗争并且活下来，而有的病人则会放弃治疗并且死去，即使他们的病情相同。我也开始收到越来越多的商界和金融界人士的来信，邀请我去谈一谈如何进行风险管理、做出更好的决策。不久后，我还会与海军海豹突击队、谷歌、劳伦斯利弗莫尔国家实验室和麻省理工斯隆商学院对话——这份名单上的机构还在增加。

那些最动人的反馈中的一部分来自曾陷入可怕婚姻的女性，她们从《生存心理》中得到了脱身所需的帮助。还有些人谈到失去所爱之人的痛苦和从书中得到的力量。我听到了各种反馈，如"你救了我的命""你改变了我的商业计划"，等等。一个男人写信来，告诉我说他和同事制造了一颗独一无二的价值千万美元的人造卫星，然而成品却摔坏在地上，《生存心理》使他理解了这种事情是如何可能发生的。本书中的观点并非全部来自我：有一些观点可追溯到古代哲学家，还有一些来自神经科学的最新研究成果。但这些观点的广泛吸引力意味着，本书几乎在各行各业都有受众。

《生存心理》可以说是我倾尽一生来写的书，它收录了一位热衷冒险、常常置身于危险之中的记者在世界各地的旅行，也收录了我对科学的热爱，这种热爱是在我父亲的影响下萌生的，他是一名生物物理学家，也是一名功勋卓著的"二战"飞行员。书中记载了我对人类行为和大脑功能的深深好奇。它大声提出（也试图回答）这样一个问题：**为何聪明人会做出如此蠢事**？

20世纪90年代后期，我正在如饥似渴地阅读所有能找到的最新的神经科学资料，我能感觉到自己创作本书的准备日渐充分，但我的内心却充满疑问。我的观点正确吗？会有人在乎这些吗？这么多信息，这么多故事，以至于在我飞往西班牙看望在那里进行为期一年的大学学习的女儿埃琳娜（Elena）的时候，仍感到困惑、焦虑。我带了笔记和一份粗略的提纲，我们两个在塞维利亚的酒吧和咖啡馆仔细研究了几天。她比我更有条理，帮我理清了思路。当我飞越大西洋回国的时候，我已经清楚地知道自己试图传递的观点，并将之总结在书末的12条探险法则中。

回国后，我疯狂地敲击键盘写作本书，如有神助。当文字呈现在眼前时，我觉得自己像是一名初次读到它们的惊讶的读者。写到最后一章"坠机之日"时，我感觉自己像喘着气、摸索着爬上岸的第一条鱼。

但我依然不知道这本书能不能触动我试图触动的那些处于痛苦与危难之中，迷失了方向的摸索者。写作不像登台演唱，可以通过掌声立即获知观众的反应，作家是置身于长久的寂静中写作的。直到近一年后，经过大量编辑、重写和整理，我才将最终的稿件（尚未出版）交给《国家地理探险》（*National Geographic Adventure*）杂志的编辑。几天后，电话铃响起时，我还很惊讶这么快就有了回复。吉姆① 是个优秀的编辑，是良师益友，也是不善逢迎的无情的批评家。我说："嗨，吉姆，怎么说？"

他说："我只看到一半左右，但不得不说，**确实很不错**。"吉姆从没对我说过这样的话。我都有点难为情了，这太亲近了。但我知道：我想要传达的信息，他已经收到了。那一点对我很重要。

现在，这本书已经被译成西班牙语、意大利语、韩语、日语和中文（两次）出版。新版本的出版以及持续的那些很棒的陌生人的来信，使我终于可以舒一口气，相信自己在捕捉人性的那些既让我们犯下（或避免）重大失误，也让我们编织了动人心魄的生存故事的丝丝缕缕的尝试中没有将自己置于尴尬境地。在此，我要感谢所有读过本书的人，也欢迎所有将要阅读本书的人。请来信讲述您的故事。每个人都会有他（她）的故事。

劳伦斯·冈萨雷斯

新墨西哥州圣菲市

2016 年 5 月 18 日

laurencegonzales.com

---

① 当是作者在"致谢"中提到的杂志社主编吉姆·梅格斯（Jim Meigs）。——译者注

序幕

　　大部分孩子都听过离奇的故事，并且会逐渐认识到那些不是真的。但在我成长的过程中，那些孩提时代听到的离奇故事居然是真的。我了解得越多，故事似乎就越离奇，越真实。

　　与其他孩子不同，我听过的故事令人感到可怕、悲伤，似乎不像是真的。我没有重复地讲是因为我觉得没有人会相信。这是一个从天上摔下来的年轻人的故事。与飞得太高的伊卡洛斯①相反，他是飞得不够高。在 27,000 英尺②的高空，他的机翼被杜塞尔多夫郊外铁路站场的一支德军高射炮营发射的 88 毫米高射炮弹击断。还有一点与伊卡洛斯不同，我写下这些文字时，他还活着。

　　临近"二战"结束之际，我的父亲费德里科·冈萨雷斯（Federico Gonzales）是空军中尉，在美国陆军第八航空队驾驶 B-17 轰炸机，当时这支队伍已经演变为一台将青年变成回忆的可怕机器。那天他在执行他人生中的第 25 次也是最后一次任务。他急于完成这项任务，因为他和搭档大卫·斯威夫特（David Swift）将报名执飞有"空中骑士"之称的 P-51"野马"战斗机。虽然被击落过，但父亲初心不改。战前，他应征加入最后的骑兵部队。他可以一边策马飞奔，一边打光 0.45 口径的 1911-A 型手枪的弹夹，然后在返回时重新装弹，击中目标。战争开始后，骑兵部队机械化，他开始寻找下一个最佳目标。他发现了飞机，就向飞

---

① 伊卡洛斯（Icarus），古希腊神话人物，在跟随其父逃离克里特岛（Crete）的飞行途中，因为不听劝告，飞得太高，导致身上用羽毛和腊制作的翅膀被太阳烤化散掉，坠海而亡。——译者注

② 1 英尺 ≈ 0.30 米。——译者注

行员努力，但人家需要轰炸机飞行员。45年后，他的指挥官告诉我："你父亲有驾驶飞机的天分。"

1945年1月23日，父亲所驾驶的B-17轰炸机被击中时，他是美军领导的一次大型空袭的领航员。出发前，第398轰炸机大队的指挥官，陆军上校弗兰克·亨特（Frank Hunter）命令我父亲的正式副驾驶暂时退出，自己坐上领航机右驾驶座以便观察这次行动。破晓前，这些轰炸机喷着滚滚浓烟，从纳塔姆斯泰德基地起飞，编成队形，蜂拥飞过英吉利海峡（English Channel）。

德国高射炮营的地面火力在紧靠1号发动机内侧位置将父亲驾驶的B-17轰炸机左机翼切成两半时，他们已经到达目标区域，正飞在轰炸航路上，真是倒霉透顶！轰炸中不能采取规避动作，不然炸弹会偏离目标。更何况，他的飞机是编队头机，敌军第一轮炮击就打中了他。飞机遭到致命重创，机组人员九死一生。爆炸声震耳欲聋，父亲立即看出，经此一击，飞机已经无法飞行了。他转向身边的长官，说："噢，我想它终于来了。"

然后飞机打了个滚，父亲试图纠正但没有用，飞机已经开始某种倒转平旋运动。他说不出到底是什么样的运动，因为世界已经变成一团令人恶心的混乱色彩。他通过内部通话系统向机组发出了弃机命令，也不知道系统是能运转还是已经被高射炮打成了碎片。飞机用越来越响的哀号、呻吟和从爆掉的风挡钻进来的嚎叫声发出抗议，与此同时，所有的指示灯都开始闪亮，报警器和汽笛发出鸣叫。父亲看看亨特上校，意识到他已经死了，也许是被高射炮击中了，又或许是被解体的飞机上掉下的某块金属砸死了。

在上下颠倒的旋转中，他摸索着座位下的降落伞。中弹时，他们在27,000英尺的高度上，他不知道现在的高度，但知道他必须出来。飞行员应该随时背着降落伞，但是那些经验丰富的老手，比如当年23岁的父亲却将之放在座位下，因为背着那个该死的玩意儿坐上10个小时会让人非常不舒服。而且按飞行员喜欢的说法，他们丢给你的这个选择令人屁眼发紧，因为40英尺宽的降落伞会使下方的飞行员变成神枪手的活靶子。连农夫都会出动试图捕杀美国飞行员，妇女和孩子们也会赶来收集一架B-17轰炸机残骸的馈赠：尼龙、羊毛、塑料、各种金属，来自降落伞与逃跑地图的丝绸。

粗笨的安全带让他拿不到降落伞，因此他解开了安全带。离心力将他重重甩到仪表板上，差点把他砸昏过去。通过一根从胸前伸到面罩的厚橡胶管输送的氧气供应也被切断了。他摔在了仪表板上，并且不知道高度下降有多快，于是就伸出灌了铅般沉重的手拉掉面罩好喘口气。他看到亨特头朝下、无助地挂在安全带上。他倒吸一口气，该死！也许还在20,000英尺以上，他想着，然后缺氧昏迷了过去。

在他昏迷的时候，飞机从中间一分为二。地面上，派弗（Peiffer）老太太看到一幅奇特的景象：有人从天空中掉了出来。10名机组成员中，只有我父亲活了下来，但是从大约5英里①的高空中坠下使他受了重伤。

他醒过来时，一切都结束了。他倒在仪表板下，被裸露的巨大铝制方向舵踏板压住，动弹不得。他看到破碎的座舱罩外的天空，那块胎盘似的乌云就是他掉出来的地方。一个男人出现在破裂的窗框外，他站在右侧机翼的断根上，用一把手枪指着父亲的头。他是德国当地的农夫。在那里，杀死美国飞行员并不是什么罕见的事情。父亲无动于衷地看着那个人扣动扳机。

1958年，我10岁，在休斯敦医学中心的一个医学实验室帮着做事。父亲是那里的生物物理学家。我说服他带上我一起去工作，这样我就可以自己弄清楚他在做什么，因为他解释不清。从很小的时候起，我就开始缠着问他的工作。5岁的时候，我开始觉得他也许是较为迟钝的科学家。别人的父亲都能解释清楚他们的工作。8岁时，他开始在我放学后或周末的时候带我到实验室，让我清洗玻璃器皿，做些粗活。不过渐渐地，他

---

① 1英里≈1.61千米。——译者注

开始交给我更多任务。我在学会跳舞之前就学会了制作显微镜切片。

　　我在实验室最初的工作之一是将垃圾倒进焚烧炉。这些垃圾里常有被剖开的小鼠和生物实验室会有的类似物品。我会拖着垃圾袋走过铺着瓷砖的宽阔走廊，走廊里光线昏暗，仅有的照明来自两边的玻璃陈列橱，里面是飘浮在福尔马林里的演示样本。这些样本里有被切成半英寸①厚的人脑切片，它的切面非常光滑，有处于各发育阶段的胎儿，还有一具无头无臂的女性标本，躯干从胸骨顶部到胯部被一切为二，她飘浮在福尔马林里，就像是波提切利的维纳斯②在波涛上诞生前的一场噩梦。

　　我走到焚烧炉边，摇动钢制手柄，直到生锈的厚重炉门打开到能够露出里面熊熊燃烧的橘黄色火焰。我正要将垃圾袋投进去，突然看到从火里伸出一条胳膊。我吃了一惊，然后越想越怕。我意识到，那是“维纳斯”很早以前与其他身体部位一起失去的胳膊。我想，我到底在这里做什么？那时我还答不上这个问题，但现在可以了：我在追寻父亲，试图获得他拥有的一些优秀品质。作为儿子，除了努力从父亲身上学到东西外，还能做些什么呢？

　　因为父亲是科学家，所以我是怀着对科学的信任长大的。这意味着，早在有意识之前，我就在寻找某些普遍适用的规则 —— 生存法则。

　　我很早就对生存感兴趣，那时我还是个孩子，而且知道了父亲在“二战”中的行为。他活了下来，但其他人死了，这在我看来似乎意味深长。这些故事我听了一遍又一遍，但似乎永远参不透其中的奥妙。他的幸存让我相信他具有某种难以形容的特殊品质。我迫切希望自己也能拥有这种品质。

　　渐渐地，我形成了一种看法：要想生存下去，你就必须先在险境的“火炉”里锤炼自己。连日常生活都应该是一场冒险，即使身边围绕着的

---

① 1 英寸≈2.54 厘米。——译者注

② 山德罗·波提切利（Sandro Botticelli，1445—1510），意大利画家，《维纳斯的诞生》（The Birth of Venus）是他的名作。——译者注

都是死人，也要笑着活下去。最终，我开始了自己的冒险。我故意去冒险，这样我就能从中幸存下来。我们住在得克萨斯州东南部的一片牛轭湖边，大约从 7 岁起，这片遍布鳄鱼和鳄龟、响尾蛇和水蝮蛇以及各种外来怪物的土地就成了我的私人荒野。我母亲是德裔爱尔兰天主教徒，生了一大堆孩子——谁能一个不落地盯着我们？何况，我是尤其野的那个。

四年级的时候，我开始写自己的冒险故事。到 20 多岁时，我成了报道冒险故事的记者。30 多年后，我认识到，自己一直在不自觉地阐述生存主题。但每次采写完一个故事后，我都要自问：我有没有找到生存的真谛？我是个生存者吗？还有其他故事吗？

我当上飞行员。我开始报道重大航空事故，描写我父亲赖以成名的那条生死界线。

之后，带着对科学的兴趣，我想一定有什么研究成果能帮我理解我曾经困惑的生存之谜。我看到，原本很理性的人会不顾一切建议和常识，做出无法解释的事情，导致自己送了命。一个很理智的男人在骑摩托雪橇的时候被警告不要上山，因为那里可能发生致命的大雪崩，但他还是上去送了命。一个有丰富户外经验的消防队员在明知方向错误的情况下，依然硬着头皮走下去，最后在野外绕来绕去，彻底迷了路。许多器械潜水员死去时，气罐里还有空气。他们拔出了嘴里的减压阀，然后死了。如果你有魔法，在他们拔掉减压阀前那一刻将他们带到水面上，问他们为什么会有这种举动，他们会告诉你那根本讲不通：减压阀是生存必需的。如果你能在事后这样问他们，他们会告诉你他们并不想把减压阀拔掉，他们想要活下去。

在读过数百份事故报告，并且写下数十篇文章后，我开始追问：我们体内是否隐藏着什么让我们做出如此疯狂举动的神秘力量。大部分人很难相信行动会不由理智控制。我们相信自由意志和理性举动，但当我们看到理性的人做出不理性的事情时，这些假设就受到了考验。

那些得以幸存的情况同样令人困惑。例如，就我所知，一个经验丰富的猎人可能会在树林里迷路一夜而死去，而一个 4 岁的孩子却可能活下来。当 5 个人在海上漂流，却只有两个人回来时，是什么导致了完全不同的命运？谁会活着走出纳粹集中营？为什么斯科特①一行死在南极，而在同样环境下，沙克尔顿②一行人却活了下来，甚至是很健康地活了下来？为什么一个 17 岁的女孩能走出秘鲁的丛林，而那些与她一起失踪的成年人却坐以待毙？生存如此难以预料实在令人发狂，毕竟科学追求的是可以预料的结果。但当灾难的灰烬被扒开，我开始看到了某种解释的轮廓。

　　我从多年的研究和报道中发现的大部分原理都不是新发现。我熟悉大脑运行方式方面的最新研究，熟悉已经问世几个世纪 —— 甚至几千年 —— 的基本原理，也熟悉与冒险、生存有关的心理因素。这些原则不仅适用于野外生存，也适用于所有压力性严苛情形，如离婚、失业、疾病考验，从伤痛中恢复，以及在一个飞速改变的世界经商。

　　不难想象的是，野外生存需要装备、训练和经验。然而事实告诉我们，这些因素也许是有利的，但不是决定性的。实际上，那些走到野外或者在与自然力量的接触中寻找刺激的人很快就会发现，经验、训练和现代装备都会"背叛"你。令一个拥有西方科学头脑的人气馁的是，决定生死的不是背包里的装备，甚至不是你的大脑，虽然听起来有点老套，但能决定生死的是你的内心。

---

① 罗伯特·福尔肯·斯科特爵士（Sir Robert Falcon Scott, 1868—1912），英国探险家。1910 年至 1912 年期间，他率四名同伴乘雪橇前往南极，在返回基地的途中丧生。——译者注
② 欧内斯特·亨利·沙克尔顿爵士（Sir Ernest Henry Shackleton, 1874—1922），英国探险家，曾率队在南极探险。——译者注

其出弥远，

其知弥少。

——《道德经》

我如何陷入这种种困境之中，

我要如何走出来，

它又会怎样结束？

——索伦·克尔凯郭尔（Søren Kierkegaard）

上篇
意外如何发生

一事物按其自身的结构究竟是什么？

它的本质和材料是什么？

——马尔库斯·奥勒利乌斯（Marcus Aurelius）

第一章

"注意，雷·查尔斯来了"

要是肉眼能看到肾上腺素，那么今夜，你可以看到从圣迭戈的海滩缓缓流出一条油腻的绿色大河，向海面上延伸出 100 多英里，流向那条"小船"的艉部。"小船"是飞行员对这艘航母的称呼，其实它的排水量达到 95,000 吨，长度相当于帝国大厦的高度，而且至少可以容纳6,000 人。

我和五六个汗流浃背的人挤在着舰指挥官（LSO）平台上，此时这个长宽均为 8 英尺的平台显得很拥挤。我们正以"约 30 节"①（准确速度是机密）的速度迎风航行，我努力不被人挤下这个距离海面高达 70 英尺的平台，以至于掉进海里。"小船"的螺旋桨撕开大海的"肚皮"，我举目凝望片刻，看着大海卷曲的"肠子"映着月光，翻滚着向后退去。

在我左边，着舰指挥官迈克·扬科维奇（Mike Yankovich）戴着风镜和头罩，一瞬不瞬地盯着地平线上方约 15 度的位置。他把一个看上去很重的电话听筒压在左耳上，右手高举着"泡菜开关"②，之所以叫"泡菜开关"，是因为它的样子就像一块有着银色圆环环绕的黑色扳机的巨大胶木制犹太泡菜。扬科维奇将食指和拇指悬在交叉指示灯和复飞指示灯开关上方，以便通知飞行员加大油门或中止着舰。那架 F-18"大黄蜂"战斗机正以每小时 150 英里的速度向我们飞来，平台上的人急于看到飞机，

① 1 节≈1.85 千米／小时。——译者注
② "菲涅尔"透镜光学助降系统（FLOLS）的开关装置。——译者注

不自觉地将我挤向平台边缘。

　　1 英里外的飞机看上去还不起眼，像一枝黑色的标枪，在布满耀眼飞弹的天空中，它显得尤为黑暗。我知道通用电气公司的这些庞大发动机烧起煤油来比 V-2 火箭还快，但我还没听到发动机的声音，只看到一个静默的昆虫影子，伸展开来像一架纸飞机，又像一只漆黑夜空中的黑色蝙蝠。

　　我看着身边的面孔，每个人腮帮子都鼓鼓的，里面是一个海军陆战队员几分钟前分给他们的图西棒棒糖。他们瞪着眼，紧张地盯着那个逐渐吞没飞弹光芒的越来越大的影子。但他们看到的和我不一样，他们就像排队等着坐过山车的孩子。而当那架 56 英尺长、40 英尺宽的飞机直直地向我们飞来时，我想到的是：**我们都会死的**。

　　飞机要降落的地方离我们只有几英尺远。我可以看到黑色防滑甲板上那条发亮的白色边界虚线（"边界"意：过界者死）。我们正站在航母甲板上的一条极短的跑道的抵达端旁边。跑道与船中线呈一夹角，一直延伸向船首。油腻的灰色阻拦索摇摇晃晃荡向船的右舷。理论上，如果飞行员降落准确，悬在飞机尾部的钩子将勾住四条阻拦索之中的一个，飞机就会被拉住。

　　甲板的其他地方一片忙乱，飞机在加油、滑行、起飞，A-6 攻击机、F-18 "大黄蜂"和性感的老式"雄猫"战斗机（最后一批有操纵杆和方向舵的战斗机）像笨拙的野兽一样，随着戴着风镜和头罩的黄衣人（飞机移动和起飞操纵员）和"葡萄"（紫衣人，航空燃料员）的手势缓缓移动。飞机滑行和排队等待弹射时，这些人转动着他们戴着防护手套的手，发出暗号。在刺眼的甲板灯光下，听着刺耳的金属撞击声，整个气氛类似有强大火焰图腾的原始仪式。

　　如果环顾四周的话，我会看到，在诡异的淡黄色灯光下，弹射控制官正从他那位于甲板上的深海潜水器般的玻璃室中向外张望。在一阵金属颗粒的风暴中，又一架飞机弹出：咔—锵—嗖！惊人的嘶嘶尖叫就像有人将地狱撕开了一个洞。那只蝙蝠的影子沿着辫子状的烟雾爬升、飞离时，仿佛一对怒目的加力燃烧室一动不动地悬在夜空中。

我通过头罩里的耳机听到了扬科维奇的声音，转过身，看到 F-18"大黄蜂"向我们飞来。他正对着话筒说话。

飞行员用颤抖的声音答道："314 黄蜂，呼叫球①，3.2。"

"收到球，风速 20 节，轴向。"

他是四分之一英里外一个玻璃泡里的孩子，孤零零地行走在夜空中，他的下面是昏黄的甲板灯光。冷风吹散了一轮白月前的乌云，他横跨在两个巨大的火焰喷射器之上，冲向波涛汹涌的大海，将呼啸的惊雷甩在身后。

最终，我们感觉到脚下的颤动，粗壮的 2 号阻拦索在冲击下变成了一把柔声歌唱的乐器，拉维·申卡尔②遇上了"终结者"。阻拦索像鱼竿一样放出了 200 英尺的鱼线，"钓"到了飞机。飞机一路颤抖着，加速度将飞行员 [德尔里奥（Del Rio）——我在他的座舱口边缘滑轨上看到了这个名字] 死死地压在安全带上，要过一会儿，他才能伸出仿佛有 40 磅③重的手，将油门拉回到原始位置。这时，飞机移动操作员挥手示意他滑向加油车，"葡萄"将会为他加油。

这样他就可以再次升空和降落。

德尔里奥的表现是一次完美的生存行动。他安全地站在一艘大船的甲板上，爬进一架填满了易燃燃料的机器中，用一台核能蒸汽弹射器把自己射入夜空。然后，仅凭高超的技艺和强大的情绪控制力，他安全返航。他的表现是惊人的，一边在漆黑的夜空中以每小时 150 英里的速度

---

① 准备降落前，如果飞行员看到光学助降系统（OLS）的高度指示灯呈"球"（又叫"肉球"）形，说明飞机下降角度正确，这时他会"呼叫球"（即请求使用光学助降系统降落）。着舰指挥官"收到球"（即准许降落）。——译者注

② 拉维·申卡尔（Ravi Shankar，1920—2012），印度西塔尔琴演奏家和作曲家。从 20 世纪 50 年代中期起，他在欧洲和美国巡回举办西塔尔琴独奏会，对促进现代西方对印度音乐的兴趣做出了很大贡献。——译者注

③ 1 磅≈0.45 千克。——译者注

飞行，一边利用非自然的提示，用一个不可见的钩子，勾住了一条肉眼看不见的绳子。

大部分人永远不会遇到与德尔里奥一样的艰难处境，但每种求生状况的本质是相同的，因此，今夜的故事给我们上了一课。首先，要保持镇静，不要惊慌。因为情绪被称作"热认知"，所以这也被称为"保持冷静"。作为俚语，"冷静"的使用可以追溯到19世纪，但它的现代意义则源自20世纪40年代的非裔美国爵士乐手。比起冲动的、情绪化的比博普音乐，爵士乐是"冷静的"，而它也逐渐取代了前者。一些研究者指出，面对种族歧视，非裔美籍爵士音乐家没有在面对种族歧视的时候陷入冲动（愤怒），与之相反，他们保持了表面的平静，并且将自己的心情通过音乐的方式表达出来，这正是他们在恶劣环境下的生存策略。他们将恐惧和愤怒转化成兴趣的焦点，而"焦点"正是表明他们能够将注意力集中于眼前事务的隐喻。

终此一生，我都在寻找我从父亲身上看到的那种冷静状态，因为正是这种冷静将父亲完整地带回了家。（实际上，没有那么完整，但到我出生时，又或多或少地变完整了。）

未经训练的人中，只有10% ~ 20%的人能在生死存亡的急迫形势下保持冷静，正常思考。他们能够认清形势，制定计划并且采取正确行动，所有这些都是求生的关键因素。他们能迅速适应不断变化的环境。这些人就是今夜可以飞离"卡尔·文森"号（*Carl Vinson*）航母甲板的飞行员。返回甲板就是那个终极考验。

我之前见过德尔里奥，当时是在9号待命室第1800号简令的报告会上，他迟到了一小会儿。那是一间钢铁围成的房间里，我们都懒洋洋地坐在舒适的栗色瑙加海德人造革椅子上，竭力装出一副没给吓傻的样子。每隔几分钟，弹射器就会将船震得山响：咔—锵—嗖！似乎我们正在被"飞鱼"导弹击中，但没有人感到害怕。德尔里奥走进来的时候，扬科维奇刚开始给他的学生做简报。他显然小睡了一会儿，一侧的脸上还留着枕头印。

"嗨，床给你烙了印，"扬科维奇评论说，"练习无舵雪橇滑行？"他们将睡觉称作无舵雪橇滑行，因为当航母在汹涌波涛上穿行，飞机在头顶的甲板上起飞的时候，睡在小床上的感觉就像是冬奥会遇上了第三次世界大战。

扬科维奇是个健壮的年轻人，有着方下巴、棕发和绿色的眼睛，笑起来非常开朗。他知道可以和德尔里奥开玩笑，因为在这样一个连根针掉地上都会有人注意到的高度警戒的地方，每个人都出自本能地知道，在第一次夜间航母降落前还能睡上两个小时是控制力绝佳的冷静状态的表现。

我一生都沉浸在对生死边缘地带的迷恋中，来到"卡尔·文森"号就是表现之一。要想在生死边缘活下来，你必须保持冷静和警觉。之所以是边缘地带，是因为并不是所有人都能成功越过，一些人失败了，一些人死了。

我来之前不久，某个飞行员正飞向航母甲板，经历最后的考验。他失去了对下降速率的控制，飞得太低、太慢，然后，好吧……一些人会用"恐慌"一词来描述，但那远远不够。有大量的感官信号在向他"尖叫"，提醒他最好维持动力（他的手已经放在节流阀上，他要做的只是将它扳动几英寸）。着舰指挥官已经按下"泡菜"开关，启动了那些表示**"不准降落！"**的刺眼红灯。巨大菲涅耳透镜上的醒目"球"灯就在前方提醒他，他飞得太低了。当然，着舰指挥官也在冲着他喊叫。但不知为何，这些都没能引起他的注意。

飞机撞上舰艉，断为两截，武器系统官（WSO，后座那位）像撞在挡风玻璃上的小虫一样被压扁，依然绑在马丁—贝克弹射座椅上的飞行员滑过甲板，擦出一阵暴雨般的火花。飞行员活下来了，虽然我不确定他是否会再次尝试那个花招，但我确信，舰长会请他去喝茶。

不过，最让人迷惑不解的还是，他是怎么做到在面对这么多阻止降落的信息时，硬着头皮坚持飞向航母的。这就是我一直在追寻的真正界线：他在想什么？他思维敏捷，有备而来，并且训练有素。但是某种强有力的因素阻绝了这一切有利条件，迫使他不顾收到的所有表明那是个坏主意的信息，飞向甲板。这让我想起大量野外和极限户外运动（如漂流）中发生的事故，在这些事故中，人们会忽视显而易见的危险，并做出让人感到不可思议的事。这，就是我试图解开的谜团。

"卡尔·文森"号上的飞行员知道的是：正如汽车保险杠上的贴纸所说，有时候，事故自己就发生了。有些事非人力所能控制，因此最好的对策是找到应对的方法。扬科维奇这样对我解释："弹射杆折断了，滑梭以超音速前进，击中了水刹器，巨大的能量使水刹器立即汽化、爆炸，然后甲板钢板飞起，而你起飞时正好从这些钢板上空飞过，于是你弹射弃机，落在了甲板上。"这就是战斗机飞行员所说的"诸事不顺"。尽管出现了这种情况，人力能控制的事情还是有的，而你最好一直保持对它们的控制。

这就是为什么扬科维奇要在当晚，在"卡尔·文森"号9号待命室开第1800号简令报告会。他说："这会把你的魂都吓出来。如果你滑行到弹射器边，胃部却没有收缩，那一定是哪里出问题了。那就像走进一个封闭的空间，你正在直直走进一个黑洞。你正在坐着消耗氧气，这种时候，你最好是有计划的，因为如果没有，那就是厄运当头，然后你就完了。"

我们都见过在航母外盘旋的两架直升机（防止有人落水）和巨大的黄色起重机（捞起半身卡在舷外的飞机）。而这些都是给那些幸运的家伙准备的。第一规则是：面对现实。生存能力强的人也会害怕。他们能认识到正在发生的，而且确实被吓到"魂都丢了"。最重要的问题是，下一步你要做什么。

简令报告会不是为了灌输技术知识才开的。如果这帮家伙还没有掌握这些知识，那么他们就不会坐在这里，他们的名字（其实是绰号：毛团、鳗鱼、爆竹、布偶狗、矮墩子）也不会被刻在身后的椅背上。简令报告会部分是为了提醒他们记起一些他们已经掌握的知识，就像教堂里唱的圣歌一样，但没有那么复杂，因为在心理学家所说的"亢奋状态"下，人接受不了任何过于复杂的知识。

相反，简令报告会更多的是与扬科维奇说事的方式有关，而这是一种充满黑色幽默的方式。它是一次小小的仪式，在这个仪式上，每个人都会被提醒如何直面死亡，并付之一笑。在真正生死存亡之时，你当然会直面死亡，但如果你不能从中找到滑稽甚至是奇妙的所在，并从中受到鼓舞，那么你已经身处地狱。

《生存人格》（*The Survivor Personality*）一书的作者、心理学家阿尔·西伯特（Al Siebert）写道：生存者"笑对威胁……玩笑和笑相生相伴。玩笑使人维持自身与周围发生的事件的联系。"要面对现实，你必须先认清现实。

正是怀着这样的观点，"卡尔·文森"号的飞行员很少认真谈及飞行时常常面临的危险，相反，他们拿危险开玩笑。因为如果你表现得过于认真，就会恐惧过头，而潘多拉的魔盒一旦被打开，就无可挽回了。恐惧是好事，但过度恐惧就成了坏事。

扬科维奇继续他的简短指示："蒸汽幕升起的那一刻你看不到飞机移动和起飞操纵员。如果你将折叠手柄放在错误位置上，很快就会成为烈士，所以检查一下。展开它们，五只土豆，你的机翼到位。好了，推下去，发动机启动，确保一致。安全员上场，确保'啤酒罐'放下。压力信号。将你交给弹射指挥官，接着后仰，四个 G 的加速度。抓紧'毛巾架'。触摸弹射座椅手柄以确保你没坐在上面。如果还在弹射器上的时候，你的一台发动机熄火了，就打开'爆破器'12 ~ 14 秒，但不超过 16 秒。如果在雷达高度仪上看到自己在下降，聪明人就会迅速按下（弹射座椅）手柄。"

他刚刚到底说了些什么？

第一次听到这样的指示时，我完全不懂，但这恰恰说明了一个道理：内行看门道，外行看热闹。为了让读者能看明白，在这里解释一下扬科维奇的话：在甲板上滑行时，机翼是折叠的，在这种情况下尝试起飞是很糟糕的。推动手柄后，机翼需要 5 秒钟的时间落位锁定，因此你可以这样计时：1 只土豆、2 只土豆……5 只土豆。接着，在检查过起飞步骤的所有技术细节后（推一下操纵杆以确保其移动灵活，检查确认两台发动机输出等量功率，等等），你要抓住一根叫"毛巾架"（因为它样子像毛巾架）的金属杆，以防止身体被弹射力砸到后面。而且，以防万一出现更复杂的情况，记住，你的一台发动机可能会熄火，作为应对，需要让另一台发动机的加力燃烧器（名为"爆破器"，因为它发出爆响）也开启以维持足够的起飞动力（但不要让它过载，因为这些发动机很昂贵）。因为没有什么事情会完全按计划发展，所以你要检查雷达高度仪看是否在下降，这时候，理智会让你尽快弃机逃生。

当然，很难想象有人会这样说，因为任何人都能听明白，而且，这种说法听上去很恐怖。

除此之外，还有降落时的问题，因为，正如我父亲常说的，起飞可以选，降落没得选。扬科维奇解释了那个最重要的问题："当你离航母四分之一英里时，如果有人问你，你的妈妈是谁，答案是**不知道**。你的注意力就有这么集中。好了，呼叫球。到关键时候了，记住：撞线时加足油门。现在，你的智商回到了猿猴的水平。"

听起来，他是一个聪明的混蛋（确实是），但深层的知识就像模糊的塔木德经文一样需要你去挖掘。这些知识包括生存知识，包括你需要知道和无需知道的知识，包括大脑表层及其隐蔽深处的知识，包括你懂却以为不懂的知识，包括那些你不懂最好不要装懂的知识。

像柏拉图那样称它为猴子，或者称它为马。柏拉图知道，情绪可以压倒理智，要想获得成功，就要给情绪之马套上理智之缰。这恰好与现代研究的结论非常接近，而且它的影响是两方面的：没有情绪的理智就像没有马的骑手。

战后，父亲没有再驾驶过飞机，也很少谈论它，但他想讲的时候，我就会听。过去他常说："爬上舷梯，走进飞机，你的智商就去了一半。"

我一直不明白他的意思, 但本能地有所察觉。刚成为飞行员时, 我会在飞行前激动万分以至于管中窥豹。我会看着一张检查清单, 但只能看到第一个项目: 检查总开关 —— 关。有时候, 我只是坐在左边座位上急促地呼吸。几年的飞行生涯, 我倒着飞过, 开过喷气机和直升机, 有过几次"树立信心"的经历, 我达到了几乎每次飞行都近乎纯粹乐趣的境界。我说"近乎"是因为, 时至今日, 每次飞行前我都还心有余悸、胃部收缩, 这些感觉表示我不是傻瓜, 我知道自己在经历一场预估过风险的冒险。我是在拿技艺和控制力与一个拥有巨大能量的复杂、紧凑、不稳定的系统一争高下。我一直是骑在有着半吨肌肉的马身上的那个小骑手。恐惧让我有自知之明, 有正确看待事物的那份谦虚。在攀岩或冲浪前, 或者在穿上滑雪板, 纵身跃入能够永远吞没我的荒野前, 我都有同样的感觉。

因此, 扬科维奇对飞行员说的事情不仅对他们的生存至关重要, 本身也很有科学道理: 要知道, 你不是全部。在感觉、认知、记忆和情绪方面, 你都处于一个深度改变的状态。他是在努力让他们面对现实的同时, 保持冷静。他见过死亡, 知道"那匹马"的威力, 而这些人是他宝贵的战机"骑士"。

为了生存, 你真正需要知道的是 —— 不管是在喷气式战机里还是在野外 —— 那个我们称作情绪 (emotion, 来自拉丁语动词 emovere, 意为"移走")的系统可以快速而有力地激发行动。埃里希·玛丽亚·雷马克 (Erich Maria Remarque) 在《西线无战事》(*All Quiet on the Western Front*)里完美描写了这一点。他将自己在第一次世界大战前线的经历写进了书中:

> 听到榴弹的第一次轰鸣声, 我们自己存在的那一部分猛地一下子倒退了数千年。那就是在我们心中苏醒过来的动物的本能, 它指导着我们, 保护着我们。它并非是意识到的, 它比意识快得多, 可靠得多, 更不会失误。谁也无法解释清楚。一个

人在走着，什么也没想——突然，他就扑到一个土坑里，弹片从他身子上方飞过去，但他就是想不起来，他是不是已经听到榴弹飞过来，还是已经想到自己要往那里卧倒。若非他凭本能行动，他早已成了一堆肉酱。正是另一种，即我们身上的一种有预见的嗅觉，促使我们扑倒下去并救了我们一命，而我们自己却不知道是怎么一回事。要是没有那种嗅觉，那么从佛兰德到孚日早就没有人活着了。

　　现在，我们可以解释情绪了，至少可以比雷马克写作那本小说时的我们解释得好。情绪是旨在自保的本能反应，包含了一系列作为行动准备的身体变化：神经系统更加活跃；为了更快凝结，血液的化学成分发生了变化；肌肉紧张性发生了改变；消化活动暂停；各种化学物质通过血液被输送到全身使身体处于高度警觉的状态以备不时之需。所有的一切都发生在意识控制之外。理智迟疑、缓慢、容易出错，而情绪可靠、迅速、毫不犹豫。

　　最古老的医学和哲学模式可以追溯到古希腊时代，描述了一个统一的有机体，其中思维是身体不可分割的部分。但柏拉图认为思维和身体各自独立，灵魂在人死后依然存在。亚里士多德又把它们连回一体。但人们似乎在那个分离观点上挣扎了相当长时间，也许是因为他们本能地觉得，就好像思维不知何故是与身体截然不同的。文艺复兴后出现的笛卡尔模式声称思维独立存在，没有定位，完全独立于身体。但神经科学家不再认为大脑是独立的，而是与心脏、肺和肝一样是身体不可分割的一部分。而且，现在许多研究者将我们作为思维和意识所经历的那些，看作是大脑突触功能的副作用（尽管从进化方面来说是有益的）。当然，他们都认可身体对大脑的影响不亚于大脑对身体的影响。实际上，大脑所做的或能做的反应是来自它的突触连接，而突触连接又是通过大脑对身体和环境的感知形成的，从这种意义上来说，大脑的形成有身体的一部分功劳（另一个主要影响是环境）。思考是一项身体机能，情绪和感觉也是。

正如安东尼奥·R.达马西奥（Antonio R. Damasio）在他关于大脑的畅销图书《笛卡尔的错误》（*Descartes' Error*）中指出的，"我思故我在"成了"我在故我思"。大脑是唯一没有明确功能的器官。它让你呼吸，但不是呼吸系统的一部分。它控制血压和血液循环，但也不是循环系统的一部分。没有大脑及其几乎延伸至每个细胞的庞大投射网络，"身体"这个概念就毫无意义。作为神经科学的权威，达马西奥完全有资格给大脑下定义，而他将大脑定义为一个"信息和管理'器官'"。他给"器官"一词加上引号，因为严格意义上来说，它不是一个器官。

他书中所写到的信息有三种类型：环境信息、身体信息和关于两者相互作用带来的或好或坏结果的信息。"管理"一词指的是，本质上，大脑的功能主要是调节（管理）。大脑提供了与环境状况和身体状况有关的不断变化的万花筒般的图像。它收到的图像来自体内的感受器和感觉外部世界的感觉感官（这些图像可以与味道、视觉、听觉或感觉相关）。与此同时，大脑连续不断的输出决定了身体对环境和其自身的反应，从调整血压到交配行为。据此，大脑在解读环境并指挥机体应对的同时，也在解读机体并做出适当的调整。另外，这一过程也在通过制造新的神经连接不断对大脑进行重塑。所有这一切的目标只有一个：适应。这是生存的另一种说法。

大脑主要通过无意识的学习来完成这项工作。它通过加强神经元之间的电化学传输、建立可供神经元互相交流的新节点来学习（适应）。神经轴突（发送信号的神经纤维）生长并形成新的分支和突触。记忆就是这个过程的结果。

几乎做任何事都会形成新的神经元连接。学习某事的过程和记忆的实质已经可以被神经科学家在实验室里观测了，基因会表达储存信息的蛋白质以及把信息转化为记忆的蛋白质。这个过程被称作"巩固"，因为按照神经科学家、《突触自我》（*The Synaptic Self*）一书的作者约瑟夫·勒杜（Joseph LeDoux）的说法："回忆时的大脑已非形成最初记忆的那个大脑，要想让旧记忆对当前大脑有意义，记忆必须更新。"这就是记忆出了名地靠不住的原因之一。

认知和情绪之间还有一个新的分化。"认知"意为以语言、形象和逻辑加工为媒介的推理和有意识的思考，"情绪"则指对环境、身体或记忆产生的图像做出反应的一套特定的机体变化。认知能进行精确计算和抽象区分，而情绪能够做出有力的身体动作。

因此，人类有机体就像骑在栅门内的一匹纯种马上的骑手。人小马大，如果它决定在那个小铁笼里撒起泼来，骑手就会受伤甚至送命，因此他小心翼翼、轻手轻脚。骑手代表着理性，而马则代表情绪，这个复杂的系统经过了亿万年进化的培育和经验的打造，是为生存而存在的。它们非常强大，可以让你做出你认为自己绝对做不出的事情，也能让你做到你绝对不相信自己做得到的事情。没有马，骑手赢不了比赛；没有骑手，马也不能独自去比赛。在栅门内，他们是分开的，并且危险；但跑起来时，他们合二为一，这是天作之合。

这匹马（情绪）惊人地强大。1999年母亲节这天，辛宁·埃伯利（Sinjin Eberle）和搭档马克·贝弗利（Marc Beverly）正在新墨西哥州攀登桑迪亚山野地（Sandia Mountain Wilderness），一块重量超过500磅的巨石掉在埃伯利身上，将他压住。贝弗利亲眼看到埃伯利将石头从身上挪开。当然，没人能举起500磅的石头。但这一次，埃伯利做到了。20世纪80年代，我在报道航空事故时，一个调查员告诉我，他们发现那些死去的飞行员曾在试图拉起受损飞机的机头时，将巨大的操纵杆从大型飞机上拔出来。

那匹马有利有弊，它可以赢得比赛，也可以在栅门内撒野。因此，懂得何时安抚和温和地驯服它，何时策马飞奔是冠军骑手、真正生存者的标志。那也是各种亚文化群的黑色幽默的醉人之处：它意味着温和地驯服野兽，使它保持冷静；当奔跑时刻到来时，它意味着放开缰绳，意味着保持情绪和理性的完美平衡。这就是泰格·伍兹（Tiger Woods）和尼尔·阿姆斯特朗（Neil Armstrong）这类杰出表现者的典型特征。

情绪可分为基本情绪和次级情绪。基本情绪是与生俱来的情绪，如获得食物的冲动和有坠落感时伸手抓物的反应。但身体反应的情绪系统可以与任何事物建立联系。雷马克的士兵学会了将本能深处的情绪反应与炮弹的呼啸联系起来。情绪进化的过程中，高爆炸弹尚未问世，但仅仅经历了几次这样的联系之后，情绪就很便利地被用在躲避炸弹的工作上。这样的联系一旦建立，就极为牢固，甚至无须经过思考就能采取必要的行动；它是自发进行的。认为它是次级情绪而非基本情绪的证据是，新兵没有这样的反应，其结果就是他们会大批地死去。

神经科学证实了雷马克的描述，阐明了事故是如何发生的。如果是一个经验丰富的漂流者落水，他会仰躺着，让脚尖伸出水面，利用救生衣的浮力漂在水上。而没有经验的人会像溺水的游泳者那样伸手挥舞或试图抓住什么，伸出胳膊的动作会导致他的双脚下沉。

1996年6月16日，44岁的彼得·达菲（Peter Duffy）在哈德孙河（Hudson River）上漂流时丧生，他的意外说明了控制情绪并且培养合适的次级情绪有多重要。"他（达菲）掉到水里，"发布《河流安全报告》（*River Safety Report*）的查理·沃尔布里奇（Charlie Walbridge）写道，"他试图逆着水流站起来，导致右脚夹到两块石头间，他也被拖着向下。他的救生衣被冲掉，人困在3英尺深的水下……脚被困的时候，援救会变得非常困难。脚被困在河水的激流里的危险程度就像是走到了一辆高速行驶的汽车前。受害者受到过警告，但没有按指示去做。"理智上，达菲知道该怎么做，但知识不是情绪的对手。

恐惧是，但也只是一种情绪。繁殖本能则是另一种情绪，并且能激活一系列惊人的类似身体反应，尽管所涉及性器官和腺体有着明显的个体差异。任何曾深陷爱河的人都能明白扬科维奇的话："你的智商回到了猿猴的水平。"在繁衍问题上，情绪接替了大脑中掌管思考工作的皮层，引发了一系列生存必需的本能反应。

恐惧反应中，杏仁核（与大脑的大部分结构一样，每个大脑半球有一个，共两个）与大脑和体内的无数其他结构协同工作，引发一系列惊人的复杂事件，而所有这些事件是为了让机体做出一个有助生存的行为，如原地僵住，然后逃跑。反应开始时，神经网络被激发，大量化合物被释放出来，扩散到大脑和体内。其中最为人知的是肾上腺素。"Adrenalin"是肾上腺素（epinephrine）的商品名，也是它的同义词，但在科学圈子里，这两个词都不常用。肾上腺分泌的肾上腺素和去甲肾上腺素都属于儿茶酚胺，儿茶酚胺作用广泛，包括收缩血管、促进或抑制神经细胞的激发和平滑肌纤维的收缩等。但是，当人受到惊吓时，使你感到心脏颤动的主要是去甲肾上腺素（不是肾上腺素）。肾上腺皮质分泌的皮质醇（一种类固醇）除其他功能外，也有放大恐惧的作用。一旦杏仁核发现危险，机体内部流动的所有化学物质共同作用的结果是心率升高、呼吸加快，更多糖分进入新陈代谢系统，氧气和营养物质的分配改变，这样你就有了逃跑或战斗的力量。现在，你处于加力燃烧状态。扬科维奇提到的胃部收缩就是重新分配造成的（也有胃部平滑肌收缩的原因），消化系统的血流减少，这样其他应对紧急情况的部位的血流就会增加。［约瑟夫·勒杜的《脑中有情》（*The Emotional Brain*）和《突触自我》对这个极其复杂的系统有精彩的论述。他将杏仁核称作"防卫系统中枢"。］

成百上千万年的进化才让我们获得了情绪反应。但对于那些要在最后的 0.25 英里内将 50,000 磅的喷气式战斗机降落在上下起伏的航母甲板上的海军战斗机飞行员来说，合适的生存反应还没来得及进化出来。

彼得·达菲对情绪反应控制力的缺乏导致他在哈德孙河溺亡。撞上"卡尔·文森"号船舰的那个战斗机飞行员也是类似效应的受害者。在接近航母的过程中，次级情绪控制了他。不管出于什么原因，他没有进行有必要的控制，让飞机飞得太低。我知道次级情绪是怎么发挥作用的，我自己也遇到过这样的情况，大部分飞行员都遇到过。按扬科维奇的说法，驾驶舱里的恐惧如同电话亭里的一场刺刀肉搏。你确实需要挣扎着抬起僵硬的手，纠正你眼睁睁看着它发生的错误。你的情绪脱离了理智。

以前，这名飞行员一定有过许多次极度恐怖之后如释重负（降落时）

的感觉。压力下释放的激素在扰乱感知、思考和记忆的形成与提取的同时，也通过激发杏仁核布下了一个危机四伏的陷阱。这些激素能够抑制外显（有意识的）记忆，同时更加高效地形成和唤醒内隐（无意识的）记忆。随着恐惧程度加深，它会变得更难对付，因为你甚至都没意识到是什么在驱使你。勒杜把这种情况称为"杏仁核逐渐主导了工作记忆"时"情绪对意识的有害接管"。机体知道哪里是安全的，当你还是个新手并由衷感到害怕时，每一次的成功降落都会带来一阵爆发般的近乎高潮的放松感。飞行员会形成一种强大的次级情绪，告诉他在地面（或甲板）上会有安全感甚至是极乐，只要能够"见鬼地落下去"就万事大吉。他对那份感觉刻骨铭心，那是一个有力的行为激发因素，是经验与初级情绪状态的结合培养出来的。他也有理性的知识，知道在已经过低、过慢的情况下降落可能会丧生。可惜他没有与此有关的次级情绪，因为他没有经历过。那是个抽象概念，属于前脑，不足以激发行为。

飞行员将航母舰部叫作"圆下摆"，将飞机撞上舰艉叫作"艉击"。一个曾在对伊拉克战争中执行任务的飞行员说："这些事故糟透了，而且是致命的。"他解释了事故是如何发生的。在那一刻，飞行员的注意力过度集中在他觉得最重要的事情上：甲板、家。这被称作"死盯甲板"，因为这一举动中断了视线的自然移动，而视线所覆盖的范围应该包括高度指示灯、对准跑道、航速、高度计和迎角。要是只盯着降落区，他就完了。

飞行员的恐惧曲线攀升至爆表，而他回到甲板的动机曲线则向另一个方向拼命攀升。骑手失去了对笼中马的控制。

经验丰富的户外旅行者和从事冒险活动的人能理解这一点。1910 年，英国探险家阿普斯利·彻里－加勒德（Apsley Cherry-Garrard）和罗伯特·福尔肯·斯科特启程奔赴南极，但斯特科在这次探险中失去了生命。彻里－加勒德撰文赞扬他的旅伴，说他们"表现出了也许是唯一可以确定的通往成功的品质——自控力"。对自控力的运用常常决定了求生的结局。无论是在器械潜水或特技跳伞时做出快速决断，还是在野外受困时保持头脑冷静，自控力都是必须具备的最重要的品质。随着越来越多生手来到户外寻找乐趣，自控力缺失带来的严重后果正在显现，这一点，从以援救或搜寻尸体为目的而发起的搜救行动的数量增长上可以看出来。

　　压力促使皮质醇释放到血液中。这种类固醇侵入海马，干扰它的工作（长期压力可杀死海马细胞）。杏仁核与感觉皮层、嗅觉皮层、前扣带回和腹侧前额叶皮层联系紧密，这一点意味着包括输入和输出在内的整个记忆系统都将受到影响。其结果就是在压力下，大部分人除了一些最简单的工作之外，什么都做不了，连最基本的事情都记不住。另外，压力（或任何强烈情绪）还能侵蚀感知能力。人体在受到压力时释放的皮质醇和其他激素会干扰前额叶皮层的功能。前额叶皮层是处理认知、做出决策的区域，当它受到干扰时，你会看得更少，听得更少，漏掉更多环境信号，还会出错。在极端压力下，视野确实会变窄（遭枪击的警察报告过管状视野）。压力导致大部分人将注意力集中于他们认为最重要但可能并不是最重要的事物上。因此，当那位战斗机飞行员专注于降落时，他很可能没有看到灯光信号，甚至没有听到着舰指挥官让他飞走的声音。这个机制正在采取它认为最正确的做法：尽快避开危险，到达安全地带。其他信息输入成了不相关的噪音，被大脑有效过滤。于是他撞上了航母。

　　刚成为飞行员时，我也做过与此非常类似的事情。我正在靠近要降落的机场，控制员告诉我，说我与另一架飞机有相撞危险。但是我太恐惧、注意力太集中，以至于我根本没听见他的话。我什么都没听到，甚至没看到那架飞机。他在无线电话里叫了我三遍，所幸坐在我身边的朋友乔纳斯①告诉我，说控制员让我立即右转。降落任务变得如此重要——如此情绪推动——以至它完全占据了神经科学家所谓的"工作记忆"（实指意识和注意力），排除了其他刺激。只是因为乔纳斯离我很近，可以猛推我的胳膊引起我注意，他才能打破加在工作记忆上的那把锁。

---

① 当是后文提到的乔纳斯·多维德纳斯（Jonas Dovydenas）。——译者注

情绪属于生存机制，但并不总是对个体有利。它们通过大量试错维持物种生存。个体虽然有生有死，但数百万年间，通过让情绪占据主导地位，更多哺乳动物活了下来，因此情绪是自然选择的结果。对生长于现代文明的人类来说，荒野是新鲜的，充满了我们不熟悉的危险。要想在其中生存，人类身体必须学习和适应。

虽然强烈情绪会干扰理性思维的能力，但思考和学习离不开情绪。在关键时刻做出正确选择时，情绪既可以是成功的源泉，也可以是失败的原因。要想活下来，你必须培育出与理性保持总体功能平衡的次级情绪。

促进平衡的方式之一是幽默。

从悬挂滑翔和激流划艇到洞穴探险再到山地自行车，每种爱好都有各自的亚文化群。我喜欢他们各自独特的黑色幽默，那些向生命致敬的仪式使我们回到有保护作用的冷静状态，它明确地将活人与死人区别开来。

跟着芝加哥消防队一起灭火，努力学习如何在冲向火场时保持冷静的时候，我问过其中一人为什么当消防队员。"我喜欢打破东西。"他说。在我们扑灭一场住宅大火后打破窗户时，我相信他说的。在我体验生活的消防站有个老前辈，名叫伯尼（Bernie），他连凯夫拉防护外套都不穿。他会在驶往火场的卡车上睡着，当我们中有人就此发表评论时，伯尼说："我能把家伙 ① 夹在门缝里睡觉。"

伯尼并不是一个人。消防队员将厨房里的大型啤酒冷藏箱称作"婴儿棺材"。他们用几十个绰号来称呼不同类型的尸体——"焦炭""臭鬼""漂浮者""浸泡者"和"无头骑士"，这些只是其中几个。

国家公园管理局全国应急部门协调员布什·法拉比（Butch Farabee）谈到带他的朋友沃尔特·达布尼（Walt Dabney）在约塞米蒂国家公园

---

① 家伙（dick），俚语，阴茎。——译者注

（Yosemite，那里有很多尸体）搜寻尸体的事，那是达布尼第一次搜寻尸体。找到他们要找的里克（Rick）时，他已经死了一周。"太可怕了，"法拉比说，"他身上爬满了蛆虫，身体硬得像烤火鸡。我们不得不折断了他的胳膊才把他塞到尸袋里。在一处悬崖边向下吊尸袋时，我们失手把他摔了下去。我和沃尔特只得守着尸体过夜。我开始和他说话，'嗨，里克，今天怎么样？抱歉把你摔下来了。'沃尔特觉得我要么是太无礼，要么就是脑子坏了。事实上，你需要尽你所能地来处理这类事情。要么制人，要么制于人。死尸是你无法适应的存在。"

一些高空搜救员将尸袋称作"长期睡袋"。这听起来有点残忍，但求生者需要笑声和玩笑，即使是在最可怕的形势下 —— 也许在那些形势下尤应如此 —— 他们依然欢笑嬉戏。面对现实首先要认清现实，正如西伯特等人指出的，玩笑使人融入身边的环境，而笑声则有助于控制受威胁感。

因此，战斗机飞行员的怪诞幽默包含着连我们都不知道自己知道的真相。情绪可以传染，与微笑、幽默和笑声有关的情绪状态又是其中传染力最强的。笑声无需意识思考，它是自发的，一个人的大笑或微笑会引发别人同样的反应。笑声刺激左前额叶皮层，这是大脑内有助于感觉良好、被鼓舞的区域，刺激还可缓解焦虑和沮丧。有证据表明，笑声可以传递化学信号，有效抑制杏仁核的神经冲动，从而缓解恐惧。因此，笑声有助于缓和负面情绪。虽然这一切似乎纯属学术范畴，但是当你的伙伴在一座秘鲁山峰上的暴风雪中，在19,000英尺的高度上摔断一条腿时，它就可以证明自己的作用了。

生存高手与一般人的区别不在于无惧无畏。他们也会恐惧，但不会被恐惧打倒，他们驾驭恐惧。他们利用它将注意力集中在采取正确行动上。迈克·泰森（Mike Tyson）的教练卡斯·达马托（Cus D'Amato）说："恐惧就像是火，可以用来做饭、给房间取暖，也能把你烧成灰。"泰森本人也说，恐惧"像一口气，像我打拳时看到的一线光亮。我喜欢那种感觉。它让我心里有底，信心十足，它在突然之间引爆了一切。就像是‘它又来了。我今天的好搭档来了。’”但这也是一个危险区域。正如泰森的反常举动[①]所证明的，控制力可以轻易溜走。

我人生的大部分时光都和那些自身行为冒着死亡危险的人在一起。他们看到了死亡，离它不远。他们都有因为冒险而死去的朋友。他们都有避免死亡的策略——一份迷信、知识、幻觉和信心的奇特混合。但开始的时候，每个人都有着一样的系统，一样的基础生命有机体，而当受到威胁的时候，无论是出于追求趣味、履行职责、维护荣誉，还是出于偶然，机体都会以各种可预测的方式做出反应。只有通过控制那些可预测的本能反应，与它们合作，你才能活下来。你不能与这些反应硬拧，因为它们就是你自己。

就在飞机从“卡尔·文森”号起飞前，9号待命室的第1800号简令会议之后的这段时间，为了确保我们能有胃部紧缩感，我去军官餐厅与迈克·扬科维奇和一群飞行员一起吃晚饭。饭后一个穿白色制服的服务员走到餐桌前，坐在我旁边的军官全都对他说了一个字：“狗。”

他们说完后，服务员转向我，问：“狗，先生？”

“行。”我说。等服务员走后，我问迈克：“狗是什么？”

“自动狗，”他说，“一种软式冰淇淋，像冰雪皇后[②]一样。”

我问，为什么叫狗。

“去看看它是怎么从机器里屙出来的。”他说。

因此，生存意味着冷静，意味着谦逊又毫不畏惧地笑对一切恐怖事件，意味着了解大脑最深处的工作过程，尽管作为非科学人士，我们只能通过最狂野的黑色幽默来解释。

这就是这些F-18飞行员，在整装待发而且可能死于这片邪恶夜空中

① 1997年6月28日，迈克·泰森在与伊万德·霍利菲尔德（Evander Holyfield）二番战时，两次咬后者耳朵，最终被取消比赛资格，判霍利菲尔德获胜。此处当指这件事。——译者注

② 冰雪皇后（Dairy Queen），一家冰淇淋国际连锁品牌。——译者注

的可怕冒险的时候，他们还在打趣说，吃的甜点是大便。

　　这是一个古老的习惯。雷马克写道："我们会开粗鄙无情的玩笑，有人死了，就说他屎都夹出来了。而且我们对一切都是这副腔调，这样才没疯掉。只要保持这种心态，我们就能扛下去。"

　　吃过晚饭一小时后，我站在着舰指挥官平台上，扬科维奇高举着"泡菜开关"手柄，把沉甸甸的电话听筒压在耳朵上。我们看着一个紧张的飞行员摇摇晃晃地飞近。我还没提到过扬科维奇的精湛技艺和超凡判断力，在漆黑的夜空下，仅凭肉眼，他就能知道在我们面前还未展开的"黑蝙蝠"能不能勾到那根正确的阻拦索。但这位飞行员的进场操作实在不像样，连我都看出来了。

　　耳机中，我听到扬科维奇说："注意，雷·查尔斯来了。"

　　扬科维奇松开控制手柄扳机，指示飞行员再来一次。他走了几个舞步，一边像盲人一样摇头晃脑，一边在这个高出无边无际的汹涌海面七层楼的狭小着舰指挥官平台上跳起了里尔舞。

　　我们俩转身看着飞机轰鸣着从航母的另一头飞走。它下降了一点点，我们一直等到它安全回升到空中才回过头。这时扬科维奇对我说："伙计，你觉得他能**冷静**下来吗？他现在一定如坐针毡。"

第二章

对未来的记忆

一个有着 20 名摩托雪橇手的团队刚刚完成了一次搜救任务，3 名摩托雪橇手因为机械故障被困在加拿大阿尔伯塔省的库特尼山口（Middle Kootenay Pass）一夜。成功救出 3 名被困人员后，8 名搜救队员带他们快速返回，留下 12 名队员在雪地里收拾破损的机器。返回路上，一场意外的分离发生了，因为其中 8 人急着赶路，冲到了前面。

最终，这 8 人停下来等落在后面的伙伴。他们跨着雪橇停在一个老井场，这是山脚下的一片宽阔平地。此山是著名的冲山好去处，冲山又叫"冲顶"或"摸高"。冲山的人会在平地加速，以最快速度向山上冲，直到在重力作用下停止或者自己掉头下山。这是一个看谁冲得最高的竞争性游戏。

官方的事故报告最终将告诉我们："有人特别警告过他们当天那里发生雪崩的可能性很大，绝对不能去'摸高'或'冲顶'。"

但坐在冷风中，看着周围的景色，闻着大山发出的辛辣杜松味道，这一切都令人血脉偾张。宽阔的平地直通巨大的拱顶山峰，像是天梯一样，穿透纷纷飘扬的雪花直插云端。按心理学家的说法，爱好驾驶摩托车或摩托雪橇等无篷高速机车，表明性格中有追求刺激的倾向。另外，这群人能冲到别人前面，也说明他们对冲动的控制力不强（大胆或喜欢冒险，随便你怎么说）。现在，他们手握油门和一触即发的物理力量。驱使他们的还有更多感官刺激：发动机野兽般的嘶吼和胯下涌动的马力；

大自然母亲性感的臀部昂然挺入雪幕，在缥缈的云层中若隐若现。

突然之间，其中一人的脑子里闪过一个念头。其他人目瞪口呆地看着他脱离队伍，全力冲过开阔地带。随着重力加速度压上重心，他可以感觉到飞速旋转的防滑钉紧紧咬住地面。这是一种熟悉的坚实的力量感，他不断加速、加速、加速冲上斜坡，掠过前两天落下的 5 英寸厚的新雪，这层新雪罩在两英寸厚雨水浸润的积雪上，而这层积雪又覆盖在过去两个月累积的另一层两英尺厚的积雪上。所有这些都压在一层不稳定的潮湿接触面上，这种自然界独有的结构的摩擦系数大概只有微型滚珠轴承的摩擦系数那么大。整个系统以约 35 度角向下倾斜，这恰好是大部分雪崩发生的临界角度。在更陡的坡上，积雪一般会在结成厚块前滑下去；在更缓的坡上，积雪会保持稳定。

还没到山顶，这位雪地摩托驾驶员就陷入了厚厚的积雪里。就在他努力挣扎脱困时，下面的人能看到乳白色的山坡上像是爬着一只"弹道尼龙虫"，还能听到隐隐约约的发动机嗡鸣。

追捕猎物的刺激感和许多情绪一样有传染性。又一个摩托雪橇手轰响油门，坚决冲向高地，直冲上大自然母亲雪白的股沟里。

此时大约是 11 点 40 分，一些人肯定会问：**他们到底在想什么？**

第二名摩托雪橇手带着关于自己在做什么的模糊的半成型的念头，几乎到达了他那名同伴的身旁，一个缥缈的声音小声说着"雪崩高发危险"和"冲高绝对不行"。就像是他生了两个大脑，正在他的身体里争吵着。

现在，等在下面的人可以像阅读巨型天然记分板一样看到他们的得分。第一条线直线上升，停在一个点上，或者一个洞那里，而随着发动机的轰鸣逐渐变成微弱的嗡嗡声，第二条线越拉越长，那只黑虫在白色斜坡上看上去越来越小。这时，他们听到了大雪崩爆发时通常伴随的那声枪击爆裂声。

正式报告写着："11：40 左右，2 号摩托雪橇手也冲上山坡，在他爬到约三分之二路程时，一场三级雪崩爆发。2 号摩托雪橇手得以驶向雪崩边缘逃脱。坡底的 6 人目击了雪崩的开始，其中 5 人设法驶出雪崩下滑路径。"但那下面还有一个人僵在原地。

雪崩释放出一道从山顶直到山腰的 450 英尺宽、32 英寸厚的雪层。一旦雪崩开始，它像过去旧金山地震中掀翻的八车道混凝土州际公路一样，骑在滚珠轴承般的接触面上倾泻而下，直滑了 400 码①。

雪崩将率先冲顶被困的那个人一路冲下山，压在 9 英尺厚的雪下。但下面那个僵在原地的倒霉蛋，当雪墙冲下来，将他淹没在潮湿混凝土般的 6 英尺深的雪中的时候，他只是看着，或许还有些困惑。惊呆是所有哺乳动物的典型情绪反应。1996 年，一枚炸弹在亚特兰大奥运会上爆炸时，一个旁观者碰巧在拍摄人群的录像。他录下的人群惊呆（继而卧倒）的反应是基本情绪的生动例证。

所有的摩托雪橇骑手都带着无线电收发机（用于定位埋在雪崩下的受害者的无线电装置），因此就算没有事先收到的警告，他们显然也对这种现象有所了解。例如，他们也许知道，即使只是被埋在几英寸的雪下也是很危险的。雪很重，而且在雪崩停止后只需几秒就能堆实。随着积雪下滑，雪层结构再次解体，又在停止运动时牢牢咬合。这场雪崩中，山坡向洼地倾泻了两百万磅积雪。

因为受害者带着收发机，同行的没有被埋的人立即确定了他们的位置，给雪崩救援开了个好头。另外，几分钟后的上午 11∶55，来自附近滑雪场的援军赶到了。大部分受害者得不到如此迅速的救援。但即使投入在场所有的人力，并且这些人都处于亢奋状态，在雪崩沉积的雪层上挖 6 ~ 9 英尺的湿雪就像挖开一条城市人行道。他们用了 25 分钟才挖出那个在山脚下僵在原地，惊讶地呆望着整座山在他眼前崩塌的 3 号摩托雪橇手。当然，他已经全身变紫，没了呼吸。他们用了 40 分钟都没能挖出 1 号雪橇手。此时已经赶到的医生宣布两人于当日下午两点正式死亡，那是 1994 年情人节的前一天。

---

① 1 码≈0.91 米。——译者注

报告补充道："那支搜救队的一个人事后追问，'我们被告知过不要冲顶，他们为什么还要那样做？'"

是啊，为什么呢？

威廉·福克纳（William Faulkner）在《八月之光》（*Light in August*）中写道："人们对自己的伙伴了解得实在太少。在他看来，要是他会蠢到别的男男女女干什么他就干什么，他便可以断定世间的男男女女干事情的动机。"

但根据最近的研究，神经科学可以给出更好的答案来回答此类事故发生之后常常被问到的问题：**他们到底在想什么？**

首先，你得问问为什么有人想骑摩托雪橇。倒不是说他们有什么地方要去（他们是有地方要去，但不是山上）。你还得问，一个理性的、见多识广的人，在明知道烧掉昂贵的化石燃料后所得到的只是直接回返下山的情况下，驱使他冲上山的动机可能是什么。

答案不言而喻：乐趣。但随后你需要知道的是，一个毫无意义的活动有什么乐趣。如果真如研究所说，所有行为都可追溯到生存策略，那么你肯定会问，那个举动的生存价值何在。举个例子，我们知道性为什么使人快乐：它能维持物种存续。如果可以抗拒，没人会傻到去那样做。

但现代神经科学会以另一个方式进行解释。雷马克的士兵听到炮弹飞来时的微弱呼啸声时就会不假思索地趴到地上，与此类似，冲上山的摩托雪橇手表现出的也是次级情绪。他们通过经验、突触学习培育出这种次级情绪。也许，这是激发人去追捕猎物的情绪，这种激动人心的身体反应要求速度和敏捷的行动，唯此才能追逐、捕捉和杀死猎物；也许，这是与交配有关的情绪；也许，数种情绪状态结合成为一种新的组合，在人驾驶摩托雪橇时大量释放令人迷醉的化学灵药（因为在美国许多供体心脏来自脑死亡的年轻男性摩托车手，所以我们可以知道这些供体来源也是同样的情况）。在一定程度上，情绪是通用的，重要的是它带来的感觉和它可以不经过思考直接使用这一点。

人们普遍容易混淆"情绪"和"感觉"。心理学之父威廉·詹姆斯

（William James）首次指出，我们不是因为害怕熊而逃跑，而是因为逃跑才害怕熊。首先起作用的是情绪——身体反应（僵住、逃跑、性唤醒），然后才是感觉（恐惧、愤怒、爱）。与地震有关的恐惧引发的化学反应也许与性唤醒引发的反应类似，但这两种经历却有天壤之别。"天摇地动"在不同情况下可以有不同含义，这就是冒险活动可以充满乐趣的原因。恐惧可以带来乐趣，让你感觉更有活力，因为它是自保本能不可分割的一部分。当环境让你感到安全，那么你会轻易做出冒险的决定，身体会为你做出决定。

但自杀一点都不好玩，因此你还是想问，为什么那些摩托雪橇手在明知很可能发生雪崩的情况下，还是决定去冒险。即使我们现在可以理解上山为什么好玩，但依然不清楚，在知道可能送命的情况下，那两人是如何做出冲山决定的。

想想国际象棋大师和他们的下棋方式。我们可以把生命想象成一盘棋，有些人喜欢下跳棋，有些人喜欢下国际象棋。而那些走进野外和进行极限运动的人是在与"自然母亲"下棋。

电脑纯靠逻辑下棋，它会计算成百上千万种可行的移动——不是所有，而是会下棋的程序员输入的已知走棋类型。人不会也不能这样做。实际上，无论是人还是电脑，都不能只靠逻辑下棋。国际象棋只有几条简单规则，但任何一局棋都有约 10^{120} 种可能，这个数字大到几乎无穷。正如詹姆斯·格雷克（James Gleick）在他的《混沌》（Chaos）一书中指出的那样，不仅宇宙中没有那么多基本粒子，而且自宇宙于约 130 亿年前诞生至今也没有经历过那么多微秒。逻辑对国际象棋和人生这样的非线性系统无能为力。

那么，处在人生棋盘中，当他们的脑内储存了亿万字节的信息，新信息还在纷至沓来，并且到了抉择的时候，他们如何决定下一步棋怎么走？

骑摩托雪橇驶上陡峭山峰的举动引发过情绪反应。这些骑手以前做过同样的事并且收获了快感。这是一种身体感觉，而且身体喜欢它，也可以说，标注了它——"自注：再次尝试冲顶"。大脑之所以做出这样的标注（理论上称为"躯体标识"，由安东尼奥·达马西奥创造的一个术语）是因为要想在这个愚蠢透顶的世界上立足，逻辑和思考太慢了。

想一下，如果纯用演绎思考，吃东西会是什么样子。假设你的大脑突然变成电脑，只靠逻辑工作。周日下午，你在家里的书房埋首桌前做书面工作，你饿了。（这就是电脑恼人之处）首先，你尝试了一下吃电话。味道不好，所以你又去尝镇纸。难吃。然后你抱着键盘咬了一会儿。淡而无味。再啃啃桌边、椅子，舔舔地板……最后，也许是一周后，为了找吃的，你已经在纯粹理性的驱使下将屋子尝了个遍，现在你来到了冰箱前面。啃了一会儿冰箱门把手后，你打开门，看到吃剩的比萨……啊，有了！

听起来荒唐透顶。你也许会说："我当然不会去吃电话，我知道食物在哪儿。"但是，被移除大脑特定情绪组织的黑猩猩就是这样。正如神经学家们对脑损伤患者所做的研究表明的那样，事实上，切断情绪对理性高速、跳接式的辅助会使患者失能。这些病人可以完成所有类型的逻辑机能；他们记忆正常；但因为纯粹理性使他们无法做决定，所以他们无法安排会面。他们不能标记感觉，没有直觉，没有发自内心的情感。可以说，他们与自己的身体割裂开了。现代神经科学最引人瞩目的发现就是身体对大脑的控制不亚于大脑对身体的控制。

大部分决定不是凭逻辑做出的，至少在潜意识里，我们都能认识到这一点。勒杜写道："纵观动物王国进化史，大脑的潜意识活动是……常规而非例外"，并且"几乎包括了大脑所做的每件事"。在寻找食物的时候，你标记了一个地方。在那里，良好的饱腹感来自打开冰箱门，拿到里面的东西。你记得冰箱是储存食物的，但无须细想。你可以像自动驾驶一样，一边读书，一边溜达到厨房，打开冰箱门，而且只有这个时候才需要抬头做出那个有意识的动作——抓起一块比萨而不是吃剩的泰式烧烤。寻找食物的过程无需任何所谓认知、推理或逻辑。饥饿和身体将你带到那里。

在需要立即做出行动决定时，该决定是通过一个情绪标识系统做出的。情绪系统对环境做出反应，找到过去标有类似经历和相应反应的标识，让你回忆起行动所带来的或好或坏的感觉。这些内心深处的感觉会给出行动的即时指示。如果既往体验不佳，你会避开那个选择。而当既往体验良好的时候，借用达马西奥的一句话："它成了向你招手的灯塔。"与之相似，玫瑰的味道会带领我回到 1958 年，来到奶奶罗莎（Rosa）在圣安东尼奥市的家。引发那种印象不一定要感官刺激，一个想法或一份记忆都可以。

即时身体反馈是通过情绪标识发现的那些感觉，除非受到更高级意识的抑制，它将或多或少迫使你做出一个决定。这就解释了那名飞得过低过慢的海军战斗机飞行员为什么会撞在航母船艉上。他根本不知道，在面对那么多明确的反对信息时，他为什么还要坚持降落。

达马西奥写道："当某个与特定反应关联的坏结果……进入脑海时，不管多么转瞬即逝，你都会体会到不愉快的内心感觉。"应用那一系统，你可以快速做出选择，并且可能在事后无法解释自己的选择。最好和最坏的决定都是通过这种方式做出的。只要感觉对了，无须思考。

情绪系统已经将驾驶摩托雪橇的良好感觉标识为即时参考。虽与生存无关，但驾驶摩托雪橇的愉悦不亚于基本情绪体验，因为它是对实在之物的控制。情绪不会做假。

因为这个系统的初衷就是在没有逻辑或理性辅助的情况下执行功能，所以**"他们到底在想什么"**的问题现在也有了答案：他们什么也没想。这个系统的终极要点就是你什么都不需要想。

1911 年，心理学家爱德华·克拉帕雷德（Édouard Claparède）在瑞士做了一个经典实验。他有一个 47 岁的没有短期记忆的病人。一天，克拉帕雷德走进病房，与往常一样和她握手。不过这一次，他手里拿了根针扎了她一下。虽然几分钟后她就忘了这件事，但她再也不肯与克拉帕雷德握手。她不知道是为什么，只是在他伸出手时，就会有不好的感觉。

她残留的痛苦体验将该体验与克拉帕雷德伸出的手联系起来，她像普通人一样拥有了一份我们称作本能的深层感觉。一个普通妇女同样无法解释这些感觉，但几毫秒之后，她会记起来。

逻辑思考不能协助那个病人决定是否去握克拉帕雷德的手，但在大脑和身体里的某个地方，她的经历使她对情绪带来的不良感觉进行了标记。感觉到疼痛时，她会不自觉地突然缩回手。伴随缩手这个情绪反应之后的感觉强烈而且令人不快 —— 震惊、意外、恐惧。确定的是，她会心跳加快、呼吸急促，大概脸也会发烧，还可能会叫出来。虽然她对那些事件或感觉没有有意识的记忆，但那份情绪标识以后将永远迫使她做出同样的反应。这是克拉帕雷德的一个重大发现：他的病人可以在没有明确记忆或思考的情况下学习。就好像是她的身体可以学习，这暗示她体内有一个完全隐藏的系统。两个摩托雪橇手不顾一切冲山的决定正是这个系统做出的。

另一方面，虽然那个病人学到的反应在某个环境下是正确的，但缺乏清晰的记忆剥夺了她将这个反应用于其他环境的能力。没有危险的时候，她依然会突然缩手。一般人则会笑着说："大夫，这次你手里没针了，对吧？"但她失去了那份让智人在动物世界中独一无二的灵活性。

右侧身体的自主活动源自大脑左半球的运动皮层，再穿过锥体束，一条从大脑皮层发出的巨大的轴突束。如果你患有中风，并被破坏了运动皮层，那么你的右侧身体就会瘫痪。右侧身体（包括面部肌肉）的所有功能将会停止运行。如果有人叫你笑，你会做出一个两侧不对称的怪相。但如果你听到了让你不自觉微笑的有趣的事情，则能做出正常、对称的微笑表情。其原因在于，情绪反应受控于前扣带回、内侧颞叶和基底神经节，而这些部位没有被中风破坏掉。这种现象也见于脑损伤患者。能够引发行动的独立的大脑系统至少有两套，它们的工作方式 —— 吸取经验并将其转化成知识（记忆）的方式 —— 可以影响你的生存能力。

极端环境下的人类表现学会创立人、心理学家 M. 埃菲米娅·墨菲（M. Ephimia Morphew）和我谈到她研究的一系列事故，事故中的潜水员被找到的时候，他们的气瓶里还有气，减压阀也完好无损。"他们仅仅是从嘴里拔掉了减压阀，然后淹死了。研究者花了好长时间想弄清到底是怎么回事。"看来，有些人在嘴上蒙着东西时会有强烈的窒息感，这导致他们无法抑止地想要解开口鼻束缚。

受害者做出了正常情况下是有益的情绪反应——呼吸。但在器械潜水这种特定的非自然环境下，这是一种错误反应。通过一些无法转化为有意识的（外显）记忆的过往经历，那份冲动或窒息感可能成为了内隐记忆。潜水员无从获知的是，那个盖住口鼻保命的行为是机体不能忍受的。在决定生死的关键时刻，理性不足以压制情绪的力量。因为没人敢说这些潜水员相信自己可以不用减压阀就能在水下呼吸。

墨菲等研究人员想知道，这些潜水员拔掉减压阀，试图不借助它们呼吸时是怎么想的。答案是：什么也没想。这都是情绪和内隐记忆的所作所为。自古以来，人们都认为理性的效力最高。人的物种名即来于此：智人（*Homo sapiens*，来自拉丁语"*sapere*"，意为"体验"，如"体验世界"）。但从身处于极其恶劣环境下的人类机体的角度来看，机体的进化是依赖于作为第一道防线的情绪的，而认知则无关紧要，被扔到一边。认知缓慢而笨拙，按雷马克的说法，根本没时间让它发挥作用。

大部分发生在高风险娱乐活动中的神秘事件，看似不合逻辑的决定、行动和结果都可以用情绪和认知的相互作用来解释，这种相互作用影响了所有的人类行为。从机体生存角度来看，潜水员的所作所为完全说得通：呼吸的冲动是自发的、压倒一切的。能为生存而控制冲动的人活了下来，不能控制的人则死去了。那是生存的最简单的解释，不管是在夜间降落航母，还是在丛林迷路的时候。

在我教女儿阿梅莉亚（Amelia）单板滑雪的时候，她被陷住的滑板边缘绊倒了两次，但之后她再也没被绊倒过。滑雪板下坡侧被卡住时，你会被滑雪板重重掀翻在地上，那感觉就像是有人把保险箱砸在了你身上，浑身疼。第一次遇到这种情况后，你不得不有意识地绷紧腿部肌肉，才能在滑行时让滑雪板边缘翘起。然后你要么累了，要么放松或分心了，滑雪板下坡侧再次陷住，几乎把你摔晕过去。一般来说，有过第二次经历后，你会形成一个根深蒂固的情绪标识。之后，只要你开始放松那些肌肉，就会有一种像是有人拿保险箱砸你一样糟糕的感觉，那些肌肉就会马上绷紧。你再无须去想这件事。

在使用更加线性的逻辑和思考工具时，标识感觉所提供的简洁、连续的辅助是必不可少的。但在特定情况下，通常是我们处在不熟悉或极其危险的环境时，它也可能是陷阱。

第三章

"世界地图"

十几岁时，父亲看出我多么努力地想表现得很酷，于是把我叫到一边，给我讲了真酷和装酷的区别。显然，他属于前者（虽然他没说），而我属于后者。我已经在做一些冒险的事，他评论说，没有必要的作死不叫酷，孩子，一点都不酷。

多年后的一个夏天，我正在参加驻布拉格堡的陆军第82空降师的夜间突击实弹演习。我与最强悍的陆军游骑兵并肩作战。几天来，我们单脚跳上又跳下直升机，发射火箭弹，摧毁坦克，打得不亦乐乎。

但我最感兴趣的还是听游骑兵战士谈论他们的训练，全是真材实料。训练持续8周，从佐治亚州的本宁堡开始，结束地点有时可远至犹他州。[①] 这是美国陆军最紧张、强度最高和最累人的训练。

我们正要夜降在沙丘地带。他们不让我跳伞，因此当飞机飞来时，我正在地面上。我能听到远处森林里自动武器嗒嗒开火的声音，以及随后的C-130运输机发动机微弱的低沉轰鸣。月亮还没升起来，但北斗七星高悬在西边的天空上。正当我走在这片看上去像是沙漠，但1,000万年前还是洋底的地带时，南边的树梢线上，一个巨大的橙色星球突然冲上半空。我摸索着走过沙地的时候，眼前一片漆黑，什么都看不到。然后我发现南方天空上的那颗星原来是人造光源，便知道那是个降落伞上缴

---

① 佐治亚州位于美国东海岸，而犹他州则位于美国西部，两州相距近3,000千米。——译者注

点，大家都会在那里，于是我向它走去。

　　走着走着，我看到东方突然有颗星升上半空，看了一会儿，我才意识到那是一颗照明弹。不一会儿，自动武器炸开了锅，一门榴弹炮的嗖嗖声和爆炸声短暂撕破了寂静，随后夜色再一次笼罩了我。榴弹炮的声音独一无二，是一种巨大的电镀铁门关上，将空气挤入山谷的声音。像冲浪一样，冲击波在山谷耗尽能量后，又原路返回。

　　这时飞机飞来了，我能看到红绿航行灯沿一条与空降区平行的线向我们飞来。我向着飞行方向的下方跑去，在飞机飞过头顶时，正好跑到空降区中间。周围似乎一片寂静，此刻的压力削弱了我的洞察力。天空比地面要亮一些，在那阴冷的微微发亮的羽灰色天幕上，黑色巨兽一般的飞机向着南方飞去。毫无征兆地，一大群水母似的鲜花突然开满了天空。在夜空中，它们悄无声息地、迅速地从黑点变成膨胀的、圆形的、活的黑色原子，填满了群星间的空隙。

　　飞机飞走了，除了心跳，我听不到一丝声音。我蹒跚走在这片古海床上，看着那些生物在我周围纷纷降落。我知道其中一个肯定会飘到我头上，将我裹到它颤动的蘑菇伞里。当它们随着气流下降时，我可以看到挂在下面的人。离地面不到 100 英尺时，每个人都拉开释放钮，丢下挂在 15 英尺长系带上的帆布背包，随着这些士兵准备着陆，能听到周围一片噼里啪啦的背包落地声。

　　第一个人就在我旁边重重落地，我听到一声"噢！"，看到他头顶的灰色水母鼓起，翻转，泄掉空气，接着飘起，折叠，最后静静地躺在沙地上。"哦，天啊，我要尿尿！"这人嘟囔着。接着我听到他解开身上的搭扣、弹夹和子弹袋时，叮叮当当的装备碰撞的声音。

　　他把脸凑上来，微弱的光线刚够我认出他来。这是那个被战友称作"巴迪"（Buddy）的伙计。我们忙着为这次空降行动做准备，将快速装弹器扣进 M-16 步枪弹夹，间隔放入红色曳光弹，取出迫击炮弹，装入腰包。这时我看到巴迪抱着一枚克莱莫杀伤地雷，跪在地上。克莱莫杀伤地雷是现代版的霰弹，它的玻璃纤维弹壳里装着混合了 700 粒钢珠的塑胶炸药。克莱莫杀伤地雷呈长方体，长 10 英寸，宽 6 英寸，厚 1.5 英寸，哑光灰色，上下面呈弧形，底部有可折叠的金属腿，这样就能把它插到地上，就像一块微型汽车影院银幕。发射时，霰弹以超音速喷射而出，弹身炽热，按游骑兵喜欢的说法，325 英尺范围内的所有人都将被打成肉酱。

我摆弄着一枚迫击炮的引信切换开关，将它从近炸扳到碰炸，抬头看到巴迪把脸贴在克莱莫杀伤地雷上，嘴里叼着烟，正在闻地雷。我走过去，看看他到底发了什么疯。他抬起头，出神地微笑着说："嗯，我爱死克莱莫的味道了。"我蹲下来，把它捧到脸前闻闻，有种樱桃的味道。

空降区内，所有人都在我们四周降落——先是背包砰地落地，接着是人。虽然全身披挂着实弹、火箭筒、高爆炸药、克莱莫、手榴弹和火焰喷射器，他们依然尽量完美地触地、翻滚。最后落下的是沉重的降落伞，将他带到这里的"海洋生物"死在了这片古老海岸上的死气里。我听到一个向我这边飘落的人叫道："当心，孩子。我要触地爆炸了。"

接着，我背着 40 磅重的背包，一边艰难地穿过午夜时分的森林，一边与罗伯特·洛修斯（Robert Lossius）上校交谈。他是游骑兵，经历过这样的训练，对他而言，这一夜只是一场郊游。他告诉我，经过一两周的游骑兵训练，他开始出现幻觉，幸存者们通常都有这样的经历。上校当时的配给是每三天两顿即食餐，这意味着他正在慢慢地饿死。58 天的训练中，他瘦了 30 磅。训练还包括睡眠剥夺和一系列逐步升级的考验——强行军、无保护绳自由攀登陡峭的悬崖以及被扔到佛罗里达州毒蛇、鳄鱼出没的沼泽地里，独自设法走出来。对死亡、高度、黑暗、溺水的恐惧全都汇合在一起，迫使他越来越深入自己，发现自己的内心世界，然后改变它、建设它。有人说要让自己的内心沉睡，有人说要唤醒它。离开布拉格堡时，我觉得，当面对自然灾害的时候，我认识的所有人中，游骑兵无疑是最有可能活下来的。但环境的作用几乎不亚于训练。

　　1997 年 9 月 6 日，陆军游骑兵詹姆斯·加巴（James Gabba）上尉在西弗吉尼亚州高利河（Gauley River）上游参加一次有向导的商业漂流，他的筏子撞上了一块岩石，36 岁的加巴被抛出筏子，他的向导想拉他一把，也掉进了水里。向导试图救他，但加巴上尉"只是笑着推开了他"。加巴不慌不忙地向下游漂去。如果他像我认识的游骑兵一样，那么他肯定觉得自己没有一点危险，因为他所经历过的所有训练都比这更凶险。他肯定还感觉良好，有力量、有信心。他有吃有睡 —— 见鬼，他本可以做这一切，直到好运到头。然后他到了一个被巨石挡在水流正中的地方。加巴被吸到石头下，动弹不得，淹死了。官方报告里写道："特邀嘉宾显然没把这当回事。"但这话说得不对，他是很把它当一回事的。

　　从加巴的举止中能轻易地看到他的骄傲自大，但事情远比看到的微妙。每个人对所处环境和自身都有必要的衡量。从受孕开始，机体就会定义何为自我，何为非我。免疫系统会检查环境中的物质，评估它们对机体是有威胁的还是无害的。免疫系统的细胞以一种几乎一成不变的方式拦截蛋白质，让 T（淋巴）细胞辨识它们为自身的蛋白质还是外来的蛋白质。如果 T 细胞将该蛋白质识别为自身的蛋白质，该细胞就会死亡。如果蛋白质是外来的，那么 T 细胞则会给 B（淋巴）细胞许可的信号，使其产生抗体，发起攻击，摧毁入侵的蛋白质。

　　以这种或其他方式，免疫系统持续地调整机体与环境之间的关系，这个过程就叫适应。机体用一生来打造这个系统，但环境的一点微小改变就能导致系统再不能做出正确反应，它会突然失调。举个例子吧，16世纪，当欧洲人携带陌生病种向西时，原本健康强壮的美洲原住民很快就被消灭殆尽。但有些生物的适应能力相当惊人。夏初时，成百上千只乌鸦会在黎明时分在我的屋子上空盘旋聒噪，但之后的某一天，它们突然全部消失了。它们受到西尼罗病毒的威胁，一走就是数月。现在，它们又回来了，它们是生还者。

　　在机体通过趋利避害或与危害做斗争来保护内部免受外界因素伤害的过程中，情绪则以另一个机制定义自身（实为创造自身）。按约瑟夫·勒杜的说法："人不是预先组装好的，而是由生活粘为一体的。"与免疫系统类似，情绪系统也在不断进化，它以经验和情形为依据，凭借风险和回报的微妙层级赋予其情感价值。

早在出生前，婴儿就开始了学习。妊娠晚期，他们的大脑每分钟可生成 250,000 个新的神经细胞。（科学家估计，成熟大脑有 1,000 亿个神经细胞和数以亿万计的神经连接。）从呱呱坠地起，婴儿就开始了"试错"的学习过程，他们会明白获得既定回报需要承担怎样的风险。每次经历都使机体获得知识，并塑造其未来的行为。儿童会不断考察和体验环境和自身，冒一些本小利大的风险。这是微妙、优雅的平衡。我观察过我刚出生的儿子乔纳斯（Jonas）学习目的性啼哭的过程。从动物角度看，你可以将啼哭看成风险活动，因为它会引来关注，但婴儿不知道这种关注是好事还是坏事。一开始，他只在不安的时候（如不适、疼痛、饥饿等）才会啼哭，并且你可以从哭声中听出它是真的（而且响亮）。但是，每次他一哭，妈妈都会抱起他，大部分情况下还会给他喂奶或者换尿布。很快，乔纳斯就会明白如果要得到某种关注，他可以啼哭。这是完全不同的啼哭，以往啼哭里的急迫和歇斯底里荡然无存。这更像一种哭诉，他可以通过这种方式有效地获得自己需要的或想要的一切。

温和压力能强化知识学习。当两个神经细胞一同激发时，它们就会联系起来。当一个强的和一个弱的神经细胞（姑且称之为 A 和 B）同时刺激第三个细胞（C）时，弱的 B 细胞获得了激发 C 细胞的能力，这就是为什么即使没有食物，铃声也能引起巴甫洛夫 [①] 的狗流口水。同时将三四种语言玩弄于股掌之间的科学家把这种现象称为"长时程增强作用"（LTP）。因此冒险是生活和学习不可分割的部分。例如，不会走路的婴儿永远不会有跌倒的危险。但冒此危险之后，他就可以直立行走，解放双手，从而获得更大的生存优势。这就是大部分人离不开游戏的另

[①] 伊万·彼德罗维奇·巴甫洛夫（Ivan Petrovich Pavlov，1849—1936），俄国生理学家，他通过研究狗的消化系统活动创立了条件反射学说。——译者注

一个原因。这就是我们走出家门，到野外求生的原因。阿梅莉亚第一次体验到摔倒的痛苦后，她本可以不再玩滑雪板。但冒这样的险，她可以飞速滑下山坡，与父亲一起呼吸清新空气，享受到激情的奔涌。她还可以穿上酷炫的滑雪服吸引男孩子，因此，至少对种族来说，也有生存价值。

从风险－回报循环中得到的知识与理性无关，它以感觉这种代表了某个特定环境下的情感体验的形式为儿童所知。如果环境改变，如果它有了不熟悉的或有着微妙不同的危害，那些适应也许就会变得不再合适。

逻辑思考耗时太长，但形势经常容不得人有那么多时间思考，而且不管怎么说，儿童的逻辑思考能力发展得还不完全。相反，他会在他的情绪标识（也许是一个长时程增强作用的例子）地图册里无意识地快速翻找。无数联系所处形势与类似形势或过往经验的神经联结网络依靠电化学能量闪烁着光芒，照亮了那些通往或好或坏结局的与环境和行动相关的记忆和感觉，规划出未来的行动和感觉。乔纳斯正在形成关于他自己、他的世界和他的经验的动态地图，并且不时以未来图像的形式做出预测。在某种意义上，他可以通过那条线路看到自己未来的道路。他自己置身其中的情绪世界地图随时都在工作，对生存来说是必不可缺的，像心跳一样。

这项工作才刚刚开始。多年后，也许他会静静地坐在家里，而这个系统正做另一种工作，也许是在帮他决定是读《战争与和平》（*War and Peace*）还是吃冰淇淋。如果他不幸落入一条湍急的河流，系统将会行使更为急迫的功能。如果他有正确的经验，它将立即指示出正确的行动。

如果肉眼可以看到大脑的工作过程，而且它在工作时会发光，那么在做决定的时刻，大脑的不同区域会像黄昏时从太空向城市看时那样，灯光渐次点亮。包含在这些网络中的模式形成于独特的生活经验，它以逻辑永远也达不到的速度做出决定。所有这一切都发生在有意识思维以外的虚幻世界。

大部分落入急流的人都巴不得有人来救。但有过极端环境下的极端经历的陆军游骑兵加巴上尉也许自以为能应付灾难。作为一名游骑兵，加巴有过比跟导游在河上漂流更凶险的经历。他不仅没出任何问题，而且如果其他游骑兵告诉我的故事可以拿来参考的话，这些经历还给他留下了比以往更生龙活虎的感觉。更糟糕的是，在游骑兵文化中，靠人救是耻辱的，与之联系的是不良后果：羞耻、失败。在游骑兵训练中，如果不得不依靠救援，你就失去了训练资格。加巴形成的情绪标识已经将救援标记为糟糕，而将自救甚至痛苦标记为好事，不管形势多么危险。他的训练和经验教导他，为祖国而死好过失败。宁死不辱。游骑兵冲锋在前，永不落后。训练发挥了作用。

两名加拿大摩托雪橇手的类似遭遇也来自情绪标识。关于一次雪崩的抽象概念在率先冲上山的摩托雪橇手的前脑游荡，还在寻找某种可以依附的身体（即情绪）感受。可惜它在经验地图里什么也没找到。他关于世界的情绪地图里没有关于雪崩的感觉，因为他的身体还没有相关体验。

另一方面，他又有清晰的感知帮助他找到情绪标识：山脉及其周围环境、轰鸣的摩托雪橇。例如，他可能闻到了松林的味道，而这正是他上一次尝试冲山时闻到的味道，闻到这股味道，他就找到了那份主导一切的感觉。他的身体记起了上次冲山带来的愉快体验。一个（雪崩）是抽象概念；一个（感知）是确定的机体信号，清楚地写在他的情绪地图里，并且发出了内心深处本能行为的信号（如"不打猎就会饿死"）。

其他因素当然也有：作为搜救员的娴熟、率先冲到那片漂亮林地的速度感，更不消说，那种疲劳、脱水，一开始对失踪朋友的担心和找到他们后的如释重负感（人感觉到安全后就放松警惕的"放松因素"）。在所有这些影响的共同作用下，克制行动的理性作用"脱轨"了。

两名摩托雪橇手还面临着另一个更加根本的困难。我们觉得大山、土地都是坚实可靠的，经验也证实了这一点。我们的知识体系中并不包含一座山会在我们眼前崩塌这样的事情。那说不通。它没有发生过，因此不可能发生。大山看上去当然没有那么脆弱。两名摩托雪橇手也不会认为大山会很脆弱。我们以为自己相信的是知识，但其实我们真正相信的只是自己的感觉。

直到近几年，神经科学才开始理解恐惧这类情绪状态的生理机能细节。大脑新皮层决定了你的智商、自主决策力和推理能力。杏仁核则有点像机体的"看门狗"。我的小女儿阿梅莉亚有一只巧克力色的拉布拉多犬，名字叫露西。有时候，露西会让我想到杏仁核：当有人走到门口的时候，我还没听到脚步声，它就叫上了。

来自周围世界的感觉（如视觉）首先进入丘脑。以视觉为例，视网膜的轴突进入视丘脑（大脑两侧各有一个，分别接收两侧身体传来的信息）。视网膜信号经轴突从视丘脑进入新皮层的中间层，再发送到其他五个皮层处理，最后形成视觉。但在一切完成前，同样感官信息已经以一种粗略的形式通过更快的通路到达了杏仁核。杏仁核扫描该信息，查找危险信号。与露西一样，杏仁核不是很聪明，但如果它探测到了危险或任何危险迹象，那么，在你的意识还没有受到这个刺激之前，它就启动了一系列应急反应。原则是：宁可错杀，决不放过（与露西不同，杏仁核能够忽略许多它视为无关的信息）。这是一个初级但高效的生存系统，正是这个系统让那些每天早上来我家后院的兔子看到阿梅莉亚放出露西时，先是吓呆住，接着逃之夭夭。与露西一样，杏仁核很多时候也会做出错误判断，情形并没有危险。但在长期的进化中，它是成功的。

因此，来自感觉器官的信息有两条传导通路，一条首先到达杏仁核，另一条则在几毫秒后到达新皮层。理性（或有意识的）思考永远落后于情绪反应。在家里就可以演示这一现象：每个人都曾被别人惊吓过。这是一个强有力的反应，其标志是我们熟悉的肾上腺素（实为儿茶酚胺）激增、心跳加速、面色潮红和呼吸急促。随后，一旦你认出对方是熟人，这些反应就会消退，但这些化学物质的代谢需要一些时间。这是一个强有力的应急反应，并且完全是非理性的，因为你认识那个人，而且，你并没有因此处于危险情形。但在做出反应前，你没法理性思考，因为视觉信号首先到达的是杏仁核。那是一个巨大的影子：它可以是你的爱人，也可以是一头熊——而你不知道它到底是什么。只有在之后（几毫秒后）视觉皮层拼出一幅准确图像时，你才知道那是谁。直到此时你才能思考：房子里没有熊。

虽然从杏仁核到新皮层的路径比其他路径更牢靠、传导更快，但有一些工作还是要留待新皮层去完成。首先，认识到一次情绪反应正在进行中；其次，正确解读现实、感知环境；第三，在自发反应不适当的情况下调整或撤销它；第四，选择一个正确行动。

因为情绪进化的目的是瞬间采取行动，显然这是个很高的要求，而有些人在这方面比其他人做得更好。另外，情绪也存在明显的个体差异。有些人很容易受到惊吓，有些人则无动于衷。一些人在压力下能表现得更好，如职业高尔夫球手、战斗机飞行员、登山健将、摩托车赛车手和脑外科医生。不同的情绪反应中，有一些更容易被控制。

一些所谓表现优异者会寻找极端形势，来让自己表现得更加出色，感觉更有活力。处在另一个极端的是那些不追求任何刺激的人。人各有异。但我们很容易证明的是许多人（据估计高达90%）承受压力时不能清晰思考或解决简单问题。他们会困惑、恐慌、惊呆。户外活动中，人在迷路、受伤或面临其他伤害威胁时，脑子里一团糟是常见现象。

但即使表现优异者也不能免受压力影响。1996年美国高尔夫大师赛上，格雷格·诺曼（Greg Norman）在对尼克·法尔多（Nick Faldo）建立了压倒性的6杆优势之后，完全搞砸了比赛。他没打进一个3.5英尺的轻击，将球打入了水中——还是两次，打出曲线球，没打进第二个轻击……简直了。最后，诺曼和法尔多只能相拥而泣。

当学习一项复杂技能的时候，如驾驶飞机、玩滑雪板、打网球或高尔夫等，一开始你每做一步都要想一想。这叫外显学习，它储存在外显记忆里，你可以谈论它，它让你记住烤宽面条的做法。但随着经验积累，你开始更少有意识地去做这件事。你的流畅程度、触感和对时间的把控有了进步，即对它有感觉。它成为第二天性，一个与美有关的事物，也称为内隐学习。外显学习和内隐学习的神经系统完全独立。内隐记忆是无意识的。内隐学习就像发自内心的微笑：其神经通路与外显记忆的神经传导通路完全不同。勒杜说，他患有阿尔茨海默病的母亲虽然记不住普通事情，但能拉手风琴，因为尽管她的海马体很可能因病受损，但如何演奏手风琴的记忆来自大脑某个还未受损伤的部位。内隐记忆并非储存在主管分析推理的大脑区域，甚至用不到该区域。

对一个处于适当压力（这种压力可能是太累了、感冒了或者正经历离婚）下的普通人来说，内隐系统可能会崩溃。这时你只有外显系统，做任何动作时都需要像初学者那样想一想。马尔科姆·格拉德韦尔（Malcolm Gladwell）发表在《纽约客》（New Yorker）杂志的文章一语中的："噎死是想得太多，恐慌是想得太少。"

我从事特技飞行多年，也参加过国际特技飞行俱乐部的比赛。一天，我的教练兼好友兰迪·加涅（Randy Gagne）坠机了，机上还有一名学生。他们以大约每小时 250 英里的速度撞上地面。在那之前，我一直觉得自己很了不起，可以无所顾忌地倒着飞。那次事故后，我认识到自己不是一个表现优异者。大部分人都不是。他们只是自我感觉良好。出问题的时候，他们根本不知道自己身上发生了什么。听起来似乎我们的生死纯粹由运气决定，但实情远比那微妙复杂。

每件事都在与那两个摩托雪橇手作对，包括他们的大脑在不断适应环境过程中的组织和构成方式。他们不蠢，也不无知，甚至说不上鲁莽。

在那个决定性时刻，所有神经网络都亢奋起来，锁定目标，身体做出动作的各部分也整装待发。一个清晰而明确的事实是，冲上那座山会带来快感，并且这份感觉对机体来说似乎是必要的，因为它来自以确保生存为目的的情绪。因为他们已经血涌上头，作为安全港的不行动概念斗不过作为生存本能的行动感觉。对机体来说，这个决定是明确的。情绪标识的"激励灯塔"熊熊燃烧，无须意识思考，冲山的决定在瞬间就做出了。

　　在加巴上尉笑着推开救援者，被压住淹死之前，他一定也对自己的所作所为感觉良好。

第四章

混在人群里的大猩猩

俄勒冈州西南部的伊利诺斯河（Illinois River）有 35 英里的 III ~ IV 级急流，中间还有一段夹在苔藓覆盖的峡谷间的 V 级急流，那一段被称为"绿墙"（Green Wall）。来此度假的牧师加里·霍夫（Gary Hough）知道凭他的技艺，他能在流量介于每秒 900 ~ 3,000 立方英尺 [①] 的伊利诺斯河上漂流。他还知道，半英寸的降雨量就足以将河流流量提高到每秒 4,000 立方英尺以上。这样的水流条件，除了最优秀的皮划艇运动员，没人应付得了。而那些运动员偏好的流量为每秒 2,500 立方英尺。

一行人开始漂流的那个星期六上午，条件虽然不是很好，但也马马虎虎。当时的流量是每秒 2,000 立方英尺。虽然预报了周日午后有暴雨，但霍夫估计时间足够让尝试漂流的三支队伍通过。为了这趟漂流成功，他愿意冒一定程度的险。他非常清楚即将进入的环境里蕴含着怎样的力量。他对自己的处理能力有很理性的认识，知道这个系统的何种改变会超出他的技能所能处理的程度。

1998 年 3 月 22 日，霍夫一行出发后不久就开始下雨了。他做了件正确的事：他下令将划艇拖上岸，并让组员扎营。这跟他们一开始计划的乐趣可不一样。但随后，河水再次快速上涨，他们不得不几次搬动划艇以防被冲走。现实世界的状况、客观危险等级已经超出了霍夫愿意接

---

① 1 立方英尺≈0.03 立方米。——译者注

受的冒险程度。环境变了，于是他也做了相应改变。他用理性控制情绪，用情绪激发理性，于是他活了下来。

3月21～23日，降水量达到3英寸，锡斯基尤山（Siskiyou Mountains）融化的积雪又给河中注入更多的水。伊利诺斯河河面上涨了15英尺，河水流量最终达到了每秒20,000立方英尺。据查理·沃尔布里奇的《河流安全报告》所述："这次河水猛涨给周末漂流者带来了毁灭性打击。"

"关注河水泛滥的人都知道，"霍夫后来谈到次日早晨吵醒他的声音，"这是奔涌的河流发出的怒吼，但似乎还有一层游离其上的嘶嘶声，它其实是在说，'离远点'。"我觉得这是一个相当微妙的线索。但对于求生者来说，所有线索都是重要的，因为它们提供了信息。因此一个求生者要预料到世界一直在变化，并且保持自己的感觉一直与之适应：怎么了？求生者会不断与之适应。这个嘶嘶声足以警醒霍夫。

对于那些适应能力不够的人来说，还有其他线索：黎明暴露了那条夜间出来吞噬伊利诺斯河的巨蟒。"当河水以每小时1英尺的速度涨了整整一夜时；当它从清澈转成混浊的巧克力色时；当漩涡消失，18英寸粗的大树以每小时15英里的速度顺流而下时，做出那样的决定并不难。"霍夫说。但正如约翰·F. 肯尼迪（John F. Kennedy）总统所说："总有那些混蛋充耳不闻。"

上午10点左右，当一支坐在shredder（一种皮划艇）上的5人小队和3只单人划艇飞速驶过时，霍夫一行就安全地待在营地看着。约半小时后，第二支5人队尾随而下，这支队伍里至少有一艘单人艇。第一组坐在shredder上的一男一女在翻越绿墙后被抛入12英尺高的波涛中。第二组设法绕过绿墙，但两名桨手在另一个急流段"小绿墙"（Little Green Wall）附近被吞没。他们还在按照旧环境的模式行动。其结果是致命的：每队都有一名成员溺死，其余的人失去了所有装备，不得不等待救援。那艘shredder上幸存的妇女被冲到下游5英里处才上岸。

沃尔布里奇写道："海岸警卫队（Coast Guard）救援直升机救出10

人，其中 6 人翻了船，被困在峡谷里一个峭壁林立的河段。"第一个死者叫杰夫·亚历山大（Jeff Alexander），37 岁，是一名经验丰富的漂流向导。另一名死者叫威尔伯·拜厄斯（Wilbur Byars），62 岁，也是一个有着多年经验的有名的漂流向导。专业向导故意进行如此冒险的漂流的可能性不大。实际上，他们在下水前曾花时间讨论过漂流的风险，每个人都认为可以漂。在这条河上他们有丰富的漂流经验，而且一直没出过问题。他们的情绪系统表示，水越大越有趣。

大脑已经够复杂的了，但世界更复杂。大脑不能处理和整理它接收到的所有信息。如果大脑对所有的事都给予同样的权重，并以同样的强度进行感知，那么它就无法给出一个合理的行动方案。这是逻辑的问题：逻辑是一步步进行的、线性的，但世界不是。

大脑的感知过程就像是你在互联网进行搜索并得到了 600 万条相关信息。没有强大的搜索引擎，你会不知所措。一个搜索引擎含有一个情绪标识，就像是感知引导直接逻辑和理性发挥作用。大脑处理复杂问题的另一项策略是建立一个思维模式，一个世界的概略图。思维模式可以告诉你环境变化遵循的规律或一个熟悉的物体的颜色和形状。

设想你正在家里找《白鲸》（Moby-Dick）这本书，你记得它是一本红色平装书，但不知道放哪儿了。寻找的过程中，你不会查看每个物品看它是不是《白鲸》。虽然那是合乎逻辑的做法，严格应用了理性能力，但那也很单调、费时。这是计算机的做法。但你有一个关于红色平装《白鲸》的思维模式，这种思维模式使你筛掉目之所及的一切，直到最后，一本红色的书进入视野。但如果你记错了，那本《白鲸》实际上是蓝色精装的，那么很有可能在它出现在眼前时，你都没看到。

人人都经历过"骑驴找驴"的事，错误的思维模式是原因之一。它是你在错误楼层走出电梯的原因，也是许多扑克牌戏法和魔术花招得以成功的原因：你看到了想看到的。你看到了合情合理的事物，而这正是与思维模式匹配的。如果你成功找到了那本《白鲸》，那么在认出你在找的东西的那一刻，你的瞳孔会放大。同理，当你解开一个数学难题或看到喜欢的事物时，瞳孔也会放大。

父亲过去常给我们兄弟表演扑克牌戏法。这个戏法人人会变。他会打乱一副牌，让我们抽出一张，不要告诉他是哪一张，然后随意插回去。接着他让我们把牌洗乱，这样一来找到那张牌这件事似乎就变得不可能了。但当他给我们一张一张看牌时，他会观察我们的眼睛。我们看到自己抽出的那张牌时，瞳孔会放大，他就知道我们抽出的是哪张牌了。无意识的身体反应证明了思维模式与世界匹配的过程里存在情绪成分。

在更巧妙的戏法中，魔术师会为你创造一个思维模式，一个对世界的短时记忆。每个关于世界的思维模式都有它自己的潜在假设，这些假设的基础是经验、记忆、次级情绪和情绪标识，所有这一切影响了我们对即将发生事件的预测和应对计划。这时魔术师切换了现实，当你还死抱着与所熟悉的现实最接近的思维模式时，他揭示了新的现实。两者的脱节就是令人意外之处。你认为是魔术师变的戏法，但其实你才是变戏法的那个人。只有在你无视大脑的工作方式时，魔术才是惊人的。因此，在 18 英寸粗的大树以每小时 15 英里的速度顺流疾驰时让船下水，才是魔术。

魔术戏法奏效的原因之一可用一个名为工作记忆的系统进行解释。它是一个通用工作区，大部分人将它视为注意力或意识思维。另外，还有专门处理语言和非语言信息的系统，这些系统具有的某种短期记忆使得大脑可以比较几秒钟内的知觉。通用工作区可以接收来自专门系统（视觉、嗅觉、听觉等）的信息，可以通过勒杜所谓的"执行功能"来整合和处理信息。通用工作区多数位于额叶，负责做决定和自主行动，指导我们要关注哪些感官输入。这就是在一个有许多人高谈阔论并且放着音乐的房间里，我们还能与人交谈的原因，也是我们能在起床和穿毛衣或打开取暖器之间做出选择的原因。

按勒杜等人的解释，工作记忆只能同时保存几件事，也许是五六个，当新事物引起关注时，旧事物就会被遗忘。工作记忆也能从长期记忆中检索信息。你能阅读这段长句是因为工作记忆使你能同时记住句子的开头、中间和结尾，并且对长期记忆中的定义和联想进行检索和应用，理解句中单词的意思。这也是你已经建立的关于那些单词的思维模式的结果。学习阅读的小孩必须读出每个单词才能理解其含义，而你无须那样做。但如果遇到非常相似的单词，如 "psychology"（心理学）和 "physiology"（生理学），你也许得停下来想一想。

新信息特别是情绪色彩浓厚的信息会挤出工作记忆中原有的信息，这意味着我们不能同时主动关注太多事物。如果我们不能将某件事从工作记忆转化为长期记忆，它将从自主意识中消失。我们都有过这样的经历，有时想回忆起某个没有情绪内容的事物，如地址或行车路线，但就是想不起来。对于大部分人，执行功能一次可以做一件事，试图同时执行有冲突的功能将使其崩溃。例如，如果将绿色墨水印的 "蓝色" 一词在屏幕上闪过一秒钟，然后让人说出那个词或颜色，他就得想一会儿才能回答。

工作记忆（注意力）和执行功能的有限性以及思维模式的简化工作，可以导致我们在审视世界和做出有意识或无意识决定时出现惊人的疏漏。这就是连专家都会出现 "灯下黑" 现象的原因。1989 年 5 月，世界最著名攀岩者之一的林恩・希尔（Lynn Hill）来到法国南部的比乌，准备攀登一条单绳距有岩钉路线。有岩钉路线是初学者起步用的路线，因为它是最安全的攀岩路线。希尔和丈夫只是把它当成一次热身。在将绳子系到安全带上时，她分心了，没把绳结打完。当她和旁边的一个日本女性聊天时，系绳的任务储存在工作记忆里，并被穿鞋和系鞋带的动作挤了出去。由于工作记忆里的要求有冲突，她可能会无意识地用系鞋带取代了系攀登绳。

希尔再次开始攀登时，那份记忆还有少量残存，但没有完全形成。"在攀登之前，我隐约想到有事要做。" 她在《自由攀登》（*Climbing Free*）一书里写道。半成形记忆的片段留下了一种本能、一个情绪标识，她想过要脱下夹克，那样做的话，没打好的绳结就会露出来，但 "我没有那么做"。

她爬到山顶，浑然不觉自己设下的陷阱。她曾经建立了一个有效的思维模式。现在，她就凭借该思维模式来适应现状。她要下降时，绳子承受了体重，没打好的绳结松开。于是她从 72 英尺高处落下，一棵树勉强救了她一命。

查尔斯·佩罗（Charles Perrow）是一名社会学家，研究工业事故如核电站、航空和航运领域的事故。在《常态化事故》（*Normal Accidents*）一书中，他写道："因为无力应付当前世界的复杂程度，我们会构建一个预期的世界，然后处理与预期的世界相符的信息，并且找理由排除掉可能与之相悖的信息。在构建世界时，我们会忽略掉那些意外的或可能性不大的相互作用。"锡斯基尤山融化的积雪和非季节性的降水都是伊利诺斯河上的漂流者所面对的包含了水、空气、重力和地形等因素的系统里意外的、可能性不大的相互作用。河面上涨 15 英尺，达到每秒 20,000 立方英尺的流量的可能性违背了漂流向导的思维模式，不在他们的正常经验内。似乎很难相信他们居然忽视了顺流疾驰的树木和洪水暴发的声音，但其实也没有看上去的那么难以置信。事实上，shredder 上那两人曾与一棵漂浮的树一起被困在一个强劲的漩涡里一段时间。

思维模式可以惊人地强大，而工作记忆的能力则可以惊人地脆弱。一个研究失踪人员行为方式的心理学家告诉我："我见过一个和我一起徒步旅行的人用石头砸了他的指南针，因为他认为指南针坏了。他不相信我们走的方向是正确的。"

知觉并不能将字面意义的世界具象化。如果你试着去想象妈妈的脸，你的脑中并不会有妈妈的照片。相反，包括情绪成分在内的图像碎片会零散地蛰伏在无数神经网络中。当你回想妈妈的脸时，这些碎片就会以安东尼奥·达马西奥所说的迅雷不及掩耳之势同时活跃起来，制造出一个你看到妈妈的脸或类似事物的幻觉。我们储存有关世界的知识的方式与之相似。思维模式分布在大脑的各个部分。

雅克·巴尔赞（Jacques Barzun）写过一个叫威廉·赫斯基森（William Huskisson）的人，他作为利物浦议会的一员，在 1830 年 9 月 15 日参加了利物浦—曼彻斯特铁路通车仪式。"通车仪式上……（他）被'火箭'号（Rocket）列车撞倒：还没人知道如何判断速度和距离，何时向何方迈步。在面临比牛、马还强大的力量时，人类的反应使他落败了。"

赫斯基森的世界思维模式对他自己来说完全够用。他知道如何穿过车水马龙的街道。那些车由马拉动，他不需要计算它们的速度。他知道穿过街道需要多长时间，那是他的第二天性。但他面对的环境突然变了。他从未见过跑得像火车头那么快的东西。赫斯基森观察过，也看到了火车在哪里，还无意识地咨询了自己的思维模式来评估了风险和回报。最后他估计（还是无意识地）自己可以及时穿过铁轨。但发明改变了环境，他的思维模式变得一无是处。

我不知道赫斯基森在想什么，但"火箭"号是第一辆商用火车头，他很可能之前没见过火车。如果，他作为一个商界领袖之前见到过火车，这仍旧是新信息，虽然能够改变他的思维模式，但无疑不及旧模式那样根深蒂固，并且没有可供快速参考的合适的情绪标识。他的思维模式处在过渡世界的过渡状态。还有可能，他那天的情绪非常高昂。当天到场的有托利党①首相和威灵顿公爵（Duke of Wellington），还有险被撞死的埃斯特哈奇王子（Prince Esterhazy）。铁路即将成为一门大生意，作为争议缠身的自由贸易支持者，赫斯基森肯定思绪万千。现场压力在累积，人群情绪一触即发（事故后，人群惊慌逃离了铁轨，还想攻击声名狼藉的威灵顿公爵，后者在随后的 10 多年里一直拒绝再乘坐火车）。赫斯基森碰巧看到威灵顿公爵在另一辆坐满达官贵人的列车里，虽然两人关系疏远，他还是决定穿过铁轨去和他打个招呼。至此我们可以想象，在那个激动人心、压力重重的时刻，赫斯基森很难将实时环境里的重要信息

①托利党成立于 1679 年，是英国保守党的前身。——译者注

保存在工作记忆里，也难以将冲突的输入信息进行融合。在关键时刻，他筛掉了重要信息，退回到之前他熟悉的那个世界思维模式中。旧的情绪标识也许设下了那个陷阱，毕竟，它们是引发行动的情绪的奴隶。他迈开步子，仅仅一两步就已经在火车头前面了，也许对自己所犯错误的认识只迟到了一秒。

　　我和阿梅莉亚初学单板滑雪时，在华盛顿州一家滑雪场的暴风雪中迷失了方向。我们经验不足，技巧更是不够，而且我们以前去过的其他滑雪场的旅馆大多都在缆车下面。我们看到众人在缆车前排成长队。当然，我知道这家滑雪场的旅馆不在山脚，而是在山顶。我们在那里吃过早饭。但我又累又渴，体温开始降低，也担心阿梅莉亚的安全，在这些压力下，我忽视了这些线索。就算都考虑到了，我肯定也不明白他们为什么要在冰天雪地里再次上山。

　　压力很快就能扰乱你的思维。我们出来才几个小时。我不断催促阿梅莉亚向着远离安全，深入荒野的山下滑去。我排除了感官提供的证据：我能看到众人坐着缆车上山。我依赖于熟悉的滑雪场思维模式，被上面危险、下面安全的本能驱使着。幸亏当时只有 12 岁的阿梅莉亚对环境更为适应，即使在冰天雪地里，她还保持着方向感。"爸爸，"她说，"旅馆在上面，不在下面。"

　　噢，不。**我到底在想什么？**

　　冻得半死的两人又爬回缆车前，坐缆车上到旅馆，再坐吊舱回到另一边我们的车上。我很高兴她知道如何走自己的路，不然的话，我们将在外面度过漫长的一夜。

　　在世贸中心大楼倒塌的过程中，思维模式、情绪标识和在工作记忆中保存正确记忆的能力在决定生死方面发挥了重要作用。第一架飞机撞上北楼切断了所有楼梯和电梯，91 层以上人员全部被困。第二架飞机撞上南楼时，虽然该区域 78 ~ 84 层遭到大规模破坏，但大楼西北侧一条楼梯依然通畅。尽管有 18 人从这条楼梯走出大楼，但至少有 200 人走了另一个方向，直奔屋顶。一个叫布赖恩·克拉克（Brian Clark）的火灾防护区长拿着手电筒站在楼道里，在人们进入楼道的时候问他们："上还是下？"少数人迎着上升的浓烟下了楼（并且逃出生天），大部分人则上了楼。离倒塌只有不到 14 分钟时，成百上千人正困在楼道错误的一端，面对着锁上的通楼顶的门。

一些人是跟着有通屋顶的门钥匙的擦窗工罗科·卡马伊（Roko Camaj）。一些人则凭借其有着强烈情绪成分的过往经历走上屋顶。1993 年，世贸中心遭到炸弹袭击，直升机从楼顶将人接走，这件事带来的安全和逃脱思维模式导致许多人走上楼顶，也许是因为上面有新鲜空气，而下面只有烟雾。卡马伊发现他的钥匙打不开通楼顶的门，于是他们都被困住了。此时，即使他们全都开始下楼，时间也不足以让他们在大楼倒塌前到达大街上。过往经历或他人分享的经验出卖了他们。他们全死了。

如果当天在世贸中心那样的极端形势下，一些人不知所措或做出错误决定情有可原，但更令人感到困惑的是我居然会搞不清一家滑雪场旅馆的位置这样明显的事，以及漂流向导会忽视顺流疾驰的大树。毕竟，死去的是向导，而客人则活了下来。没人是冲着自杀去的。他们（和我）在正确地使用工作记忆，处理来自世界的新信息并将其融入长期记忆方面的能力出现了极大的偏差。而有大量证据表明，这些偏差完全是常态，随时都可能发生。

纽约社会研究新学院心理学家埃瑞恩·马克（Arien Mack）写道："大部分人都有这样的印象，他们只需睁开双眼就能看见眼前的现实。"哈佛大学的一个心理学家团队做了一个相当令人不安的实验，证明情况并非如此。他们放了一段篮球队员传球的视频，让人数穿白球衣或黑球衣的球队的传球次数。在视频中，会有以下提及的两件怪事中的一件发生。"一名撑着雨伞的女性或一个扮成大猩猩的人会突然穿过镜头中间，在那里留下清楚的影像约 5 秒钟。"之后，实验对象会被问及是否注意到有什么怪事发生。"有 35% 的观察者没注意到撑伞的女性，尽管没有计数的人都清楚地看到了她。"

没有计数传球次数的对照组很容易地看到了打伞的妇女，因为在被要求观察屏幕的时候，他们抱着这样的态度：怎么回事？我会看到什么？这是一个对未知世界保持开放，接受那里发生的一切的态度。没有思维模式，也没有预期。"告诉我你看到了什么"的命令引发了好奇。"计数传球次数"的命令则制造了一个封闭系统，让注意力只集中在某个特定任务上，将工作记忆塞得满满当当。它隐含的假设是，你知道自己在做什么，并且知道你要的是什么样的感觉输入。但这项任务耗尽了大脑中的稀缺资源。这是个魔术，它创造了一个思维模式，将你的注意力从魔术师（研究人员）要在你眼皮底下进行的显而易见的事情上引开。魔术证明了你看到的只是你期望看到的，以及在适当情况下，工作记忆是不会把精力从任务上移开的。这样的封闭态度能避免新的知识被融合进思维模式里，也能要你的命。

心理学家们研究了海难、飞机失事、自然灾害和集中营的幸存者并得出了结论，那些最成功的人对所处环境的变化特性持开放的态度。他们渴望知道发生了什么。

但哈佛试验最出人意料之处还在于，没注意到大猩猩的人（56%）竟然更多。

一个研究员说，他问过实验对象："你看到有人走过屏幕吗？"没有，没看到。"任何东西？"没有。

当被问及"你注意到那只猩猩没"的时候，观察者会说："那只**什么**？"

另一个研究员请民航飞行员操作飞行模拟器做一次常规降落。就在他们最后将要着陆的时候，计算机会让一架飞机出现在将要着陆的地方，停在前挡玻璃的正中间。许多飞行员都没有看到它，直接继续降落。

人人都说大脑会骗人，但大部分人从内心深处并不相信这一点。一次穿过城市车流的健步走将证明，我们相信知觉忠实地描绘了真实世界。

但你每天都会经历无数小事，会让你失去并重获理智。你说大脑会走神，它确实会，而且比你想的更甚。虽然人人都做过傻事，但那不是愚蠢。聚焦需要能量，即使这样，注意力也可能是不连贯的（"聚焦"一词是镜头的隐喻，它可能会让人产生误解，因为有时候我们需要的是更宽广的视野）。其余时间里，我们自己和所处环境的情绪和思维模式必须自动工作来决定行动。阅读本书的大部分人都生活在特别设计的低风险环境中，所以他们心不在焉的后果微不足道。但如果他们将那个态度带到野外或任何有风险的生活、爱情或商业领域，其代价将会很大。实际上，不论在何处，代价都会很大。最新研究表明，不管用不用免提，开车打电话都会造成无意视盲 —— 没看到那只大猩猩的现象的心理学术语。

你居然看不到一头大猩猩，乍一看似乎说不通，但如果你理解思维模式和工作记忆，它完全说得通。你正在数球员传了几次球。很好，此时你建立了一个思维模式 —— 球、人和动作的简化形态 —— 来推动这项工作。这时，大猩猩出现了，它对完成本项工作毫无帮助。它与篮球沾不上一点边，是一个无关因素，并且会取代工作记忆中的任务。因此大脑这个高效系统会过滤掉大猩猩，让你继续计数。看到大猩猩将是个错误，会中断你的计数。

更令人担心的是飞行员看不到跑道上的飞机，因为那与他正在关注的工作有关。但他在飞机出现前建立的思维模式里没有那架飞机，而且不管怎么说，飞行员并不是在降落一架真飞机（甚至都不是一台真正的模拟器）。他是在将飞机的思维模式降落在跑道的思维模式上（如果模拟器不是针对于思维模式，它就不能做训练用）。环境一旦改变，飞行员的思维模式就过时了。有些人的思维模式更新得较快，他们被称作生存者。我可没说那些漂流导游没看到顺流而下的大树。我不知道他们看没看到。他们已经死了。树的影像必然投射在了他们的视网膜上，但知觉和思维模式的研究结果使我们不难想象他们是如何轻视它们的极端重要性的。

"面临不确定性时，"查尔斯·佩罗写道，"我们当然必须做出判断，哪怕是做出一个尝试性的临时判断。做出判断意味着我们生成了一个关于预期世界的'思维模式'……实际上，你正在创造一个与你的认识相符的世界，即使是错的。"

第五章

剖析不可抗力

2000 年 6 月 25 日，3 名 20 多岁的青年——罗柏·斯通（Rob Stone）、大卫·斯通（David Stone）兄弟和他们的朋友史蒂文·平特（Steven Pinter）——开始攀登位于约塞米蒂国家公园的大教堂峰（Cathedral Peak）东南面坡壁。虽然它被评为容易攀登级别（5.6 级），但也有总高度达到 10,940 英尺的 6 段（绳距）路线。这是一项艰巨的任务，而且是罗柏首次攀登超过一绳距的线路。但他们都年轻力壮，受过良好教育，大卫还有丰富的经验，如果一切顺利，这次攀登就不会有问题。但计划的恼人之处就是诸事顺利的情况很罕见。

他们从旧金山湾地区驱车来到约塞米蒂国家公园，并在攀登前夜，扎营在离攀登路线约 50 英里处。他们一直在向着一个目标前进：大攀登，在那里，他们的计划——对未来的记忆——将在现实中确认其是否适当。

有时候，想法可以像情绪一样强有力地激发行动。计划是生存的基本环节，它是大脑在处理关于映射身体和环境以及发生在这两者中的事件，从而发生适应的过程中，所输出的信息之一。计划是深层次的本能。动物也会计划，会藏种子的鸟的海马区比其他鸟的更大，这意味着它有更强大的空间记忆能力。但是计划——预测未来——也许比动物能力所揭示的还要根本。M. 米歇尔·沃尔德罗普（M. Mitchell Waldrop）在《复杂》（*Complexity*）一书中指出："所有复杂的适应性系统都会未雨绸缪……每个生物的基因中都编码有隐性预测……所有复杂的适应性系统都在不断地以它关于世界的不同内部模型为基础来做出预测……实际上，你可以将内部模型看作行为的积木。像所有积木一样，它们会随着系统经验的增长，被测试、提炼和调整。"

人类大脑尤其适于制定含有促使动机和行动发生的情绪成分的复杂计划。计划就像过去发生的事件一样被储存在记忆里。对大脑来说，未来和过去一样真实。当现实与计划无法匹配时，问题来了。

记忆不是情绪，情绪也不是记忆，但两者协同工作。储存在记忆里的思维模式也不是情绪。但思维模式可以与情绪、动机、认知以及记忆互通有无。因为记忆可以存在于过去或未来，因此对大脑来说，它们是一回事。为了到达未来，你标记它。这是魔术：你可以穿越时间，来到一个尚不存在的世界。

有过多次攀岩经历的大卫·斯通有一个关于岩壁世界的思维模式。他了解驾驭岩壁和在岩壁上行动的规则。他还有一个关于他所用系统——绳索、固定点、安全带、快挂、安全锁、防坠绳——的思维模式，攀岩者通常都熟悉他们的装备。他脑子里的这些元素没有内在情绪成分，只是这个世界的缩略图。

他还有攀登其他悬崖的记忆，而且他体验到的兴奋赋予了这些记忆良好的情绪特征。仅仅想到又可以再次攀登，想到未来，即足以让人感觉良好。它是他的那个"激励灯塔"。无须思考，他将自己的悬崖思维模式叠加在从未攀登过的大教堂峰上。过去的一切都很顺利，攀登是成功的，感觉也很好。因此，那就是他应用在大教堂峰上的记忆和思维模式。从逻辑上讲，要是你问的话，他会告诉你他根本不知道攀登大教堂峰会是什么情况。这是一个崭新的世界，但他将之视为一个熟悉的世界。不然我们如何与时俱进？这就是风险—回报循环。

和大卫一样，我们都会生成强大的关于未来的思维模式。我们想象出来的世界似乎与我们经历过的世界一样真实。我们用以往现实的情绪值将那个模式填得满满当当。在那个幻觉（称之为"计划"会更易理解）

支配下，我们出发、行动。如果事情没有按计划进行，修改如此强大的思维模式就会很难。在客观危害较大的环境中，以真实世界取代想象世界所花的时间越长，风险就越大。在自然界中，适应重于计划，这是禅宗的说法。我们必须做出计划，但也必须能够放弃计划。

研究生存的心理学家表示，循规蹈矩者的表现不及那些拥有独立思想和精神的人。得知自己仅剩下 6 个月生命的病人有两个选择：接受然后死亡，或者反抗并活下去。被诊断了癌症并幸存下来的人名声都不好。医务人员评论说他们是"坏病人"，蛮横无理、令人讨厌。他们不听从指示、质疑一切、令人恼怒，但他们是生存者。《道德经》说：

故坚强者死之徒，柔弱者生之徒。

父亲是一个不受规则约束的人，我也是。"二战"中，他的骨头几乎全断了，但他打破了死亡的宿命。卡斯特罗（Castro）在古巴掌权期间，父亲也蓄着一把大胡子，部分是为了掩盖伤疤，部分是因为看上去吓人。1959 年，大胡子还不时兴，它是共产主义的象征。

因此，计划就等同于医嘱，是一个专横规则，你要么遵守，要么反抗。这是自然界众多微妙平衡之一：计划，不计划。但情绪是个起承转合的过程，像戏剧或电影、性活动或打猎一样，它也要经历三幕：冲突在中间，而让我们睁大眼睛的高潮则临近结尾。罗柏·斯通、大卫·斯通和史蒂文·平特已经成为他们自己的计划制造的规则暴政的奴隶，乖乖地被它牵着鼻子走。

离目标越近，他们就越努力、越激动。好莱坞电影的中间部分，主人公全心全意追寻他的目标。他们也是这样，在情绪自然起伏的过程中，计划逐渐变得坚不可摧。虽有确凿证据表明，真实世界的状况正在飞速偏离他们对未来的记忆，但那对他们毫无影响——毕竟，经典戏剧冲突来自这样的事实：主角在走向胜利的同时也离目标越来越远。别忘了，在某些电影里，主人公的结局是死亡。

额外压力或计划外事件使人难以清晰地思考，毫无疑问，改变计划或修正思维模式以适应现实几乎不可能。你被自己的故事裹胁了。

凌晨 4 点，3 名攀登者醒来，准备向山脚进发，这时第一个计划外的事件发生了。有人（"不是熊"）偷走了他们的食物。根据计划，他们将徒步 3 英里到大教堂峰，并在 8 点钟开始攀登。大卫估算了爬完 6 绳距需要的时间，预计他们将于下午 1 点到达顶峰。但是现在，他们不得不先去找食物，并为此耽搁了两小时，除了疲劳和饥饿外，他们又多了一重压力：行程的压力。

他们估算，幸运的话，在下午 3 点依然能够登顶……老天，他们必须登顶。他们都是这样被驱使着向前的。由无数小事件构成的冲突正在累积，他们将努力克服它。

他们本该承认并且容忍系统内的冲突。离大路较近的地方还有更容易的攀登线路，他们本该度过完美的一天。但计划驱使他们徒步 3 英里，驱使他们来到大教堂峰脚下。情况就是这样。

于是，他们赶去查看天气公告。太阳已经升起，一片灿烂，但他们只是尽职尽责，做了之前做过的事。公告上还是前一天的预告，上面预报天气晴朗，这是他们自己亲眼所见。他们知道天气公告已经过期，但他们凭什么认为它该有变化？他们看到了想看到的，忽视了已知的：高海拔地区的天气说变就变。在夏季，午后地面上升腾起温暖潮湿的空气，在山顶引发恶劣天气，这种情况下午 3 点左右最有可能发生，而那正是他们预计到达的时间。

研究人员指出，人倾向于接受任何证实他们的思维模式的信息。如果乐观意味着相信眼中所见即为世界的本来面目，那我们都是天生的乐观主义者。而在计划影响下，我们很容易看到想看到的。至于过期的天气公告，罗柏后来评论说："那对我们已经足够了。"他们本可以去一下护林站，但当时他们急着赶路。他们也可以带一台预报天气的收音机，还可以带上雨衣，但太阳出来了。早在事故发生前很久，各种小事就开始发生了。

在他们到达大教堂峰时，另外两名攀岩者刘易斯·约翰逊（Lewis Johnson）和斯图尔特·罗伯逊（Stuart Robertson）已经在攀登路上了。所以虽然罗柏、大卫和史蒂文已经做好了准备，但直到10点才开始攀登。两个小时似乎不算很长，但两绳距之后，乌云开始飘来，他们继续攀登。他们醒来已有6个小时，每向上一英尺，大脑得到的氧气就会更少。事情正在变得复杂。他们的压力负担在增长，冲突在累积。不幸的是，他们没有强有力的救援计划，因此一旦压力开始侵蚀思考能力，没人知道何时该回头。

虽然"到第3绳距结束，前面还有3绳距时，我们看到雨似乎要来了"，但他们都觉得"我们正抢在暴风雨前"。事实上，他们讨论过天气并且"共同决定继续登顶，不回头"。即使在成功登顶后，他们也没考虑在冰冷的雨水中穿着棉布衣服，低体温来得有多快。他们卷入了一场与自然母亲竞速的棋局，而她使出一连串令人眼花缭乱的招数。

他们爬到最后一绳距时，一阵猛烈的冰雹开始了。领头的大卫设法爬到山顶，为后两位系牢保护绳。罗柏和史蒂文正要开始最后一绳距的攀登，突然间，他们都感到毛发直竖。罗柏了解海员所说的"圣艾尔摩之火"。雷暴云砧带负电荷的下部掠过地面时会吸引地面的正电荷，这些电荷跟着云并在其下方移动。如果这些正电荷接触到任何导电物体，如一个人，就会穿过人向上移动，即电晕放电。这正是现在爬上第6也是最后一绳距的罗柏和史蒂文的感受。

按罗柏后来的说法，就在他俩到达顶峰前，"身边的一切开始嗞嗞作响。那是我听过的最可怕的声音！"他们现在只有一个想法，这个想法占据了一切。为了避开雷电，罗柏和史蒂文不顾摔下山的危险，快速通过湿滑的山体表面，爬到一块突出的岩石下。他们尚未到达山顶，还紧贴在几乎垂直的峭壁上。他们在墨黑的天空下等待着，暴雨冰雹不断冲刷而过，那阵"爆裂的嗞嗞声一直响了5分多钟"。

这时事故发生了：锵！

一声爆响，罗柏被重重砸在石壁上。他感觉到电流穿过身体，从右臂流出。电击不到 0.01 秒。（闪电传播速度可达每微秒 54 码。）接着他听到史蒂文在旁边呻吟。和大卫一起待在山顶的刘易斯·约翰逊和斯图尔特·罗伯逊正在尖叫。

几乎到达山顶的罗柏离兄弟大卫不远，看到他毫无生气地吊在山顶的绳子上无力地呻吟。看到别人尤其是熟人受伤或死去能引发强烈的情绪变化，这就是搜救人员非常熟悉的"救援热"（rescue fever）。在努力帮助别人时不顾一切甚至冒生命危险是一种常见的人类反应。纽约世贸中心大楼倒塌时，有个人试图从新泽西州游到曼哈顿去帮忙。他被一个摆渡船的船长救起。

罗柏在没有保护措施的情况下，爬过光秃秃的湿滑岩石去救兄弟。他顾不上自己身处险地，开始对大卫做人工呼吸。在裸露凸岩上，任何错误都足以致命。但他闻到了大卫烧焦皮肉的味道，感官刺激激化了他的情绪，这种情绪冲击将他置于"轻易成为第二个受害者"的境地。他的认知能力完全丧失了，这是此类极端情况下的典型表现。只有在很久以后，罗柏才能想到自己冒的风险。

这就是他们的处境，一片昏天黑地的暴雨云下，4 个人和一个垂死的伤员被困在一块细长的岩石上，并在试着将他软绵绵的 190 磅的身躯搬离岩石边缘。他们的体温在下降，因为他们都穿着约塞米蒂搜救队队员称为"死亡布料"——棉制的衣服。他们没有雨衣，没有任何生火工具，没办法给大卫或自己取暖。天开始黑下来，他们 5 人只带了一只手电筒。现在看来，世界与他们对未来的记忆何其不同！

约翰逊和罗伯逊试图搬动大卫的时候，他醒了，还以为自己在不列颠哥伦比亚省①呢。约翰逊和罗伯逊将绳子系到一个固定桩上，准备把他往下降。就在他俩忙活的时候，嗞嗞声又来了：圣艾尔摩之火。罗柏

---

① 不列颠哥伦比亚省位于加拿大西部，省会是维多利亚市，最大城市是温哥华。——译者注

和史蒂文已经形成了强烈的次级情绪，并且本能地做出了反应。他们跳上大卫的绳子，4人的重量同时落到那个细小的固定桩上。所幸他们的运气（和固定桩）都不坏。同样幸运的是，约翰逊带了一部业余无线电台并联络上了一个人，此人联系了约塞米蒂搜救队管理员约翰·迪尔（John Dill）。如果那天早上，他们等着看到最新天气公告，就会注意到雷电警告。自然母亲那天肯定心情不错：他们都活了下来。事故报告评论说："自然母亲颇为幽默地选择了她的目标——其中4人是电气工程师。"

如果你吸取了最近百余年来的心理学、认知科学和神经科学的精华，你会发现，我们一直是"人"（Homo），但有时并非那么"智"（sapiens）。[①] 人是情绪生物，也就是肉体生物。约瑟夫·勒杜将之总结为"人通常会出于没有意识到的原因做各种事……意识的主要工作之一是将我们的生命串成一个连贯的故事、一个自我概念"。换句话说，每个人都是自己这部电影里的主角。

难怪在许多情况下，我们会发现，与人密不可分且由经历洗礼过的基本生存机制不仅是最强大的行为驱动因素，而且能在自主决策能力范围之外以最高效率运行，这使得理性轻易被压制。情绪反应一旦启动，我们就会被无法抵抗的行为冲动席卷。

但依然有许多重写脚本和适应危险局面的方式存在。训练是其中之一。如果没有多年的严格训练，尼尔·阿姆斯特朗不可能将"鹰"号（Eagle）登月舱成功降落在月球上。这些训练所包含的不仅有必须成为第二本能的技术内容，还有情绪控制。所有表现优异者训练都很刻苦，当你追随他们的步伐时，你最好也刻苦训练，或者非常警觉。这才是走到野外的新手面临的主要问题：我们面临的挑战与专家是一样的。大自然不会来适应我们的技能水平。

---

① "Homo sapiens"，意为"智人、现代人"。——译者注

禅语说，杯满则溢。同样的道理也适用于大脑。如果抱着"我已经知道"的封闭态度，你就会漏掉重要信息。禅教人开明。求生导师将开明品质称作"谦虚"。在我看来，表现杰出者，例如那些冒着生命危险拯救别人的高空救援人员，就实现了勇敢和谦虚的完美平衡。宇航员也是如此。

仅仅是能意识到大自然可能设置陷阱，就很好。这会让你记住人是灵长类动物，不久前才进行过一项某种程度上未经测试的更新 —— 新皮层（所谓"新"是因为它被认为是时间上较新的；但真正新的是它的尺寸和复杂程度）。我们所说的大脑失灵也许只是大自然在漫长进化期间按照简单规则进行的修修补补。大自然的实验贯穿所有物种的众多个体，而我们是最近的试验品。因此大脑捉弄人不针对某个人。按罗马皇帝、斯多葛派哲学家马尔库斯·奥勒利乌斯的说法，死亡无个体 ①。

失败是如此常见，以至于我们可以轻而易举地将其归因于经验不足、愚蠢或疏忽。大部分人生活在低风险环境中，因此大脑的作为、不作为或灵光与否没什么严重后果。其能量层级和客观风险都很低。错误不会发展到失控地步，只会无害地、不知不觉地消失。即使如此，除了每年夺去逾 45,000 条生命的美国公路外，大部分意外死亡发生在家里或家附近，这主要是因为家恰恰是人们犯常规错误的地方。然而当你离开这个环境来到野外，或当你面临日常生活中的新挑战时，就必须发展出新的思维方式，即新计划。

几年前，我、莱尔·洛维特（Lyle Lovett）还有 20 名伙计参加克里斯·海恩斯（Chris Haines）组织的"巴哈②越野赛"，南下恩塞纳达，在艰难的沙漠和山区路段奔驰了 500 英里。克里斯是一名连续 15 年参加"巴哈 1000"越野赛的摩托车手，这是莱尔第六次与他一起踏上旅程。莱尔

---

① 原文是 "Nothing personal, either, when you die"。——译者注
② 巴哈（Baja），即下加利福尼亚（Baja California），墨西哥西北部的一个多山半岛。——译者注

的唱片《恩塞纳达之路》(*The Road to Ensenada*)上的介绍里写道："感谢克里斯·海恩斯、迈克天空旅舍、圣尼古拉度假酒店，还有爸爸与啤酒酒吧。"这或多或少地绘出了我们的行程地图。一行人里有莱尔的父亲比尔·洛维特(Bill Lovett)，《恩塞纳达之路》就是献给他的；还有莱尔的助手万斯·诺尔斯(Vance Knowles)、大提琴手约翰·哈根(John Hagen)。打击乐手詹姆斯·吉尔默(James Gilmer)驾驶一辆支援车，莱尔的妈妈伯尼尔(Bernell)则在副驾。莱尔还带了一些摩托车爱好者，如来自纽约的厨师大卫·布莱(David Bouley)、奥斯汀市一家摩托车店的老板比尔·卡松(Bill Kasson)。

行程从一段土路开始，并且路况越来越差，暴雨的侵蚀导致地上到处都是缺口和纵横交错的沟。一路行去，缺口变成沟渠，再变成深谷，不到一个小时就有人受伤了。一个走在东侧的摩托车店主转弯时速度太快，将车扎入了一条深沟里（我们称之为"取土样"）。我绕过那个弯，看到他站在路中间，脸上淌着血，一只拇指就算没断，至少也是严重变形了。我们离医疗点还很远，于是他和伯尼尔一起上了卡车，结束了骑行。

第一天，我们从圣尼古拉酒店出发，在迈克天空旅舍过夜，旅舍高居山顶，是下加利福尼亚著名的摩托车手聚集地，那里电很稀缺，没有电话，有一个看上去像有毒的水坑的古老的游泳池。到我们全部爬上山，分好啤酒时，泳池边的人群里飘出的雪茄烟雾已经与厨房里玉米粉圆饼的味道打成了一片。太阳落山的时候，我们才发现莱尔的父亲比尔不见了。

我、莱尔和他妈妈走进停车场，眺望远处的山脉，似乎它们能给我们一些提示，但太阳已经落山，山脉的巨大轮廓与没有月亮的夜空融为一体，松林中也听不到一丝川崎四冲程发动机的声音。天越来越冷，许多人已经在四张床铺的昏暗房间里冲过冰水澡，穿上了毛衣和外套，而我们四散而立，抱紧自己，想着比尔还在外面，而且是一个人。其他人都清点过了，太糟了，我们没有照顾好彼此，并为此感到惭愧。毕竟，如果不能互相照顾，我们和丛林狼有什么区别呢。

天黑一小时后，克里斯组织了一支由两辆摩托车和一辆卡车组成的 3 人搜索队。他们遇到了比尔，他已经冻得半死，正跟着他的川崎 250 摩托车头灯晃动的微弱光芒顽强地一点点向山上挪动。

晚饭时，莱尔、伯尼尔和比尔一起坐在餐厅里。巨大的餐厅里一片嘈杂，超过 60 名摩托车手一边吃喝，一边高声喧哗。比尔发誓再也不骑摩托车了，但紧接着又说："唔，我们不喜欢夜里在一家人面前赌咒发誓。"莱尔一边吃饭，一边不停地侧身把手按在父亲肩上，轻声问："你还好吧，爸爸？"比尔会点头说："好，好。"他很好，胃口也不错，吃了不少豆子、玉米粉圆饼、沙司和鸡肉，吃完饭他和伯尼尔起身离桌，早早上床睡觉去了。和儿子道晚安时，比尔俯身亲吻了他的脸颊。我和莱尔在桌旁又坐了一会儿，他从一个玻璃调料瓶里哗啦啦倒出不少糖，卷在热的玉米粉圆饼里吃。

第二天早上，比尔再次整装待发。随后的两天里，我和他一起骑行，在羊肠小道和积砂地上争夺垫底的位置。莱尔开得快，我们慢，虽然我和比尔又一次走失（一场风暴期间，在太平洋沿岸沙地的一个番茄种植园里迷了路），但我们设法走了出来；许多车手都摔倒了，但莱尔、比尔和我都没有。一个车手因为负载过大，摔倒在大卫·布莱前方的路上，为了避开他，大卫摔脱了他的 650 摩托车的前叉。

中午时分，我们到达一片广袤的干湖床。湖床坚硬平坦仿佛浇铸了混凝土，上面覆盖着一层像是糖果店里卖的糖果一样又细又白的碱粉。每个人都如脱缰的野马，一路飞驰，激起的冲天烟尘飘扬在湖底。我是队伍里最慢的，连比尔都在我前面。很快，他们都不见了踪影。但随着信心增长、速度加快，我决定赶上他们。我将时速表推到每小时 100、110 英里，然后逐渐看到了他们扬起的灰尘，于是我转向那里。因为根本看不清湖床的道路，所以我只知道大概是哪个方向。

尘土越飘越高，信心也越来越足，我把油门拧到最大，决定最好还是不看时速表，免得它吓到我。现在，灰尘越来越大，我想象着自己随时可能赶上绿色摩托车队，甚至超过比尔。突然，灰尘中冒出一辆满载墨西哥人的破旧红色大众巴士。就在撞车前的最后一刻，我猛地转向一边，摩托车失去控制一路滑行，直到陷入流水冲积出的一堆干沙上。巴士拖着灰尘尾巴轰鸣着走了。整个事件像是一个幻觉，而我险险躲过了因它而起的一场大事故。

第三天，我们飞驶在一条逐渐向上延伸到那片干湖床上方的群山间的干泥沙路上。一阵脏风吹起了整个山谷的灰尘，遮天蔽日，将湖床变得难以通行。我放胆一路疾驰，感觉车尾在跳动、侧滑，似乎要从我身下脱走。这里的风景，嶙峋的岩石、风暴中的碱湖和湛蓝的天空一起构成了一幅和谐的图画。我的动作和地形融为一体。我看到风用沙和石头织出的纤细织物，也知道这场巨变来自最简单的机械：轮子。本质上，静止的轮子只是被人用辐条、螺钉、轮圈和橡胶拼凑起来的类似萨克斯管的无用玩意，但只要它旋转起来，就成了奇珍异宝、更高规则打造的完美统一，就像人的吹奏改变了萨克斯管一样，风改变了轮子。

我们驶过的土地也是一样。现在，因为我们在上面加速并轻轻抚摸它，所以它就像安哥拉兔毛一样柔软。但是，如果移动被打断，这块舒适温暖的毛毯就会立即演变为无数尖利的岩石和滚烫的沙子，一切都会瞬间转变为这片无生命湖泊的严酷现实，这就是摔倒的全部含义。驾驶是超自然的；为了与天使一起飞升，脱离肉体凡胎的现世地狱，它将因果之轮转得飞快。摔倒就是重新回到现世，回到下方世界。摔落下来时，我们都是堕落天使。因此，长途跋涉的危险本质上与撒旦相同。早期的摩托车手明白这一点，并给自己起了相关的名字①。

---

① 此处当指美国最著名的摩托党"地狱天使"（Hell's Angels）。——译者注

第六章

沙堆效应

2002 年 5 月 30 日，星期四，上午 8：50 左右，比尔·沃德（Bill Ward）坐在猪背岭（Hogsback Ridge）顶端一块突出的岩石上，上方就是俄勒冈州胡德山（Mount Hood）顶峰。他们一行的 4 名登山者正在下山。40 岁的克里斯·克恩（Chris Kern）是纽约上诉法院调查员，哈里·斯吕特（Harry Slutter）是他的老朋友，来自长岛（Long Island）。斯吕特工作的大型商业苗圃在纽约州和俄勒冈州都设有分部，因为工作关系，他结识了经验丰富的登山爱好者沃德。沃德又带了朋友理查德·里德［Richard Read，也叫里克·里德（Rick Read）］，里德是俄勒冈人，以前从未爬过山。

　　将在一个小时内死去的里德被误导认为胡德山适合初学者攀登，正好是他第一次攀登所需要的。可惜世上没有"初学者爬的山"，它和"初学者的性"一样，是一个无效概念。困难之一是上（下）胡德山的标准路线并不是典型，更像是徒步走在陡峭雪地上。碰上好天，你可以不用冰爪直接走上顶峰拍几张照片，再走回蒂姆博林旅馆滑雪场吃新西兰火烤辣羊腰排。这是个危险的错觉，因为成功靠的是做好每件事，差若毫厘，谬以千里。胡德山是一座活火山，有冰川、冰原、时速 140 英里的阵风和霜状冰。掉入火山喷气孔的人将因吸入硫化氢窒息而死。在冰上摔倒、越滑越快的人最后会撞上钢铁般坚硬的岩壁，死在岩石上。突如其来的暴风雪会让人在九曲荒野区（Zig-zag Wilderness Area）或埃利奥特冰川（Eliot Glacier）裂缝区绕上数天。胡德山每年至少吞噬一条人命。有些年份，如 2002 年，更多人在这里丧生。

早上 8∶30 左右，比尔·沃德一行启程从顶峰下山，在陡峭的猪背岭上方一块突出的岩石上会合，猪背岭从顶峰向下延伸 1,000 英尺，形成优美的悬链弧形冰山。克恩将冰镐插进雪中作为固定点，绳子的另一头系着斯吕特。他随着斯吕特的下降放绳以确保绳子没有松弛。如果斯吕特滑落，绷紧的绳子将在下落速度变得过快前拉住他。最近的雨水 —— 夜晚结冰，白天部分融化 —— 已经将雪变成了硬冰和软冰的混合物，人在上面易摔难止。

在登山前的几天里，他们演练了滑落制动的技术。包括新手里克·里德在内，每人都能自己停住。当队中有人摔落时，他会大叫一声："摔了！"，其余人就会趴下并将冰镐插入雪中。将他们连在一起的绳索能中止滑落。经过练习获得经验之后，它将成为第二本能、一种次级情绪，就像雷马克的士兵对高爆炮弹的呼啸做出的本能反应。不过，虽然它在实践中有效，但系在一个固定点上更加可靠。

斯吕特下降 35 英尺后，沃德插入冰镐，将登山绳绕在上面，保护克恩下降。克恩从雪里拔出冰镐，开始下降。他移动的时候，斯吕特也会随之移动以保持登山绳绷紧。

他们的计划，或者说设想，是每次只有一个人系着绳子下降直到绳子全部绷紧。不管是谁脚滑了，也只会下降几英寸。接着，像被线串起的珠子一样在这条 1,000 英尺长的山脊上排好后，他们会拔起最后一把冰镐，小心翼翼地下山。

沃德和里德在崖边观察，直到绳索绷紧。这时沃德放下里德，里德下降 35 英尺，拉紧他和沃德间的绳索。斯吕特和克恩也同时下降，保持绳索绷紧。

当他们放完登山绳后，斯吕特在那块突出的岩石下 105 英尺处，克恩在 70 英尺处，里德在沃德下方 35 英尺处，而沃德依然坐在凸出的岩石上，他的冰镐插在冰里保护一队人。此时，沃德起身从雪中拔出冰镐，将他们固定在山上的就只剩下冰爪了。这个系统可以随时按它自己的意愿行动。

这是个简单的理论，根据我对幸存者的采访，他们显然仔细考虑过这个问题。这个理论的难点在于，最上面的沃德绝对不能摔落（他们的顺序从上到下为沃德、里德、克恩和斯吕特）。如果一块砖从 6 英寸高度掉下来，你或许可以安全地接住。但从 3 层楼高的窗户处掉下的砖头则会伤到人。沃德和排在第二位的里德间有 35 英尺的绳索。如果沃德掉下去，在绳子绷紧前，他会滑落 70 英尺。想一想接住一个从 7 层楼掉下来的人。这一切都与能量水平有关，但他们不这么看，这些登山者试图控制他们加在一个由绳索和重量组成的系统上的巨大能量。他们只是本能地认为，避免能量同时释放是关键所在。经验最丰富的沃德在最上面。无疑，他不会摔下去。人人都担心里德。"经验丰富者"一词通常指向那个更频繁地做错事而不用承担后果的人。

他们把所有人拴在一起，建立了一个具有迷惑性的系统。一根绳子可以很简单，也可以很复杂。它可以传递从整根绳子的无数个点上加于其上的所有能量，可以翻倍、再翻倍，可以顺着绳身传递力，再传到其他地方。它可以拉伸、收缩、颤动、断裂。它是极为巧妙的平衡。但事实证明，在无限引力的驱动下，在与 4 个身体的结合下，它也能带来一系列惊人的复杂后果。

位于绳子最下端的斯吕特正低头看着其他登山者。就在半小时前，靠得最近的那两人还在与自己这队人一起庆祝，在山顶拍照、欢笑、分享饮水和糖果。现在，斯吕特看到了他们：约翰·比格斯（John Biggs）和汤姆·希尔曼（Tom Hillman），两人都来自加利福尼亚。希尔曼是卫理公会牧师，比格斯是他的教区居民。

"那时我在心里盘算希尔曼和比格斯的位置。"几天后，斯吕特告诉我。他们偏向一侧，因此他认为他们不在他的坠落路线上，这是胡德山给人的众多错觉之一。斯吕特向右扭头去看 35 英尺上方的克恩。"我能更清楚地看到（猪背岭的）山脊走向，"因此他对克恩喊道，"往后退一点，再过山脊一点。"

这时，斯吕特眼睛的余光扫到一个黑影，并立即感到去甲肾上腺素骤增。他相信不管掉下的是谁，都不可能来自他的队伍，因为黑影正落向他的一侧，而且不是直接对着蒂姆博林旅馆。事故两天后，我也做出了同样的误判。我与滑雪场山区经理史蒂夫·克鲁斯（Steve Kruse）爬胡德山。他问我哪边是下坡，我指向蒂姆博林旅馆。但从山顶滚下的球并没有滚到旅馆，它要么向东滚到九曲荒野区，要么向西滚下埃利奥特冰川。

尽管如此，深知自己位置危险的斯吕特还是本能地做出反应。"没时间让你犹豫。"他说。他赶紧趴下，将冰镐插入雪中。

不久前，另一队的 4 名登山者刚从山顶下到沃德上方，恰好看到这一幕。调查这次事故的是克拉克默斯县的犯罪学家蒂姆·贝利（Tim Bailey）。他在报告中说，整个掉落过程只用了 3 ~ 5 秒，他们一路不停地向下坠落几百英尺，最终掉进了一条拦腰切断猪背岭的冰隙里。沃德拔出冰镐时，一个叫卢克·彭宁顿（Luke Pennington）的少年正好就在他们上方的那个 4 人小队里。他看到沃德面朝东方，在下降的过程中一直在试图转身固定左脚。这时绝对不能发生的事情发生了：最上面的人摔倒了。"就在那一刻，他滑倒了，"贝利说，"滑倒时，他背部着地，面朝山下，开始顺着山坠落。"

在沃德的绳子拉到里德的保险带绷紧之前，他正以每小时 30 英里的速度下坠，相当于人从 8 楼跳下的落地速度。拉到里德（次克恩，再斯吕特）后，加速势头依然未减。他们已经来到了世界的边缘冒险。詹姆斯·格雷克在《混沌》中写道："怪事就在这些边缘附近发生。"

当所有能量平衡在冰爪下的冰块上时，只需要一根稻草就能压垮骆驼。"它就像慢动作播放。"斯吕特说。反射的加速、大脑和身体在紧急情况下进入的快速处理模式让世界看起来像是在以慢动作运转。"我知道克里斯采取了阻止下坠的姿势，但我不记得有看到他移动。令人惊讶的是我一个字也没听到。"也许，这是知觉窄化的结果。也许没有人说过一个字。"别的我什么都没看到，我正面朝山下。我记得我看到了冰镐挖进冰里，我的胸口就贴在上面。我歪着头，并用手护住它。"斯吕特只盯着一件似乎至关重要的事情：他的固定点。"然后，我记得自己看着它撕开冰面。我在想：我们下滑得太快了。我被扯离了山坡。"

克恩也被扯离了山坡，并且记得自己飞过天空。他说不清掉了多远，但似乎很远。再次落到雪上时，他摔得很重，骨盆都摔断了。接着，随着绳子开始放出、绷紧，他再次被扯离地面，飞到空中，飞速向山下坠去。

也许只过了一秒，也许两秒。4 人现在处于混乱状态，正加速朝着正在小心翼翼下山的比格斯和希尔曼坠落。这两人在不到 100 英尺的下方，根本没机会躲开。

贝利报告："彭宁顿先生说，当他们落至下一组人时……他们的绳子扯上了比格斯先生。4 人掉落的过程中，绷紧的绳子展开击中了比格斯先生并将他砸到空中。"

"我听到有人叫'摔了！'，"希尔曼说，"他们像打台球一样打中了比格斯。他飞起三四英尺，被打得头下脚上。我见到一个俄勒冈人在下坠时将他的红绳子钩到了我们的蓝绳子上。我知道我将不得不拉住 5 个人，于是我不再看着，赶紧趴下。因为我知道他们还有 50 英尺才到我这里，于是我开始祈祷。"这是他和比格斯间绳子的长度。"之后再下降 50 英尺才拉到我，我做好了准备。"但 100 英尺的松弛绳子，在希尔曼的绳子绷紧前，5 人中至少有两个或更多会掉落 10 层楼那么高。到那时，下坠的力量是如此之巨大 —— 成千上万磅 —— 以至于他的肩膀立即被拉脱臼了。但他坚持住了。"我记得冰镐一路划着冰面，直到下面的冰隙。"

但还没结束。就在冰隙上方，坠落点下方约 400 英尺处，两队登山者正在向上攀登。领队是附近图拉丁谷（Tualatin Valley）消防救援队的医疗急救员杰夫·皮尔斯（Jeff Pierce），他带了 4 名首次登山的急救员，同行的还有消防救援队健身教练查德·哈什伯格（Chad Hashburger）和其中一个急救员的儿子，14 岁的科尔·乔伊纳（Cole Joiner）。凌晨 3：00，他们乘雪地履带车到达滑雪缆车最高点帕默冰川（Palmer）山顶。之后皮尔斯将人分成两组，他带着科尔·乔伊纳和急救员杰里迈亚·莫菲特（Jeremiah Moffitt）连在第一根绳上。另外 4 人组成第二队，由同为急救员的丹尼斯·巴特勒（Dennis Butler）带领，他也是队中仅有的两名有登山经验的人之一。事故发生时，巴特勒的 4 人小队还在冰隙下方。

皮尔斯领着乔伊纳和莫菲特向上攀登，已经绕过冰隙左侧。"我正在绕过那道冰隙，"他回忆说，"一边抬头看着上方的登山人，一边计划我的行动。"皮尔斯想避开他们的路线，防止有人掉落，但因为之前一个似乎无关紧要的决定（走左侧而不是右侧），他这队人不得不先从高处登山者的下方穿过去。因此他和乔伊纳开始向右侧移动，但莫菲特还在上面人的掉落路线上。

皮尔斯抬头看到上面的人掉下来。他之前见过人摔落，因此，按他的说法："我指望他们下坠一会儿，自己停住，然后再次开始下山。"但随着第一个模糊的影像开始在他脑子里成形，一系列突然涌上的化学物质淹没了他的系统，促使他采取行动。"我趴下来，插下冰镐。我牢牢扎根在地上，其他人也都这样做了。"6 发人体炮弹，纠缠在一堆乱麻般的绳索中，挥舞着冰爪和冰镐的尖端，正向他们飞速跌落。

贝利报告："现在，有 6 名登山者在下坠。其他旁观者……说，当时他们全在互相碰撞，还绕着圈旋转。"

莫菲特被重重砸到，失去了知觉。他的绳子将皮尔斯和乔伊纳弹进冰隙，所有 9 名登山者撞上冰隙下壁，滚做一堆。比格斯已经死了。沃德头朝下埋在雪里，被一堆身体压在下面，喘不过气来。第一次也是最后一次登山的里德奄奄一息，但还有意识。

此刻滑雪场经理史蒂夫·克鲁斯正在开放这座山上的滑雪场，准备当天的营业。他在帕默架空缆车上端和一个滑雪场巡查员说话，缆车房服务生说有他的电话。县治安官的一名少尉警官告诉他，说有个报警电话报告了他上方 2,000 英尺的冰河裂缝，也就是当地人所称的冰隙处发生的登山事故。报告有点混乱不清，但似乎有一群登山者掉进了那道裂缝。

克鲁斯猛地转过头。他可以看到遥远的上方有几个细小人形在冰隙边。他感觉到自己心跳开始加速。他知道这会是一次大事故。于是他抓起对讲机，呼叫杰夫·弗勒德［Jeff Flood，也叫杰夫·弗罗多（Jeff Floodo）］——"我的王牌雪地履带车驾驶员"，让他以尽快爬上帕默冰川山顶。当黄色的雪地履带车开始从蒂姆博林旅馆隆隆驶上山时，他看到了柴油机冒出的黑色浓烟。

在他的上方、冰隙的深处，埋在雪里的比尔·沃德已经窒息而死。克里斯·克恩骨盆骨折，被折叠成一半大小卡在一块石头下面，疼得大叫。带领最上方一组人下山的哈里·斯吕特被砸到冰隙壁上，昏迷过去，他醒来时，头下脚上、动弹不得，手里依然握着冰镐。整个场景在冰蓝色阳光照耀下显得十分诡异。冰屑和雪还在纷纷落下。"在细密的雪里呼吸让我觉得自己快要溺死了。"斯吕特回忆说。

他摆正身子，察看自己的伤势。他几乎可以肯定下颌和一侧踝关节骨折了，但他更担心的是比格斯。"我感觉我压着他，或者他压着我，两人缠在一起。"斯吕特说。于是他翻过身查看：比格斯没了呼吸。斯吕特开始尝试对他做心肺复苏。这时图拉丁那组的领队皮尔斯走来，"他证实了我的怀疑，"斯吕特说，"约翰死了。"

克恩还在嚎叫。斯吕特对他喊道："收起你的痛苦，挺住！"他和克恩一起参加比赛，遇到赛程艰难时，他们就这样互相鼓励。克恩安静下来，还想叫里克·里德也这样做。里德临死前还在说话。莫菲特在呻吟，语无伦次地说着胡话。

卫理公会牧师汤姆·希尔曼被砸晕，但他的"驼峰"牌（Camelback）水袋在冰壁上撞破，吸收了一部分冲力。虽然如此，他还是摔裂了一节胸椎。希尔曼接受过医疗急救培训，醒来后，他立即开始估计自己的伤势。"我回顾了急救培训内容，移动前在脑子里评估了一下。我认为至少有一处胫骨或腓骨骨折，一侧踝关节或股骨骨折，就有心理准备。但醒来后，我惊讶地发现一处骨折也没有。因为抓住冰镐阻止下坠，我拉伤了胳膊、肩膀和背部的肌肉，以及韧带。我希望自己有能力采取行动、救人，但因为脑震荡，我的动作慢得像蜗牛。"这是生存高手的典型做法，虽然自己受伤，但"天将救之，以慈卫之"（《道德经》），胸怀悲悯的希尔曼想到的不是自己，而是别人。因此他献身神职不是没来由的。"最艰难的时刻，"希尔曼说，"是你的装备和知识都用不上的时刻。"

希尔曼每移动一下都会把冰抖到克恩身上，克恩会疼得大声呼叫。因此希尔曼爬离了他，躺下来。只有杰夫·皮尔斯和 14 岁的科尔·乔伊纳几乎毫发无伤。他们立即开始帮助别人。还在冰隙下口的另一队领队丹尼斯·巴特勒架起一个绳索系统，开始将死伤者往上拉。

2002 年 5 月 30 日发生在胡德山的这种事故以前一直有，以后还会在某地、某人身上发生。现有的所有理论都告诉我们，它是将众多登山者置于陡峭的冰坡上的更大的系统里不可分割的一部分。

一直以来，登山者都在没有固定保护的情况下拉绳结队攀登。他们也能安然无恙。下山时，他们拿冰镐当拐杖使。胡德山事故相关系统中的所有元素都属于常态，并且可以用常态化事故理论解释。20 世纪 80 年代，查尔斯·佩罗创造了"系统性事故"一词，研究他的作品如何契合混沌理论和自组织临界理论是一个很有趣（虽然偏学术）的练习。胡德山事故牵涉到两大类影响：登山者使用的物理系统以及导致事故的心理和生理影响。

最近几年，研究户外娱乐事故的人员认识到，所有事故的基本方式都大同小异。如果你发现自己深陷麻烦，走到了死神鼻子底下，那你是经过一条别人走滥的路到达那里的。你的第一反应也许是：**这怎么可能发生？真倒霉！**但如果之后你还活着并且费心审视一下发生的事，你就会发现一切似乎都像法裔路易斯安那人的两步舞一样自然。

我们称作"事故"的事件不是无缘无故发生的。不存在什么引发事故的"痛苦传播者"，人得自己组装那些引发事故的系统。即便如此，也可能很长时间内什么事都不会发生，胡德山、麦金利山（McKinley）、朗斯峰（Longs Peak）这类山峰容易攀登的名声就是这样来的。许多在这类没难度的山峰上陷入大麻烦的人都在其他地方登过更险峻的山峰。他们大都攀登过喜马拉雅山或南美的高峰，对他们来说，爬迪纳利山（Denali）① 或胡德山只是闲庭信步。也许他们是在帮助一个希望拥有登山经历的朋友；也许他们是想登遍每个州的最高峰。他们自己的经验和对正在尝试做的事情的真实特性的无知害了他们。

佩罗的《常态化事故》于 1984 年首版，这部作品的深远影响来自其非比寻常的论点：在某些特定类型的系统中，重大事故虽然罕见，但确实是无法避免和常态化的。他认为这些事故是系统本身的特性。这本书引来极大争议，因为他发现，当人们努力提高这些系统的安全性，特别是借助技术手段时，反而会把系统弄得更复杂，因而更容易出事故。

系统性事故中，力和系统组成部分之间的外相互作用源自系统的复杂性。这类事故是由本身无害的各种条件、判断和行动或事件共同构成的，除非它们在恰当时机以恰当方式互相联系，否则它们都会被忽视掉。比尔·沃德以前也滑倒过，但他自己止住了下滑或者正处在一个即使滑倒了也无关大碍的位置。他也曾解除过保护措施，但之后碰巧没有发生严重坠落事故。佩罗的观点是，大部分情况下，因为没有严重事件发生，系统的操作人（此处指登山者）很难知道自己的问题。他们开始相信，他们看到的按部就班的运行方式是这个系统的唯一状态。然后，在时间和空间的临界点，系统组成部分和力以意料之外的方式互相作用，带来了灾难性的后果。

"挑战者"号（Challenger）航天飞机已经安全飞行多次，曾在佛罗里达州寒冷的清晨被发射过，但没发生任何意外。责任人开始将此结果看成该系统唯一可能的运行方式。接着有一天早晨，严寒导致一个橡胶密封圈破裂。比责任人更了解这个系统的工程师曾经就这种可能性提出过警告。但在日程和政治压力下，"挑战者"号依然如期发射；那些责任

① 即麦金利山。——译者注

人和整个世界看到这个名为航天飞机的系统生动地演示了另一种虽然罕见但依然可能的运行方式。

佩罗用术语来描述这些系统，称之为"紧密耦合"。他说这类系统必须有能力产生系统组成和力之间的计划外的复杂相互作用。按他的观点，除非系统既紧密耦合，又能产生相互作用，否则事故就不会发生（虽然会一直发生其他故障）。

这些组成部分、力以及两者间潜在的相互作用也许是隐藏的，事先难以想象的。那几个登山者不可能了解它们储存的全部能量。因为他们看到自己的滑落制动技术以前有效，所以无法想象它们会失效。没人会想到民航班机上的咖啡机或马桶能摧毁飞机，但这样的事情发生过。

民航班机是复杂紧密耦合系统的完美例子：一个满载易爆燃料、高速飞行，并且在稳定和不稳定间走钢丝的庞然大物。一点力就可以扰乱它，从而引发系统内储存的巨大能量的毁灭性释放。这样看来，它就像那些登山者设置的系统：系统能量来自他们自己的肌肉，即他们攀登时产生的电化学能量。随着他们不断攀升，储存的潜在能量也越来越多并通过登山绳紧密耦合。这就像吹大一只气球，一个极小的针孔、一点几乎无法觉察的力量即可瞬间放光球里的空气。如果这些登山者在没有任何安全系统的情况下下山，情况会好一点。

当系统紧密耦合时，产生的影响也会传播。在联系松散的系统中，产生的影响不会传播到系统其他部分。倒塌的多米诺骨牌是紧密耦合如何发挥作用的常见例子。增大这些骨牌间的距离并推倒其中一个：仅一个骨牌倒下。如果登山者们没被绳子系在一起，沃德不会拉上任何人（关于那一点，如果他们没看错下山的路，也许就不会处在希尔曼和比格斯上方）。但这次事故不是任何人的错。按《易经》说法，这类系统性事故是"无妄之灾"，所以无须指责。事故原因在于系统本身的特性，它是自组织的。

《常态化事故》出版时，混沌理论和自组织系统理论还鲜为人知，也没有被普遍接受。但在佩罗的作品中，我们已能看到两者的影子。混沌理论源自物理学的一个巨大空白：无序。在我们能看到的世界里，它无处不在，从生命有机体的运转到流水的特性：湍流，从不规则运动到非周期性自然循环，如天气、动物繁殖等。经典物理学忽略了这一切，用理想化的系统解释世界，但却无法解释真实世界的大部分问题。人们忽视了牛顿（Newton）在天体运行计算中的错误，直到爱因斯坦（Einstein）解释了它们。传统经济学假设了完全理性的行为者，传统生存训练亦作如此假设，这两种假设都没能反映出混乱的真实世界。

混沌理论的观点是，看上去十分复杂混乱的系统（如天气）可以从简单的系统元素（水、空气、土地）开始遵循几个简单规则（热、重力）运行。这类系统的特征之一是初始条件的一个小到无法测量的改变就能导致系统运行状态出现严重偏差。将这些影响因素扩大两倍、四倍、八倍，结果似乎是相似的。但对系统更强烈地推动会导致相互作用的结果更多、更不可预测。

20 世纪 60 年代早期，麻省理工大学的一名气象学家爱德华·洛伦兹（Edward Lorenz）在计算机上建立气候模型时意外发现初始状态的微小改变（千分之一）足以制造出完全不同的气候模式，后来被称为蝴蝶效应。按格雷克在《混沌》中的说法："就是说今天在北京扇动翅膀的蝴蝶可以改变纽约下个月的风暴系统。"

经典科学旨在预测一个结果，再以实验证实。但自然系统不会这么循规蹈矩。你可以描述具体细节，但没人能预测结果。你可以用中学数学和物理学描述天气会如何变化，但你不能提前很久预测何时有雨，甚至不能预测是否有雨。你可以预测雷电会在特定条件下发生，但不能预测何时何地。年少时，我和父亲打趣说与科学家生活在一起的日子里，我发现他们懂得太多了以至于经常表现得好像什么都不懂。经典科学不能预测云朵的运动，其实它只不过是一堆由热和重力推动着在空中飘浮的水滴。训练和安全系统也是某种形式的预测，因为它们的目的是控制未来。

混沌理论认为，这类看似混乱的系统实际上起源于一套简单有序的数学方程。这些系统也许还会产生各方面都相同的影响。远观近看，一朵云都是同一个样子，海岸线亦如此。我们所称的艺术之所以吸引人，很大程度上是因为所谓的分形特征。任何角度的巴黎圣母院都是优美的。远看，你可以看到拱壁和悦目的形状；离得越近，你就能看到越多有趣的细节；直到最后，你看到它表面雕刻的最细小的图案。物质本身也呈现出类似情况。就在你认为已经找到最小的元素时，又发现了另一种更小的粒子。

自组织临界理论也叫复杂理论，由同一群人紧随混沌理论发展起来。它提出并且尝试回答了这样一些根本问题：秩序从何而来？我们如何将它与热力学第二定律协调起来？热力学第二定律认为，万物都趋向无序。在某种意义上，复杂理论是产生混沌理论的思想的延伸；实际上，人们常常说它存在于"混沌的边缘"（也有人强烈反对将复杂性和混乱联系起来，反对使用"复杂性"一词）。与混沌理论类似，复杂理论同样假定了"动荡、变化和似乎微不足道（然而又深藏内在规律）的事件引发的重大后果"。复杂理论是意图同时解释所有事物的大胆尝试，迄今为止，它在某些方面比爱因斯坦的相对论或尼尔斯·玻尔（Niels Bohr）的量子力学做得更好。

那几个攀登胡德山的人发现了解除保护措施这个似乎不起眼事件的严重后果。大自然喜欢在关键临界点创建自组织系统，这类剧变就是那个神秘倾向的一部分。登山者们没有意识到他们成了一个到达临界状态的系统的一部分。在绝大部分时候，临界状态可以保持稳定，但不论何时，一点似乎微不足道的力量即可让它崩塌。

20 世纪 80 年代，丹麦物理学家帕·巴克（Per Bak）做了一个实验，生动演示了野外游玩时的事故是如何发生的，尽管这不是他的初衷。他演示的是一个自组织系统的工作方式。他堆了一个沙堆（或一个沙堆计算机模型），然后让更多的沙子像从沙漏里掉出来一样落到沙堆上。沙堆逐渐增高，到达某个特定高度后开始倒塌。但沙堆既不变矮，也不再增高，只是维持住持续倒塌的稳态。M. 米歇尔·沃尔德罗普在他的《复杂》一书中这样描述："沙堆达到稳态完全依靠自身而无须任何人明确地塑造，在这个意义上，作为结果出现的沙堆是自组织的。"无须任何人在系统里设计出倒塌，它们是简单系统的特征。沙堆到达了某些科学家所称的临界状态（不过，关于如何使用这个已成术语的词汇，还是有许多争议）。"实际上，"沃尔德罗普补充说，"这个临界沙堆很像处于临界质量的钚，在这个状态下，链式反应正处在滑入一场核爆炸的边缘 —— 但还没有。"随着落下的沙子越来越多，小的滑落也越来越多。时不时地，沙堆会发生一场导致沙山崩裂的大塌方，但更常见的是长时间的相安无事。

二氧化硅的物理特性中，没有哪个特性可以用于预测沙堆的变化。如果去研究沙子的物理和化学特性，到死你也发现不了沙堆效应。但沙堆效应揭示出自然万物运行的大量信息，也解释了为什么佩罗将事故归结为某些系统的常性。他称作复杂和紧密耦合的系统实际上就是自组织系统。如果你愿意，可以将核反应堆和喷气式客机比成大型技术沙堆，而事故就是沙堆的崩塌。它们都在连续不断地以失败模式运行。大部分失败（崩塌）是小塌方，如折断的开关、烧坏的灯泡、破裂的橡胶垫圈，这些都是我们称作常态的小差错。它们是常态的，但就像一条地震带的若干次地震一样，它们也在无声地预示着最终必然发生的大崩塌。

在沙堆模型中，小塌方司空见惯，大规模塌方则凤毛麟角，但所有规模的崩塌都有其必然性，可以在数学上描述成与尺寸的若干次幂（地震是二分之三次幂，很奇怪地恰好等于计算行星公转周期用的指数：轨道距离的立方的平方根）成反比。类似地，小刮擦常见，而 60 辆汽车致命连环相撞很罕见，但它们都会发生；谋杀常见，但跨 6 州连环杀人案罕见；登山摔落常见，但 9 人落入一个冰隙并且死掉 3 人的事故罕见。所谓的幂定律在自然界随处可见。用幂定律可以更准确地描述佩罗的理论：严重事故虽然罕见，却是常态。防止严重事故的努力必将失败。

沙堆效应和常态化事故理论都做出了这样的预测，虽然事故的间隔期较长，但机毁人亡的航天飞机事故必然会发生。几乎恰好在"挑战者"号航天飞机爆炸 17 年后，"哥伦比亚"号（*Columbia*）在降落过程中解体。这类事故是系统的内在特征。美国国家航空航天局（NASA）会调查和解释事故发生的所有细节，但知道细节并不能防止下次事故发生。实际上，他们采取的安全防范措施可能反而增大了事故发生的可能性。

关于"哥伦比亚"号事故，与我谈过的大部分工程师推测可能是机身腹部用于重返大气层时吸收热量的隔热瓦导致了飞机解体。洛克希德公司的丹·卡南（Dan Canin）在一封电邮中写道："人类所知的一切预防措施和材料科学都在解决隔热系统问题，这是一个已知风险。每个宇航员都知道这些隔热瓦很脆弱，如果一些不合格的隔热瓦受损，那么航天飞机就会烧毁。但不出问题的几率相当大，尤其是考虑到当一名宇航员的回报时，因此他们愿意冒这个险。事实上，他们都'争先恐后'……许多人都会这样做。但让公众接受这一点却困难得多，尤其是对于那些指望生活中的一切风险都要降到零的公众群体来说。看国家航空航天局是否会接受挑战，向公众解释探险不等于是要将风险降到零将是一件有趣的事。坏事总会发生，如果只想四平八稳……我们将做不出任何有趣的事。"

因此胡德山的事故就在意料之中；但没人知道哪些登山者会坠落，何时何地发生或者伤害几何。与沙堆的情况一样，这个总体系统包括了重力、质量和遵循可知规律的简单物质，并且登山者使用的系统悬在混沌边缘，处于临界状态。每个人与胡德山之间的小接触点（冰爪、用作手杖的冰镐柄的尖端）就像沙堆中互相咬合的沙粒，经不起任何风吹草动。每一步都有可能发生任意规模的滑落，即塌方。大部分规模很小，1英寸、5英寸，并且逐渐消失。更大的滑落发生的频率则更低。那天上午，希尔曼看到比格斯滑倒，但他很快用冰镐止住了。胡德山每年迎来上万名登山者，平均只发生一例死亡。幂规律派上用场：事故越大，发生的可能性越小。

我喜欢佩罗对这类事故的描述方式，因为当他谈起一起核电厂事故来，简直就是在说胡德山事故："事故发生的过程极快，来不及阻止……从初始扰动中恢复是不可能的；它会迅速传播并且不可逆转地至少传播一段时间……这些反应的独特之处在于，它们不是任何人设计进系统里的。"他描述的就是自然界随处可见的自组织作用，斯蒂芬·沃尔弗拉姆（Stephan Wolfram）等复杂理论家相信生命和我们也许都是拜自组织作用所赐。

那几名登山者熟悉这个系统，了解它的运行方式，但他们熟悉的只是发生频率更高的小塌方。希尔曼说他随时准备拦住 5 个从 100 英尺高度掉下的人，这说明他对系统能量大小的理解何其肤浅。大规模塌方到来的时候，它确实"发生极快"并且没法"阻止"，它会"飞速而且不可逆转地传播"并且不给我们留下任何回到初始状态的机会。

事故发生后不到 48 小时，我和史蒂夫·克鲁斯爬上胡德山，坐在缆车和冰隙间的一块岩石上休息。"这种事发生起来快如闪电，比我见过的任何事都快。"他对我说。他不自觉地用上了描述自组织系统的术语。

第七章
生命法则

胡德山上有两种环境、两个世界，一个是为人的舒适和生存量身打造的，另一个则不是。那里有滑雪缆车、旅馆和供应黑比诺葡萄酒与迷迭香面包的五星级餐厅。前一天晚饭时，我去过那里。蒂姆博林旅馆的辣牛肉酱是白色的，卖 6.75 美元，甜食里不含面粉，茶是泰舒茶。伴着银器悦耳的叮当声，我可以坐拥有数百万平方英里①的荒野，而不必像其他动物一样担惊受怕。大山被安全地围在竖条窗框里。一旁的桌边坐着两个科学家，一个来自洛斯阿拉莫斯国家实验室，一个来自劳伦斯利弗莫尔国家实验室，两人一边啜着杯子小得可笑的白芙美白葡萄酒，一边聊着研究所的税务规定。快乐的儿童穿着滑雪板，坐在兽笼似的钢缆车里向山上驶去。

但我只能控制我这个整洁的小世界。可以看到的是，要越过已经适应了我们的世界和需要我们去适应的世界之间那条看不见的分界线有多容易。毫无察觉地轻轻迈步就能改变世界的结构，漂亮的旅馆缩成一幢玩具屋，广袤诱人的荒野在我的视野里迅速扩大。生命规则也随之改变。

因此我能理解，不幸丧生的比尔·沃德、里克·里德和约翰·比格斯 3 人是如何怀着这样的心情从旅馆走向胡德山的。他们在生活中的成功，他们的目标、计划和想象将他们带到这里。他们有钱这样做，有权享受

---

① 1 平方英里≈2.59 平方千米。——译者注

生活的回报。比格斯一心要征服每个州的最高峰。因此，或许连他们的共同经验都不能动摇他们将胡德山看成又一个需要面对和迎接的挑战的想法。

胡德山不会被征服。事故发生后的第二日，我在停车场看到约翰·比格斯的兄弟在约翰的卡车里找车钥匙，他想把约翰的一些私人物品带回家。他刚刚辨认过约翰的尸体。约翰在越战中驾驶过战斗机，也做过民航飞行员，却死于一座"初学者之山"。

这些人是机械系统的一部分，本身也是一个系统。在不了解任何科学理论的情况下，没有什么秘诀能在那天帮到他们。

我在胡德山上与一些救援专家聊天，他们似乎都知道那些登山者犯下的致命错误。吉姆·特里普（Jim Tripp）是胡德山滑雪场巡逻队队长，一天，他请我到他的办公室谈话。那间滑雪场巡逻房是个很乏味的地方，6张架子床上罩着橙、蓝、黄、绿色的床罩，高高的架子上放着动物标本，钢制文件橱上到处贴着滑雪公司的标签，一副滑雪板的前面写着："危险！内有气囊。"屋里有Orthoglass牌合成夹板分配器，还有氧气瓶、进气阀、颈圈和脊椎矫正板。这是一个满目伤痛的地方。

特里普的办公室很凌乱，唯一的光源是一盏台灯。特里普又高又瘦，在这个常年冰天雪地的地方，他穿着蓝色牛仔短裤、凉鞋和灰色运动衫。我进去时，他的脚架在金属桌子上，身体斜靠在秘书的椅子上，双手叠放在几乎全秃的脑后，咧开大嘴笑着招呼我。他看上去像个老年冲浪手，对胡德山的了解不亚于任何人。我问他关于用冰镐制动的事，他笑了。"如果绳子只松出10英尺，它可以拉住你，"他说，"如果你是个真正的高手，那么也许，**也许**，你可以自己制动。首要原则是：最上方的人绝对不能摔下。在绳子绷紧前，他要走上100英尺。你被忽悠了，大家根本没把这座山当回事儿，大胖子都敢上来。"

经验可以帮助我们，也会辜负我们。比尔·沃德有3～5年的登山经验，这让他解除了保护措施，进而导致他的死。

野外消防队员彼得·M. 莱沙克（Peter M. Leschak）是个很有才华的

作家。在《火场幽灵》（*Ghosts of the Fireground*）中，他写下了自己被困在大火中迟迟没有出来的故事。"可能我太训练有素了，"他说，"我有一种常见的消防队员的心态：自己无所不能！我深受其害……一个消防队员总是迫不及待地要行动，要追求那份新鲜感。……教官反复将这句话灌进我们脑子里：吃不准的事不干。"

他说的是一个叫作"风险平衡"的理论。该理论认为，人会接受某个既定水平的风险。虽然各人接受的程度不同，但人倾向于将自己愿冒的风险维持在同一个水平上。如果觉得环境风险较小，你会愿意承担更大的风险；但如果觉得环境风险较大，你将会想要承担更小的风险。这个理论被证实了一次又一次。防抱死刹车采用时，政府指望事故发生率会降低，但它却升高了。人们觉得有了防抱死刹车，开车会变得更加安全，因此就开车更猛了。随着雷达在商船上的普及，人们预计船舶碰撞的情况会减少。事实恰恰相反，雷达只会让轮船的拥有者有理由要求船长更冒险地驾船。以增进安全为目的的技术进步起的也许是反作用。

谈到他死里逃生的经历时，莱沙克说："我们正在将危险变成常态：我们经历过类似情形并且全身而退……如果你在危险的、不太好的环境里积累了大量经验而没出大事，走捷径的大脑会认为，编出这个神话的是你的技艺和机智。"同样的陷阱害死了许多经验丰富的登山队员、滑雪者、徒步旅行者、漂流者、洞穴探险家……赫拉克利特（Heraclitus）说过，人不能两次踏进同一条河流。每次登上的胡德山都是一座不同的山。用术语来说，它是个边界条件，是相变区。正因如此，即使你对它特性的细微之处了如指掌，也能被它毁掉最精心准备的计划。经验只是推动适应之举的发动机，因此永远别忘了问：适应什么？你需要知道，特定经验赋予你的适应能力对你选择的特定环境下的生存是否有益。当环境改变时，你得意识到自己的经验也许并不管用。

登山者也许该读读《北美登山事故》（*Accidents in North American Mountaineering*，缩写为 *ANAM*），这是杰德·威廉森（Jed Williamson）编辑的一份年度总结。在对一个几乎与胡德山事故如出一辙的事故的分析中，威廉森写道：大部分登山事故中的三个共同因素是"一，下山；二，用绳子连在一起；三，没有固定保护点。一条没有固定保护点的绳子不可避免地成为掉落期间导致多人伤害的基本机制。"

波特兰的《俄勒冈人》（*The Oregonian*）日报会用大字标题声称那只是一场"离奇事故"。但它不是，它是在无数山峰上一再重复的常见事故。

经验最丰富的胡德山攀登者这样说："一条没有固定保护点的绳子就是一份自杀协议。"

人一直是系统的一部分，查尔斯·佩罗称之为"人—机系统"。在漂流中，你想要的不是静止。一旦动起来，要想停下来观察一番或者决定经岸上转运，在形势变得过分混乱之前脱离出来，需要很强的自制力。对于那些遇到雪崩的加拿大摩托雪橇手来说，这一点同样适用。待着不动是安全的，但情绪不这么想。对下山的登山者来说，也是这样。

下山会面临三个主要难点：态度、与追求目标有关的情绪、压力。先说态度，那些登山者和大部分登山者一样庆祝了登顶。"那是个辉煌的早晨，"斯吕特回忆说，"我们正享受那一刻，在山顶打趣逗笑了有半小时。"又是笑声：幽默，让人放松的情绪反应。

这里的陷阱在于，他们真正的目标只实现了一半。他们庆祝的时候，整个攀登最艰难的时刻还在前面。登山者是唯一会在中途庆祝的运动员。而且，一旦你觉得自己已经实现了某个目标，人类情绪自然循环的一部分就是放松警惕。乘雪地履带车到达帕默滑雪缆车上端时，他们摩拳擦掌、心情激动，兴许还有点迫不及待。熟悉的应激反应开始形成并驱使人行动。它为不断上升的能量曲线提供能量，直到目标实现（捕猎、交配、战或逃）。之后是 5 个小时的艰难攀登，到他们登上顶峰时，虽然身体还在消耗储存的葡萄糖，但情绪化学物质已经消耗殆尽。他们会觉得行动已经结束，他们没这么想，只是这么感觉。欢笑和庆祝进一步使他们放松了警惕。能量开始沿一条下降曲线走向休息和恢复，这是剧烈运动后常见的表现。他们的注意力在目标追求阶段非常集中，但现在开始模糊起来。

各种各样的压力促成了下山过程中的跌落。大部分登山者到达山顶时又累又渴，缺氧、低血糖，有时还会出现体温过低的情况。任何一种因素都足以侵蚀思考和行动能力，合在一起就会让你变得笨拙、恍惚、易出事。这些因素会降低你的判断力，例如，让你做出无保护措施下山的决定。疲劳肌肉的动作精确度下降，增加了失足的可能性。

压力［正确的词实际上是"紧张"（strain），但"压力"（stress）一词由于加拿大研究员汉斯·塞耶（Hans Selye）于20世纪30年代的误用而成为公认用法固定下来。］可以盖过所有其他影响。与野外娱乐活动有关的压力足以酿成一场事故。

最后，技术上，上山容易下山难是事实。向上攀登时，脚会在身体重心转移前踏实。下山时则相反，这是一种不稳定的做法。下山就像行走动作一样，是一种有控制的跌倒。

即使思维未受损害，也不能保证情况会有任何好转。人们习惯性地认识不到此次没有发生事故并不能保证以后不会发生。斯科特·萨根（Scott Sagan）在《安全界限》（The Limits of Safety）中说："以前从未发生过的事情一直在发生。"不幸的是，按佩罗的评论："人都会死，但我们只能死一次。"不幸之至，因为死也许是最宝贵的经验。

因此现在，几个登山者面朝山下，已经能看到蒂姆博林旅馆。突然之间，庆祝登顶的兴奋变成长途跋涉和下山走到旅馆的前景（黑比诺葡萄酒和迷迭香面包）。过往经验的图像在大脑的不同区域遍地开花。登山者看到了近在咫尺的休息和安全，只需尽快下山回到旅馆。放绳下坠单调、耗时，还累人。他们已经累了，也花费了太多时间。在这些选择间无意识地飞速跳转时，他们碰到了那些情绪标识。其中一个标识也许提醒了登山者，搬动两条腿将很快带来舒适、安全和放松，另一个情绪标识则告诉他们，放绳下坠意味着延长痛苦、饥渴和疲劳。

机体不大可能选择后者。这些登山者没有与摔下1,000英尺山脊有关的情绪标识，也没有对速度的概念，不知道能量可以凭借速度在一个绳索系统中累积。阻止下滑练习的成功也对他们不利，让他们在情绪上确定该措施能奏效，他们感觉过效果，身体知道这一点。但他们只在低能量水平上感觉过，在低能量水平上，它的运行是可预测的、有序的。没人试过拉住一个有自卸货车那么重的物体是什么感觉，也没人试过在骨盆折断或肩膀脱臼的情况下止住下落是怎样的。

他们在潜意识中自问：我以前是怎么做的？我和他们用绳子系在一起，用我的冰镐做拐杖，然后就下山了（一次热水浴）。好吧，听着，只要不让系统中出现松弛的绳子……

一旦决定做出，系统获得认可，这些组成部分就促成了一个新的思维模式。这个系统的一个基本假设是，某人可能滑倒，因此系统将控制一次滑倒的观点植入模型中。这是看待世界的一个特定的、无意识的方式。接着每个人都在忙着确保系统的所有不同部分互相联系并且正确工作。打绳结、检查安全带之类的工作吸引了他们的注意力，熟悉而且令人安心的例行公事取代了对整个系统或模型的全面分析。

斯吕特回忆说："我们一组人讨论了在坡上保持两个固定点，在前一天回顾了这一切，随时保持两个冰爪或一冰爪一冰镐的接触点。"看似矛盾的是，旨在降低风险的讨论却助长了对错误系统的信心。

于是在没意识到他们关于世界的模型不再适用的情况下，他们一块块拼起了那次事故。早在到达胡德山之前很久，他们就已经开始运行程序了，甚至在其他山峰上积累的经验都背叛了他们。按斯吕特的说法："在攀登中，我不止一次需要自己止住下落，我知道会移动 5 ~ 8 英尺，然后就没事了。"

因此他们肯定觉得自己采取了预防措施 —— 他们熟悉但仅适用于低能量水平的措施。与系统本身不同，他们运行的行动模型是稳定的：像不稳固的冰面条件这样的新信息是无法对它造成干扰的。

斯吕特后来承认了这一点。"我真的相信，我们没能止住下滑的一个因素是冰面特征。"他在事故发生后告诉我。但是，他没认识到他们所面对的力量。"在我的绳子还没承受任何拉力前,我正处于制动姿势,我在想:别担心,你会滑 5～8 英尺。然后我的冰镐像划过冰沙一样划过冰面。我的胸口擦地,一路滑下山,胸前擦得青一块紫一块。苏醒时,我手里还抓着冰镐。"

心理学家阿尔·西伯特在《生存人格》中写道:生存者(这个类别包括那些避开事故的人)"不会将预先存在的模式强加到新信息上,而是让新信息重新塑造(他的思维模式)。最能得心应手地处理紧张局面的人通常是能最正确地感知身边所发生的事件的人。"

在一个不断创造出新生事物的世界上,人的状况也在不断变化。在某种程度上,每个人看到的既有真实世界,也有自己的状况。我们生活在对感官输入和记忆的不断重新诠释中,这些输入和记忆被包含在预先设置好的思维模式里,能像不断转换的能量万花筒一样,在任何既定时刻点亮神经网络,这就是我们看到的现实。它们是动态适应活动的一部分,解释了我们作为有机体和物种的生存。

1992 年 6 月,美国户外教育学校(NOLS)联合了外展训练学校、美国阿尔卑斯俱乐部等有同样想法的机构,在华盛顿州康韦组织了野外风险管理人大会。大会旨在讨论胡德山上发生的那类事故,想出一套不仅能解析单个事件的发生原因,还能防患于未然的方法。他们发现,野外事故遵循一个可预测的模式。看着同样的事故一再发生,每个和我交谈过的调查员都显得无可奈何。

美国户外教育学校试图建立一个名为"户外活动事故的潜在原因"的模型,列出事故发生的共同因素。1979 年,外展训练学校北卡罗来纳州分部主管莱丹·迈耶(Dan Meyer)在《经验教育通讯》(*Journal of Experiential Education*)一书中首次发表事故模型。随后,杰德·威廉森又进行了完善。促成事故的原因列在该模型的三个类别下:条件、行动和判断。三者以一种动态的、互相促进的顺序组合起来,共同导致事故的发生。

我们很容易看到这些类别如何应用于胡德山故事。"条件"指可以伤害你的任何潜在力量，如在一面陡峭的冰坡上滑倒产生的力量；启动这个连锁反应的主要"行动"就是解除保护，用绳拴在一起攀登；"判断"就是这些登山者认为自己可以制动的信心，这在该模型中也许可以称作"过度自信"或"超出他们的能力"。在其他事故中，"条件"也许是滚落的岩石、湍急冰冷的水流或恶劣天气。

看上去，这也许有些不言自喻，太明显了，没什么用。毕竟，在山涧里划艇时，无需一个模型来告诉我们那里会有湍急冰冷的水流，但这类信息是一个弱的驱动因素。按消防队员彼得·莱沙克的说法："虽然听上去像小儿科，但在灭火的紧急时刻，简单的道理会被抛到九霄云外。"对胡德山攀登者来说，关键时刻，固定绳索更安全的信息敌不过尽快下山的冲动。就在压力发挥作用压下警告的声音、掩盖环境变化的线索时，次级情绪、情绪标识和思维模式合谋助长了他们对自己的所作所为的信心。

真正的生存者惯于接受微妙的提示，那些本能的低语可能在说：**"我觉得不太安全。怎么会这样？"**但大部分人意识不到这些过程，任何东西都无法将我们的注意力引向身边正在发生的事。我们没有心理学家所谓的"元知识"：评估自身知识质量的能力。我们想当然地认为知觉和理性忠实反映了现实。但是按照由柏拉图提出并被现代神经科学证实的说法，我们生活在某个并不能完美匹配现实的幻想世界里。胡德山登山者中，没有一个人对自己或同伴说：**"哦，天啊！一个神秘力量正在叫我解除保护！救命！救命！"**他们完全不知道是什么害了他们。

一些受害者至今还无知无觉。有一个在洪水季决定到南美漂流的人，只穿了牛仔裤、短袖衫和休闲鞋，在玻利维亚的丛林中走失了3周。他告诉我："我们装备齐全，就是少了把大砍刀。"胡德山事故被广泛报道后，大批人依然用绳子组队，没有固定保护，一个接一个爬上（爬下）猪背岭。就在你读到本书的时候，同样的事故已经在大致相同的条件下，在雷尼尔山（Mount Rainier）重演。直升机也坠毁了。

　　本文并非支持使用固定绳或劝人不要登山，只是探讨知识。拴在一根绳上是个重大决定。从驾摩托车穿越墨西哥沙漠到在北极地区驾驶丛林飞机，我的一生中也不得不要做出类似的决定。但登山者是个特殊群体，对大部分人来说，绳索不只是一个安全装置，还是真实和象征意义上的对伙伴的承诺。如果对痛失同伴比格斯的希尔曼提出假设性的问题：如果有机会，会不会考虑切断绳索？对于他来说，答案是确定的："不会。作为队伍的一员，作为朋友，我的做法无可置疑。"

　　不过，还是有必要考虑事故模型中的另一个类别——"危险行动"。威廉森清单中的一个项目是"专擅或不当程序"。现在看来似乎显而易见，但到你又累又渴又饿，脑子里只有热水澡和冰啤酒的时候，你一心想的也许只是**"快赶到那里"**。

　　无数事故报告里有这样的句子，如"为了赶时间，这队人决定独登（意为不设置保护措施攀登）前几个 5.5 级（容易级）的绳距"或"这队人上山所耗时间超出了预计，急着赶下山"或那句经典的"他抄了条近路……"。

　　在事故模型第 3 列"判断"下，作者试图用无数例子解释导致事故的决定：同伴压力、行程安排、误看、忽视直觉……所有这些都适用。

　　胡德山事故里也许有过同伴压力。就算其中任一名登山者有过重大疑问，就算有人听到那微弱的声音，也没人提出过疑问。在这类情况下，群体动力是强大的驱动因素。许多记录表明副驾驶不大可能在驾驶舱里质疑机长，海员不大可能质疑船长，有时这会带来致命后果。登山老手也许不愿质疑其他老手，这在其他行业也适用。做一台高风险的手术时，医生不会质疑医生；身处险境时，警察不会质疑警察。难怪没有哪个登山者会说"我做不到"，然后迫使大家系上固定保护绳，推迟下山。你可以想象回到酒吧，大家都取笑他："咳，里克，就是这位，让我们一路拴着保护绳，坠下了该死的猪背岭，花了差不多**一辈子**的时间。"

　　即便如此，我还是倾向佩罗的观点："我认为，一个预期世界的构建……对那些简单解释如愚蠢、大意、冒险和经验不足，提出了质疑。"

佩罗提出了那个耸人听闻的观点：我们正在极尽所能。我们没有在控制台前睡大觉。我们所做的是人人都会做的，是佼佼者们会做的，因此发生这样的事故是正常的。

天性使我们很容易对明显的事物视而不见，尤其是在紧张和压力之下。印度博帕尔农药厂事故、"挑战者"号航天飞机爆炸、切尔诺贝利核电站熔毁以及无数航班坠毁事故，所有这些事故的部分原因都是人拒绝了眼前的明确警告，他们想降落的是思维模式而不是飞机。该模型是采用一些已经在工业上使用了100多年的分析工具控制野外活动风险的一次努力。

1833年，在卡尔·冯·克劳塞维茨（Carl von Clausewitz）死后出版的他的《战争论》（*On War*）中提出了相关概念。此后，他的作品成了将军们的经典指南，至今依然在世界各地的军事院校讲授。克劳塞维茨在书里写道："无数小事共同作用降低了效率，导致目标永远无法实现。这些问题一再发生引起摩擦。"他说的是战场上的军队，但与从事野外活动的人群也有共通之处，克劳塞维茨所认为的军队的理想素质在野外也能派上用场。

克劳塞维茨写道："军事机器……本质上非常简单，这让它看上去似乎很容易被控制。"但是又一次，简单系统可以表现得非常复杂。

> 但我们须记住，它的任何部分都不是由一个整体构成的，万事万物都由个体组成，每一个个体依然时时拥有各自的冲突……营总是由一群人组成，其中最不起眼的人很可能会坏事或误事……因此，这种可怕的冲突……会四处寻找机会，正因为它们在很大程度上属于偶然因素，因此无法预估后果。

对于那些接受这类自然挑战的人来说，最重要的是要像将军一样"必须了解有关冲突的知识才能在可能的时候克服它，才不会在作战中指望某种程度的精确，因为这类冲突根本做不到精确"。

大女儿埃琳娜6岁左右时，我们决定写本名叫《生命法则》(*The Rules of Life*)的书。我们提出的第一条规则是：**接受现实**。这是一条很好的生存法则，它意味着专注和保持思维模式及时更新。第二条规则是：**每件事都要花上预计时间8倍的时间**。这是冲突规则，野外旅行者真该听听这个。

人们倾向于制订一个计划，然后将那份"对未来的记忆"奉若神明，还有一个倾向认为只要不懈努力就可以克服冲突。在胡德山事件中，这两种倾向都存在。聚集了许多人的胡德山就像一个军营，沟通和行动都很困难。各队伍间没法讨论并且随形势变化修改计划。每个人、每支队伍都有自己的冲突，最后的结果就是在没有保护措施并且冰面融化的情况下，同一时间、同一面坡上的每个人都被拴在绳子上。

他们没有接受冲突，把冲突看成生活中的现实，而是试图克服它。历史告诉我们，越努力，减少冲突的计划则越复杂，事情就会变得越糟。

现在参与野外活动的人员更多，构成的系统更大，因为大系统避不开常态化事故，总事故率多半会维持不变，但个人可以采取措施避免它。承认现实、顺应现实就是接受现实。**接受现实**，为每件事留出原先预计时间8倍的时间，这样你就有余力去适应现实条件，在追求刺激的生死边缘活下来。

只要牵涉到人类大脑，看起来最简单的事故都会变得复杂。最简单的物理系统也可能做出令人惊讶的复杂行为，如同胡德山或所有漂流事故。即使是高等数学工具，也算不出河与漂流者间的相互作用。当这类非线性物理系统遇上情绪系统时，结果可能骇人听闻。

1997年夏，肯·菲尼(Ken Phinney)在佐治亚州和南卡罗来纳州交界的查图加河(Chattooga River)上划艇。虽非经验最足的漂流者，但他和一些随时准备帮助他的老手们在一起。关于这次事故的报告里写道：

> 来到石缝激流(Crack in the Rock Rapid)，领头桨手划到右石缝(Right Crack)，设置了保护措施。肯·菲尼和他的朋

友不顾领头桨手的严词警告，将艇搁在右岸边，游过河去察看左石缝。这段激流布满了底切岩，曾导致数人丧命。菲尼没能游过河，脚朝前被冲进左石缝。他凄惨地被困在数英尺深的水下。救援队花了好几天才把他拉出来，但在此过程中，他的身体被扯得四分五裂……左石缝是出了名的险地，受害者也受到过警告。

简单力量为复杂世界提供动力。我们躲不开这些力量，因为我们和世界万物都是它们的创造。

胡德山攀登者陷入灾难不是因为他们没有经验，恰恰是因为他们的经验，是他们的思维特征、看法以及他们经常应用的系统的隐藏特征。像沙堆一样，这个系统可以长时间表现出一种行为方式，然后突然彻底改变，而它需要的只是格雷克所谓的"来自外部的一脚"。那一脚来自比尔·沃德的滑落，也可以来自任何地方。唯一可以确定的是它总会在某时某地到来。虽然这类大规模崩塌不可避免，但某些登山者却可以避免被卷入其中。在沃德滑落前的任何时候，只要他们中的任何一个人解开一个绳结或者采取保护措施就可以打破这个系统。这类事情注定要发生，但不一定要发生在你我身上。

第八章

危险区

这天阳光明媚，我在芝加哥登上一架美联航班机，来到夏威夷州考艾岛（Kaua'i）。一个漂亮妇女将兰花花环戴在我的脖子上，我搭上一辆车，登记入住假日酒店，穿上了我的泳裤，然后来到正对着房间窗户的利德盖特海滩（Lydgate Beach），它就在我房间窗外。飞机最后降落时我看到了这里的大浪，我要去身体冲浪①，顺便洗去旅程中的风尘。我穿着拖鞋走上沙滩，看到漂亮的乳白色浪花从蓝色的深水区翻卷着扑向岸边，心里直痒痒。我从 5 号瞭望塔下方经过，向海浪奔去。值班救生员跟我打招呼，说你好。这里的人可真友好。我打了招呼，问他在这里游泳如何。

"哦。"他摸着下巴上的胡子，看着海面，似乎是第一次考虑这个问题。他有一头红发，身材单薄，脸上有雀斑并且爬满了沧桑的皱纹。他从塔上下来，看着海面。回答前，他似乎若有所思，还问了我的名字。我告诉了他。他像个冲浪手一样和我握手，自报家门："迈克·克劳德（Mike Crowder）。"我等着。他转身继续眺望大海。我开始怀疑他是不是嗑药了，据说夏威夷大麻非常地道。

最后他说："好吧。"似乎刚刚做了决定。这时我才意识到他在观察浪，研究浪头浪线。"看到那边静水的地方没？要我说，你可以游到那里，没问题。但如果你朝海的方向游出 10 多码，离岸流会把你冲到……"

---

① 指不用冲浪板而仅用胸腹冲浪。——译者注

他伸出胳膊，移向左边，"……那里。"他指着一圈岩石的外侧，海浪击打着那些岩石，我以为那是一个堆起来的给小孩子游泳的保护区域，类似游戏区。几家人在那里，笑着将孩子摇来晃去。克罗德还在指着："然后水流会带你绕过那块游泳区。"他的语气是就事论事的，似乎在给我指路。"它会把你冲回到这里，撞死在那些石头上。因此要我说，要么待在这块受保护的区域，要么不要游到离岸超过 10 码的地方。绝对不要游到任何白色水域。如果没有大浪过来，应该就不会有问题。"

我在想：哇，这家伙真是说得头头是道。又：如果他没站在这里，我就会一头扎进海里，直接游到那些快活的大浪里去。它们看起来都如此……诱人。这时我开始想要送命、离开人世是多么容易。我离开安全的家去到机场，站在这里，茫然不觉地走向食物链底端。与克劳德纯属偶然的见面救了我一命。

几天后，我正在浮潜。我曾和一个导游划单人艇到过一处人迹罕至的海滩，她告诉了我同样的事：离岸不远的一股水流会把我带到这片沙滩以外，悬崖会阻止我回到岸上。下一个可以上岸的地点在 6 英里外。"如果你能在水上漂 6 英里，那就没问题。"她说。我开始想：哇。寻欢作乐也非儿戏，或者按《道德经》说法：

天地不仁，以万物为刍狗。

一个叫查克·布莱（Chuck Blay）的科学家详细研究了夏威夷的淹溺事故。他发现，迈克·克劳德等人的努力与淹溺发生率没多大关系，反而与来到该岛的旅游者数量直接相关。换句话说，淹死是常态。他研究的众多溺水者中，75% 是游客，90% 是四五十岁的白人男子。布莱博士说："情况大致如下：某个家伙来到这里。他看到湛蓝的大海，它太美、太诱人了，于是他下去了。"那不就是我嘛。"海水温暖宜人，看上去温文尔雅。但他没考虑到的是，这里深处大洋中心，离最近的大陆有 2,000 英里。没什么可以阻挡波浪或减缓它们的冲力。"就在礁石以外，他说，大海有四英里深。和船一样，海浪的大部分质量都在水线以下。"这些波浪来自大洋深处，"布莱博士说，"它们一路畅通无阻，直到撞上这些悬崖。"

随着他的描绘，我可以想象那个场面：就在 5 号瞭望塔的克罗德前，我比预计的走得远了点并试图游回来，但没法逆着水流前进。现在，我的杏仁核开始工作，我浑身激动，拼命划水。我开始将自己拖垮。我喝了几口海水，又咸又热、令人作呕。我喘气、呕吐，又喝了几大口。我开始感觉沉重，非常沉重。

我还活着，但现在已经随着水流绕过考艾岛。如果我想从悬崖边上岸，大浪会把我砸在石头上。石头是尖利的火山岩，浪头也很大。一个大浪即可杀死试图爬上岸的游泳者。大部分人都尸骨无存，因为在浪头和火山玻璃将游泳者碾成肉渣后，逡巡在那片水域的虎鲨喜欢过来饱餐一顿。

布莱博士和我谈到某块岩石。游客喜欢在上面互相拍照，因为那里的滔天巨浪非常壮观。"你低头调相机，"他说，"一抬头，老婆没了，**永远消失了**。"

在野外，在大自然，导致死亡的一个原因是我们不理解那些与我们密切相关的力量。我们不理解这些能量，因为我们不再需要与它共存。与倒在"火箭"号列车轮下的赫斯基森一样，我们对速度和距离没有认识。即使有人告诉了我们，即使我们在智力上理解了，大部分人也没有在情绪上接受那些事实并据此控制行为。

我们习以为常的环境是为维持我们的生存打造的。我们活得像水族馆里的鱼，食物从天而降，氧气用之不竭。我们是一个名为文明的人类动物园里的宠物。有一天我们来到野外，与其他生物相比，我们在那里得到的平等是最少的。考验来了，大部分人轻松通过了考验。我们进进出出，浑然不觉大自然可能对我们提出要求。这类经历可能让我们更易受到伤害，因为我们带着错觉离开，以为自己变得坚强、机智、渊博：去过，做过。在《进入空气稀薄地带》（*Into Thin Air*）一书中，乔恩·克拉考尔（Jon Krakauer）写到一个鼓励他攀登珠峰的向导，斯科特·费希尔（Scott Fischer）。"我们已经对珠峰了如指掌，"他告诉克拉考尔，"我们给它浑身拴满了绳子。"费希尔死在山上。马尔库斯·奥勒利乌斯的老师，古罗马时代晚期一位伟大的斯多葛派哲学家爱比克泰德（Epictetus）写道："别开口，因为你很可能立刻把没消化的东西吐出来。"

在《战时》（Wartime）一书中，保罗·福塞尔（Paul Fussell）描写了一个士兵从新手到老兵的成长过程中经历的觉悟阶段。一开始他想"死亡**不可能**发生在我身上"。接着他参加了战斗，想法变成了"它**可能**发生在我身上，还是小心为妙"。最后，他看到许多战友倒下，认识到"它**将**发生在我身上，只有不上战场才能避免死亡"。但在通常离死神没那么近的野外消遣中，我们的经历倾向于做出更宽松的解读。

麻痹心理不是新发明。古典学者卡罗琳·德瓦尔德（Carolyn Dewald）写希罗多德（Herodotus）时，提到后者《历史》（The Histories）中的人物如何"走向失败，是因为他们没注意与世界有关的事实，最终导致计划流产……有时只需稍稍查问一下，他们犯下的错误即可避免……在不十分了解地形的情况下，冈比西斯（Cambyses）派他的大军疯狂地行军穿越沙漠，进犯埃塞俄比亚。"

我到达夏威夷的两天前，两个 21 岁的女游客白天出门远足。这是 8 月中旬，考艾岛南边瓦胡岛（Oahu）上的神圣瀑布州立公园（Sacred Falls State Park）天气温和晴朗。她们将自行车停在购物中心，带了 3 瓶水和一些零食，打算在天黑前返回。10 天后我离开时，她们的父母已经乘飞机赶来守着等待消息。两个女孩还没找到。

1994 ~ 1995 年，3 名徒步旅行者消失在同一地区，再也没出现过。其中一次搜救出动了 150 人，期间 3 名搜救人员亦告失踪。有时候，人直接就没了。这些故事的信息实在太少，我们想了解发生了什么，但做不到。这让我想起迈克尔·赫尔（Michael Herr）在他关于越战的经典作品《特稿》（Dispatches）中写的一件事。一个远程侦察队员给他讲述了这样一个战斗故事：“侦察队爬上一座山，但只有一个人回来了。他没来得及告诉我们发生了什么事，就死掉了。”赫尔写道：“我问他发生了什么，他只是看着我，似乎很可怜我的样子。他才不会浪费时间给像我这么蠢的人说故事呢。”

在某种程度上，我们会对自己选择探索的地方的范围进行错误地估算。距离意味着能量，如果没有被找到，我们就会用光这些能量。像冈比西斯一样，我们踏上“一次疯狂行军……却对地形没有足够的了解”。但信息是一回事，相信它又是另一回事。日常经验里没有任何力量可以与我们在找乐子过程中可能面对的力量相提并论。如果我们的经历碰巧是有益的，那么，按乔治·奥威尔（George Orwell）在《1984》（1984）一书里写的，它也“留不下痕迹，就像一粒玉米未经消化就被鸟的身体排出”。

小时候，我们一家人到加尔维斯顿（Galveston）海滩避暑。我们兄弟几个在看上去很像考艾岛的波浪里身体冲浪。我很早就知道这些海浪有多安全，给人的感觉有多好。但墨西哥湾（Gulf of Mexico）不是考艾岛，因此，我知道加尔维斯顿的好处，却不知道考艾岛的坏处。走进森林、在波浪中畅游或者在河上漂流这些活动似乎看不出有什么危险。漫步行去，看兰草萋萋，听鸟儿鸣啭，我们做梦也想不到自己会**永远消失**。这是想象不到的。

查克·布莱向我描绘了那些消失的步行者可能遭遇的情况。那些岛上的悬崖可高达 3,000 英尺。岛的外围地区是城镇，内陆则是荒野，有三冠层的丛林，地域辽阔，没有标注的火山地形张开血盆大口，动植物在那里疯狂生长。森林里不见天日，看不出东西南北。小径渐渐消失在沼泽和藤蔓丛中，腐烂植物堆成厚厚的地毯，伸出悬崖外；植物形成飞檐伸向空中。可以想见，人在这里会循着下面的海浪声走去，脑子里想着逃出丛林。他们顺着柔软的空架子走出去，以为自己依然踏在实地上。他们碰巧走上一块松软表面，一脚踩空，直落到 4,000 英尺下的海里。

他们因入水的冲击力而死，然后被破碎的火山玻璃岩磨得粉身碎骨，最后被海洋生物吃掉，踪迹无存。当你在一个阳光灿烂的日子，将自行车丢在一个小停车场，享受这难得的假期时，你做梦也想不到会发生这样的事。

我学习攀岩时，教练警告我不要信任岩石的稳定。任何岩石，即使是我们正在攀登的南达科他州布莱克丘陵（Black Hills）石林（Needles）里那些石英镶嵌的漂亮花岗岩也靠不住。她和我说到她的两个朋友，这对夫妻当时在马特峰（Matterhorn）从一大块花岗岩上放绳下降。她说，这是一块巨石，同一个绳降点已经历经了几代人。一根绕在巨石上的安全绳充当固定点。片刻之前，因为另两名登山者似乎急着赶路，夫妻二人让他们先行。然后妻子让丈夫先下，就在她看着他下降时，巨石开始滑动。她本能地伸手去抓他，触到他的手。巨石像没有重量一样飘浮在空中，滑过崖边，遮挡住她投向丈夫的视线，让她成了寡妇，也永远改变了她对大山的稳定性和风险回报循环的看法。

一座看上去很稳定的山也会四分五裂，这在大部分人看来难以想象，但所有山脉都处在连续崩塌状态。这个事实与知觉的脱节是许多事故发生的原因。被落石砸到或抓住一块松动的石头的情况并不稀罕，因为没人相信山会倒。但眼见为实：山下有证明这一点的一圈石屑和石块。"稳如泰山、坚如磐石"的看法根深蒂固，而且经验多半会强化那个错觉。

日常经验的有限造就了思维习惯，思维习惯又决定了我们的感觉，因此你看不到山的崩塌。与大山相比，人的生命是如此短暂。我们生活在一个压缩的时间框架里，这里与我们在自然界遇到的许多现象不符。太阳用一个白昼的时间划过天空，你需要集中注意力来观察它的运动。但在你的感觉中，它似乎挂在天上一动不动。只有当你忘记看它，事后你才能察觉它动了。山也是这样。

让一个人相信并且理解大自然的力量很难，有时候需要一次接近死亡的体验。也有些人拒绝改变，即使与死神擦肩而过，他们依然冥顽不化。很少有人相信自己会死，除非死到临头，但在这之后，还是有些人会很快遗忘。因此，我们没法为一个似乎遥不可及的可能性做准备。关在布痕瓦尔德集中营的战俘克里斯托弗·伯尼（Christopher Burney）说："在大脑看来，死亡是一个没有真正所指的词。"不必死亡而相信死亡的最佳办法就是完全静下心来考虑那些事。

静思是最好的办法，因为有些人即使经验再多也无法理解。因为他们过于沉迷于忙乱的行动，无暇倾听内心的声音。国家公园管理局全国应急部门协调员布什·法拉比报告说："有一年夏天，在约塞米蒂，我们从一面峭壁上救下一个中暑的家伙。海军派出救援直升机，我们用一根400英尺的绳子把他吊出来。6个月后，约塞米蒂山谷另一面，我们又从一座山上拖出了那个人，这次他是因为体温过低而死的。从山谷的一面到另一面，从一个气温极端到另一个，这家伙低估了环境。"许多人喜欢濒死体验，它是可以让人上瘾。但大部分人不想离死那么近。

横穿一条繁忙的街道时，你会估算速度、距离、时间等相关因素，但无法解释是怎么做到的。驾车时，每行驶两英里左右，你会观察约400次，需要做出约40个决定，同时犯下一次错误。你不是天生知道如何开车，也不是生来就会穿过繁忙街道。小孩就不行，他们要人教。但我们的文化极为注重此类知识，因此到你长大后，甚至无须考虑就能穿过街道。来自其他文化的人如波利尼西亚人，也许不会做那些事，但与我们不一样，他们知道如何乘筏穿过开阔海面准确驶向一座小岛。在他们的文化中，此类知识很重要。

走到野外对我们许多人就像蒸汽机车之于可怜的赫斯基森。新发明产生的闻所未闻的能量水平超出了他训练有素的大脑的想象。在户外，大部分人对大自然能量水平的理解不会比他强。被放在波利尼西亚群岛（Polynesian Islands）间的一只筏子上时，大部分人都会死。但人们经常会在没有或只有很少训练、计划、前期工作或装备的情况下，跑到同样风险（有时更大）的地方去或参加同样危险的活动。

我了解家乡伊利诺斯州的弗米利恩河（Vermilion River），它不能与大峡谷（Grand Canyon）相提并论。但 1996 年 6 月中旬，一场暴雨抬高了水位。15 日，6 只筏子顺流而下，高速冲向一条水坝，它甚至算不上一条水坝，只有 5 英尺高。坝右侧有条鱼道，虽然他们误算了变幻的水情，6 条筏子中的 5 条还是顺利通过了这段倾斜部分。但一条筏子船位不正，翻入坝底的液压传动装置。大部分水坝的这个区域都有持续紊流。事故报告中写道："一个穿着救生衣的人被冲出来。没穿救生衣的詹姆斯·希罗（James Schiro）失踪。他的兄弟获准向液压传动装置投下炸药以放开尸体，但没有成功。3 天后，人们在下游数英里处发现了尸体。"有观点认为，旁边有那么多人，也许有人能把希罗救出来，对此，发布《河流安全报告》的查理·沃尔布里奇警告："水坝害死的救援者不少于划船的人。"

到处都有类似的地方，你可以很容易到达那里，比我到达利德盖特海滩容易得多（弗米利恩河离我家约有两小时车程）。例如，即使没有爬山的技术装备或能力，你也能到达胡德山顶、科罗拉多州落基山国家公园（Rocky Mountain National Park）的朗斯峰、新罕布什尔州的华盛顿山（Mount Washington）甚至迪纳利山，只需迈开双腿即可。2000 年 2 月，两个远足者正在朗斯峰上，一阵时速 150 英里的阵风将其中一人吹起，摔到下面的岩石上。他体重 170 磅，还背着 70 磅的背包。他重重摔下，但活下来了。那里曾有两次记录到时速 220 英里的阵风，而那还不是美国风最大的地方。

朗斯峰上的雷电也夺走过多人性命。与约塞米蒂国家公园的大教堂峰类似，朗斯峰也会在夏日午后制造强烈的上升气流。2000 年 7 月 12 日，一道闪电正穿过在那里攀登的安迪·哈伯科恩（Andy Haberkorn）的胸膛击毙了他。虽然老话说，雷不会两次打在同一个地方，但这样的事确实发生了。落基山国家公园护林员吉姆·德特林（Jim Detterline）报告说："在科罗拉多州落基山脉高海拔地区，雷电很常见。发生在哈伯科恩身上的致命雷击出现在 15：00 左右，对于仲夏期间站在高地表面的人来说，这是一天中最危险的时候……以前就有一个登山者在同一地点被雷电击中。"

与我们密切联系的力量是无情的。重力无时不在。许多不那么明显的自然力准备了能释放巨大能量的系统，如高海拔地区不期而至的暴风雨和美丽海滩前的巨浪。类似地，蕴含在雪崩中的能量大到难以想象。我们难以想象持续不断需求氧气和水以维持生存的电化学反应。虽然因人而异，但基本规则是人没有空气只能活 3 分钟，没有水只能活 3 天，没有食物只能活 3 周。

离开了以家为中心的低风险环境，置身一个各种力量超出日常经验的新环境，在你最不希望的时候，就会启用系统。按我的理解，像沙堆一样，极少的输入就可以扰乱（或引发）这类反应系统。人们易于低估那里的能量和距离，例如，滑雪场制造出野外环境很安全的错觉。人们来到那里，把它看成游乐场，很少有人会思及自己身处何地，会遇到什么样的力量。

1998 年 12 月 19 日，尼克·威廉姆斯（Nick Williams）登上加利福尼亚州斯阔谷（Squaw Valley），准备在那里滑上几个小时雪。对于星期六上午的一场滑雪，你不必做到极地探险那样的充足准备，不是吗？

或者你会吗？

当时 51 岁的威廉姆斯告诉我："我一个人在滑。天气预报说气温三十几度 ①，小雪。我认为不过是在温和的天气出来几个小时，没带上非常好的滑雪装备。"他穿着一件达拉斯牛仔牌夹克，没多少其他衣物。"这是我第一次到斯阔谷滑雪。"

他乘升降椅第四次上到格拉尼特主峰（Granite Chief）时，一场暴风雪不期而至。他置身一片冰天雪地中，和我以前一样，威廉姆斯只想回到旅馆。他忽视了生命法则，一心只想**马上赶到那里**。他查看了景区滑

---

① 此处为华氏度，符号℉，美国人在日常生活中通用的温度计量单位。32 华氏度相当于 0 摄氏度。——译者注

道概图后决定："我可以穿过树林，抄近走上一条直达旅馆的滑道。"

威廉姆斯开始下山，滑到一道500英尺高的悬崖边，下面就是深谷。他不再身处一个滑雪场，而是被困在真正的荒郊野外，没有衣服、火柴、水、食物……一无所有。

整个下午，威廉姆斯在山间爬上滑下，就是找不到方向。"滑雪板对我没什么用了。"他丢掉滑雪板，留下滑雪杆，开始步行。夜幕降临，他靠在树上支撑身体。"只要一打瞌睡，我就会从树身上倒下来。"他说，这样就能保持清醒。他知道，睡觉意味着死亡。他吃雪止渴，隔一段时间，他就会站起来做运动暖和一下。情况不妙，但他没有放弃。

暴风雪持续到次日。威廉姆斯在深达大腿的雪里艰难跋涉。他不小心涉入一条覆盖着积雪的小溪，像杰克·伦敦（Jack London）故事里的那个人一样，他踩破表面，灌了一靴子水。他的脚冻僵了。他想生堆火。"那天晚上天黑前一小时，我收集了引火柴，堆在一块花岗石上。"接着威廉姆斯从口袋里拿出钞票，揉皱了，用滑雪杆尖端砸石头，想砸出火花。但直到滑雪杆砸断，他也没生出火来。他后来知道，如果他能生一堆火，把脚烤暖，就得截肢了。

第二夜，特拉基的最低气温达到零下19华氏度（约零下28摄氏度），这意味着威廉姆斯所在地的气温也许达到零下50华氏度（约零下46摄氏度）。双脚冻僵的威廉姆斯本来必死无疑。实际确实如此，他体温极低，抑制不住地颤抖，但想到家人，他努力鼓起求生的意志，开始祈祷："上帝啊，拿去我的双脚吧，不要在意这个，帮助我渡过难关吧。"他家里有个儿子，他还想看到他。

他的妻儿正在佛罗里达州度圣诞假期，威廉姆斯计划一周后去那里与他们会合，因此他们甚至都没意识到他已经消失一段时间了。当他数次爽约，也没有查看邮件时，大家感到不对劲并联系了他的妻子。有关部门告诉她，没人能穿成威廉姆斯那样在这么冷的天气里在外面活过一夜，她最好还是做好葬礼安排，备好钱。

第三天天亮时，雪止天晴，威廉姆斯顽强地再次出发了。11点，太阳直射山脊上空，他靠在一棵树上晒太阳取暖。

　　一小时后，他听到摩托雪橇的声音；又过了一会儿，直升机将他救走。"儿子听到我的声音时，"威廉姆斯告诉我，"他一下子哭了，我也哭了。"威廉姆斯保住了三根脚趾，还得到了极为宝贵的经验教训。

　　帮助威廉姆斯在一个能杀死大部分人的环境里活下来的因素有很多。他身体极为强壮，喜欢在旧金山陡峭的山上慢跑、滑旱冰。他毕业于美国海军学院，曾当过海军陆战队的战斗机飞行员。他有在公司里寻求晋升的动力、能力和性格；他是当时年销售 1 亿美元的 Premisys 通信公司的总裁兼首席执行官。借用治疗威廉姆斯的那家医院一个发言人的说法："他坚韧不拔的精神超乎想象。"

　　所有那些都促成了威廉姆斯的生还，但我觉得关键因素还在于他的儿子。我相信是小尼克将父亲救回了家，尽管要等到有一天，小尼克的儿子为他做了同样的事，可能他才能意识到这一点。我忍不住想象小尼克的样子：他一遍又一遍听着威廉姆斯的故事，想不通父亲为什么能在一个肯定会杀死大部分人的环境中活下来。他会相信父亲是超人吗？他会去寻找那个不寻常的品质，那个保住父亲性命的刚柔相济、固执而又灵活的适应能力吗？

　　你需要的那类知识不是来自信息，而是来自经验和感受。但要从经验和感受走到正确行动，还有一条幽暗曲折的道路。如果不理解与自己密切联系的力量，意识不到自身的形势和条件，人会盲目地走上受伤害的道路。他们将斯阔谷、阿斯彭滑雪场（Aspen）和波托马克河（Potomac River）这类地方看成游乐场，甚至怀着同样的心态走进无垠的荒野。那些地方的危险通常需要特别留心。我们到的那些地方不是徒有虚名，也许是有其原因的。"禁墙"（Forbidden Wall）就是锡安国家公园（Zion National Park）内"最艰难、成功率最低的"攀岩路线之一。

　　杰德·威廉森告诉我："大蒂顿山脉（Grand Tetons）的莫兰山（Mount Moran）有个叫'煎锅'冰川（Skillet Glacier）的地方，那里一再发生同样的事故。"那里的危险广为人知：煎锅，懂了吧？大家爬上山，到他们准备下山时，积雪已经变得又软又湿。"他们开始下滑、失控。我称之为'歪心狼因素'①，"威廉森说，"你知道，它的最后动作就是留给观众一个大大的、自满的笑容，然后才看到下面。"许多地方的名字就暗示了它们的悲伤历史。

从下面向上看，落基山国家公园朗斯峰东侧的兰姆滑道（Lambs Slide）似乎一片祥和。直到你投身进去向上爬到约三分之一时，它才会露出其狰狞面目。即使在情况最险恶的 7 月中旬，前段攀登也是闲庭信步，会迷惑人们，但越往上爬，山势越陡。和胡德峰一样，人们会用绳子把自己拴在一起上山，因为感觉安全些。波特兰高山救援队的一个队长告诉我："绳索的唯一意义是你不会一个人死掉。"由此导致的事故实在太常见，甚至都有了一个首字母缩略词。它的唯一缺点是不好读：LFCSAFTD。事故报告中的正式措词通常是"失足、自己停不住、摔死"（Lost Footing, Couldn't Self-Arrest, Fell to Death）。

威廉森写道："1871 年，牧师埃尔卡纳·兰姆（Elkannah Lamb）在兰姆滑道上骇人地自由滑落。自那以来，这样的事故不断重演，结果也大相径庭，有毫发无损的，也有一命呜呼的。"1996 年 7 月 14 日，内森·迪克（Nathan Dick）滑落 1,000 英尺，将冰镐扎进了自己脖子。虽然那里还有另外 4 条更容易下山的路线，但自兰姆滑道因埃尔卡纳·兰姆得名以来，已经有 75 人死在那里。死亡率虽然不算太高，但它意味着许多人在一个号称初学者山峰的胜地遭遇了不幸意外，并且死亡事件的频率也许遵循了一个幂定律。

我们是人，我们的注意力会间断，会激动、疲劳，会做蠢事。当然，你不能让冒险成为一件安全的事，因为那就不叫冒险。胡德山娱乐官员对这个矛盾有个近乎滑稽的说法，他告诉我："如果你把它弄得很安全，

---

① 歪心狼因素（Wile E. Coyote Factor），歪心狼（Wile E. Coyote）是动画片《乐一通》（*Looney Tunes*）和《梅里小旋律》（*Merrie Melodies*）里的人物，他的一个很有趣的摔法就是向悬崖外跑出很远才发现自己悬空了，然后一头掉下去。——译者注

人人都能上来，就会发生更多死亡事件，因为大家都认识不到这里的危险。"但更大的可能是大家也许就不想上来了。但我们想爬山、想征服。我不怕死，但不是现在。我会痛恨自己的墓碑上刻着这样的文字："一个傻瓜长眠于此。"

来到考艾岛几天后，我开始学习冲浪课程。教练安布罗斯·库里（Ambrose Curry）是当地传奇人物，他告诉我："如果你不害怕，那说明你还没弄清楚情况。"一天，我和迈克·克劳德谈论利德盖特海滩，他告诉我："你得达到这种程度：早上第一眼看到风浪流向时，你就知道它今天到底会是什么样子的。然后下了水，你可以感觉到它，并且完全知道该做什么。这完全是精神上的。"他告诉我，"mana"在夏威夷语里表示"精神"、"精神力"或"能量"。他说如果冲浪需要一个理由，"mana"就是理由。"冲浪就是控制能量。"他将海洋形容为能量模式的纯粹模拟或图解。这时我才开始认识到他的知识有多深奥。他只是个靠打短工维生的兼职救生员，妻子则缝制婴儿服装谋生。他对生活要求不高，可以冲浪就行。

"有时我看到一个冲浪者，"迈克说，"他的时机把握得恰到好处，骑在浪前就下来了。他回到海滩走过我身边时，我能感觉到他经过时身上散发的阵阵'mana'。这有点瘆人，冲浪是一种真正的精神活动。"克劳德在冲浪运动中发现了一个古老文明的生存技术，一个用身体去了解那些致命力量的方式。通过与能量模式的身体互动，他找到了一个让知识在大脑的一些路障和死胡同间迂回穿行，将它们注入骨骼、神经和肌纤维的办法。那些知识将在那里守护他。他的身体不断趋向动态平衡，已经将适应能力与环境高度协调起来。不过，即使是专家也有失手的时候。

冲浪者生动地记得他们从冲浪板上摔下的大失败，就像上帝在山上给了他们刻着戒律的石片一样。[他们也记得其他人的失败：1969年，科莫·霍林格（Komo Hollinger）在怀梅阿湾（Waimea）掉下冲浪板，差点送命；1970 年，奥尔·查普曼（Owl Chapman）掉下冲浪板，这次失败令人极为不快，连《冲浪者》（Surfer）杂志的读者都写信抱怨杂志将它登在封面上，它使冲浪看上去，唔……很危险。] 和我说话时，迈克给我看他头上、背上和腿上的伤疤 —— 记录他学徒经历的象形文字。海神将文凭纹在他的皮肤上。他的体表上有所遭遇力量的证据，他能看到它，可以说，这是真正的情绪标识。

迈克说，一天在一个大浪上，他"感觉不对头"，但没能及时采取行动。这是一种潜意识的知觉，在他能够将这个情绪标识付诸有意识的行动前，他已经重重摔到一块沙洲上，差点摔断了脖子。如果那是一道暗礁，他现在已经是纯 *"mana"* 了。他冲浪时不用系冲浪板的绳。"冲浪板丢了就游泳。"他说。那也许意味着他要在 18 英尺深的海里游上半英里。

在更大的海滩上，救生员会使用摩托艇，否则他们根本不能及时赶到受害者身边。5 号瞭望塔像个没人问津的社区，只有一些作家之流的人物过去，所以他们没有摩托艇。如果要救人，迈克只能游泳。

迈克说话不紧不慢、一板一眼，时不时停顿和强调。他深思着说："有时候……我是在守护**生命**，**看到**有人在那里……我就**知道**他们要做什么……**危险**的事。我拼命为他们祈祷，这法子通常很灵……我**祈祷**他们回来……因此我做的**预防**工作多过真正的救援。"

一天早上 7 点，迈克的妻子利莫尔（Limor，迈克告诉我这个名字意为"芬芳的人"）带两个卷发、还在学步的孩子来海滩看爸爸冲浪。迈克冲浪后，我们照顾孩子，利莫尔带着她自己的冲浪板下了水。我一开始还没注意，直到听她说担心肚子变得太大，在孩子出生前再也不能冲浪时，我才知道她已经怀孕了。现在有一个小孩在出生前就开始积累关于某个特定类型能量系统的重要知识了。那是真正的知识，是与作用于世界逾五分之四部分 ① 的力量精确匹配的情绪标识、思维模式、次级情绪、神经网络。（看到他们，真希望在出生前的"二战"期间，我能在父

---

① 指海洋。实际海洋占地球表面积约 71%。——译者注

亲的机舱里和他一起飞行，或者也许这样就能像尼克的儿子一样把他带回来。）

　　这类早期知识也许是最可靠的知识类型之一，它构成了对高能量状态的深刻了解和客观认知，是贯穿一生的知识。采访超级摩托车赛事时，我认识了不少赛车高手。他们都和我谈到很小就拥有的摩托车经历。米格尔·迪阿梅尔（Miguel Duhamel）是本田车队顶级车手。他妈妈告诉我，她在怀着他的时候骑摩托车，还是婴儿的时候，如果米格尔不好好睡觉，她就会把他包在婴儿背袋里，骑上摩托车到乡间兜风，这时米格尔就会安静下来。他从婴儿起就喜欢坐在摩托车上。我认识他时，他赢得的超级摩托车赛事超过了任何人。跨上以每分钟 14,000 转轰鸣的巨大战马，这个小块头法裔加拿大骑手将所向披靡。

　　我和迈克·克劳德看着利莫尔劈波斩浪，欣赏她天生的优雅和美丽。"冲浪是与天地的连通，"他说，"冲浪使人放松。"这个想法让他露出微笑。海上的利莫尔看上去就像波提切利的《维纳斯的诞生》，正在从海中将"mana"吸取进她的子宫，让自己充满了那份能量。太阳斜射在波光粼粼的海面上，迈克笑了。"感谢上帝赐给我们冲浪板。"他说。

下篇
生存

无论发生什么事，我都泰然处之……

——马尔库斯·奥勒利乌斯

大难临头，记得要靠自己，问自己有什么可用的能力。

——爱比克泰德

第九章

扭曲地图

　　1998 年 8 月 8 日，踏上落基山国家公园米尔纳山口（Milner Pass）的小道时，肯·基利普（Ken Killip）有了一个挥之不去的念头，他觉得不该来。一群朋友们计划了这次为期 3 天的野外远足和钓鱼之旅，但其他人逐渐退出，最后只剩下基利普和他的朋友约翰·约克（John York）。消防队员基利普考虑过自己是否也该退出，最终还是决定继续这趟旅行。从这条小道的起点开始，他们将沿北美大陆分水岭（Continental Divide）向南走 4 英里，爬上 2,000 英尺，到达海拔 12,889 英尺高的艾达山（Mount Ida）顶峰。从那里，他们转而向东，下到峡湖水系（Gorge Lakes），再徒步两英里到达罗克湖（Rock Lake）。虽然 6 英里听上去不算什么事，但背着鼓鼓的背包徒步上到近 13,000 英尺的高处可不是闹着玩的。另外，罗克湖坐落在森林河谷（Forest Canyon）边缘，这片河谷是大汤普森河（Big Thompson River）河谷里的一片林木茂盛的偏僻荒野。按当地护林员后来的说法："这是落基山国家公园内最偏远的地区之一，条件极为恶劣。"

　　基利普拥有丰富的户外活动经验，他在丹佛以南的派克防火区工作了 24 年，还在军队接受过一些求生训练。但他从未到过如此崎岖的地区。现在，地形、海拔和沉重的背包都来作梗。他已经将帐篷转到同为消防队员的约克肩上。强壮的约克是户外活动爱好者，他不得不数次停下来等待基利普，五六个小时后，约克失去耐心自己先走了，留下基利普自己照顾自己。户外人员能力搭配不当注定会出问题。人们总是认识不到他们必须以最慢而非最快成员的速度行进。

约克来过这里，认识路，基利普此前一直跟着他走。虽然基利普有地图，但指南针在约克那里。他们已经走上一条小道，但过了艾达山顶后是一片没有路的荒野，地图和指南针两者不可或缺。现在，看着约克消失在阴沉下来的天色中，基利普对正在发生的危机无知无觉。尽管在不断改变，但世界永远是那个世界。出卖基利普的变化过程全都发生在他内心。

人形成的思维模式之一是意境地图（mental map），说白了，就是一个地区或一条路线的概略图。自离开汽车后，基利普就形成了某种关于自己位置的随机意境地图。因为一直在跟着约克走，他从没检查过自己的地形图，这不是生成可靠的意境地图的好做法。现在，他的大脑无意识地试图生成一幅关于路线的意境地图，但他并不知道自己的准确位置，也不知道那个他从未见过的终点在哪里。这份徒劳的努力让他莫名焦虑。

除此之外，一场暴风雨正在酝酿，基利普不想成为那道山脊上最高的物体，该地区下午的雷电是出了名的。他决定在山脊下的坡上等待雷雨过去。恶劣天气、疲劳、海拔、脱水、焦虑，各种压力一起袭来，严重影响了基利普在有益的情绪和理性间达成必要平衡的能力。

随着身边开始电闪雷鸣，他的压力水平也在升高。基利普得暇反思他对这次行程的疑虑，但他的思考不再是详细准确的分析。另外，压力也在侵蚀他的感知能力。他听到更少，看到更少，开始忽视环境给他的重要提示。

4名日间远足游客走下小道和他一起躲雨，他们告诉基利普说见过他的朋友。基利普抓住这个他想要的现实，认为只要抓紧时间赶路，他就能找到约克。雷电最终停止时，基利普满心不想搞砸这趟旅行，冒着风雨继续前进。

他正在攀登一段陡坡并确信它就是艾达山——那只是他的愿望。他已经背着沉重的背包走了一整天。他知道自己很快就要下山走向一条凉爽、清澈的河，沿河有一串珍珠似的湖泊，他就可以喝到水了。想到自己正在攀登艾达山，正在努力创建意境地图的大脑区域感觉很安心。海马终于有了工作对象。基利普可以想象艾达山以及它与目的地的关系，意境地图就是想象中的图像，没有这些图像，我们就会迷失。

他已经走了超过 12 个小时。此时是下午 5 点，他已经在下午两点左右喝光了带来的水。太阳在落山，气温在下降，雨还在继续。

基利普努力爬到山顶，转向东方朝着湖区往山下走，顺着他想象中罗克湖的方向。但他立即知道有什么事不对劲：从杏仁核传来一阵令人不安的悸动。地方不对。那些约克曾告诉他说他会看到的河、小湖和突出的岩石都不在那里。脑海里的图像和世界对不上号了。

实际上，基利普没有到达艾达山顶。他向下看到的是艾达山以北约一英里的一条平行山沟。现在，基利普处在两个世界间一条看不见的分界线上：他只是处在一个很细微的方位不确定状态。他本可以原路返回。他依然有一条熟悉的路，但他的脑中没有整体的图像。他知道身后是什么，但不知道前面有什么。他可以看到过去，但已经失去了至关重要的大脑皮层感知世界的能力，因此他看不到自己的未来。

研究失踪人员行为的心理学家报告说，这些人很少走回头路（眼睛只看前方或真实或想象的世界）。基利普事件中还有其他因素。他走了整整一天，疲惫、脱水、湿冷，也许现在还觉得自己在约克眼中像个傻瓜。他已经走了很远的路，内心深处告诉他，原路返回将是漫长、艰难的，也没有水。罗克湖（及休息和水）肯定就在附近。如果他能更清醒地思考就会明白自己没有在去罗克湖的路上。但情绪和压力正在迅速地将逻辑推到幕后。因此，只需迈开步子这一个动作，他就将从轻微的方位混乱转为失踪状态。

研究失踪人员行为的科学家爱德华·康奈尔（Edward Cornell）是埃德蒙顿市阿尔伯塔大学的一名心理学教授。"失踪是一个普遍的人类状态，"他告诉我，"但失踪与非失踪间有一片非常模糊的地带。"

直到约半个世纪前，科学家们还普遍认为人有某种天生的方向感。有观察发现，在世界上有那么一些人擅长在缺乏明显提示信息的情况下进行航海活动，这被视为磁场感应能力的证据。一些民族似乎令人费解地擅于航海，南太平洋的澳大利亚土著（Australian Aborigines）和普鲁瓦特岛民（Puluwat Islander）就是例子。但深入研究过这些民族后，研究人员发现，他们只是从小就被训练接收来自环境的微妙提示，并像别人用地标认路一样地使用它们。即使是这些人也会迷路并且失踪过。经过半个世纪的研究，人们发现，他们最重要的技艺在于持续更新关于所处环境的意境地图。

科学家们对失踪的准确定义尚无定论。该领域的先驱威廉·G. 西罗塔克（William G. Syrotuck）将它定义为"成为陆地搜寻的对象"。但许多陆地搜寻是为那些没有在应该出现的地方出现的人发起的。肯尼思·希尔（Kenneth Hill）是一名教师及心理学家，还在新斯科舍省以西罗塔克的研究为基础主管搜救行动。他将失踪定义为"不知身处何地达30分钟"。按这个定义，我认识的许多飞行员都曾在当地的酒馆失踪过。研究人类空间认知的科学家将失踪定义为"无法将你的空间位置与已知地点联系起来"。但失踪还包括一系列情绪和行为后果。

西罗塔克是第一个系统研究野外失踪人员行为的搜救专家。他在《失踪人员行为》（*Lost Person Behavior*）一书中写道，他们多半会恐慌。"恐慌通常表现为来回奔跑或在灌木丛中乱窜，但早期阶段的恐慌没那么疯狂……他们会环顾四周，发现本应熟悉的地点看上去完全陌生，或者他们开始认识到自己为了到达某个特定地点花费了比预计更多的时间时，恐慌就开始了。人们通常会急于'找到正确地点'，觉得'也许它就在小桥那边'。"

神经科学的最新研究部分揭示了人是如何确定方向的。我们定位位置的方式非常复杂，所用到的大脑区域——海马及其组成部分（如下托、内嗅区、CA-3区和CA-1区）——也是如此。约瑟夫·勒杜将海马称作"空间认知机器"。神经科学家描述了大脑是如何创建关于环境的意境地图的。20 世纪 70 年代，麦吉尔大学的约翰·奥基夫（John O'Keefe）等人对小鼠做的早期研究提供了第一个神经生理学证据，证明了海马在脑内创建了"一幅空间参考地图"。另外，一些细胞会根据头部所处位置被激发，另一些细胞则会追踪整个身体或身体部位的位置。还有些细胞只在向某个方向前进时才会被激发。

多多少少出于偶然地，奥基夫在小鼠的海马中发现了他所谓的"位置细胞"。位置细胞是一些独立神经细胞，在动物处于特定位置时得到激发标记。一般情况下，海马细胞平均每秒激发一次。但在那个标记区域，它们的激发速度要快数百倍。在牛津大学对猴子的测试中，人们发现了一些只在猴子看着某个特定场景时才激发的细胞。单个细胞可以标记不止一个位置。

因此，人体内存在一个包含海马和大脑其他区域的复杂系统，它的作用是模拟世界和你的动作、位置和行进方向。它与其他系统协同工作，在大脑中定位。例如，借助来自内耳（前庭系统）的信息，大脑会持续判断你站得直不直，是前倾还是后仰。借助本体感受系统，大脑会不断解读全身各处的神经细胞发来的信号，告诉你身体各部分都在哪，这就是你能闭着眼摸到鼻子的原因。没有这些系统，不管走到哪里，你都会像破坏了大脑海马区的试验动物一样迷路。阿尔茨海默病患者也是如此。

位置细胞和其他与辨认方向有关的细胞时刻处于重新编码状态，这个过程被称作"再标记"。每到达一个新地方，大脑都会开始创建一幅新地图。有些人一个地方去一次就记得路，有些人则需要重走几次才记得住（我们都有过在陌生的地方醒来却不知身处何处的经历）。海马区与记忆有关，那些地图的储存方式似乎与记忆一样。你不仅创建了路线，还创建了环境区域图，如房间、你的房子或整个社区。例如，因为大脑中的意境地图与真实世界吻合，许多人能够在不开灯的情况下在自己的卧室甚至家里更大的范围内自如走动。同样地，盲人经常可以自如走动，因为他们有非常出色的意境地图。老鼠体内的位置细胞在黑暗中被激发。但压力会扰乱海马的工作，使它难以制作并修正意境地图。

有趣的是，海马可以告诉你你的位置和目的地（如果意境地图正确），但它不能控制对目标的追求。要到达某个特定地点的冲动或者说趋向某个目标的动力似乎与情绪有关。这一点说得通，因为杏仁核有助于激发行动，尤其是在行动与生存有关的时候。杏仁核外侧核被破坏的小鼠失去了到达特定位置的动力。因此，位置和动机是紧密联系在一起的，这也许解释了在待着不动更安全的情况下，是什么让人一直前进。

当人从城市来到落基山国家公园这样的地方时，会对大脑提出一些不同寻常的要求。在城市里时，所有的视觉提示都近在咫尺，数量也有限。你能看到家和办公室内部的样子，看到两边高楼林立的街道，等等。大部分人在城市里很难见到一幅包罗万象的全景图。但当你来到山区时，突然间，所有的提示都不同了，在大脑中有意无意进行的地图绘制工作的所有要求也随之改变。大脑通过感觉器官接触世界、吸收信息，试图了解环境并拼凑出一幅地图。海马和其他大脑区域的输入输出都被送到杏仁核，供它趋利避害之用。杏仁核将采取行动作为回应。对一个离开熟悉环境的人来说，为这个陌生而广阔的世界绘制地图的工作也许会有些力不从心。

因此，在理性对形势一无所知，情绪驱使他采取生存策略的情况下，基利普开始沿错误的山沟下山。此时夜幕降临，雨不断落下。没有所在地区的意境地图，杏仁核开始发送危险信号。人将有食物、水和异性的地方认作好地方，这是基本的适应和生存任务。人也会识别危险的地方，这很好识别，你没有它的意境地图，因此也就不能在那里找到食物、水或配偶。

从大脑的角度来看，基利普那看似不合理的举动完全合理。他没有意境地图，想创建一个，但他的感觉输入在那个环境里毫无意义，大脑将此解读为紧急状态并引发了身体（即情绪）反应。在不知身处何地的紧急状态下，基利普的行动虽然事后看来不合逻辑，但对机体来说是有意义的。机体要求他尽快行动，迅速赶到与他的意境地图吻合、能提供基本生存需求的地方。这个冲动解释了西罗塔克观察到的人在迷路时会恐慌的现象。它为失踪赋予了一个实用定义：无法匹配意境地图与环境。

就这样，基利普摸黑在密林里四处乱闯。一想到自己迷了路，他心里直发毛。一道闪电碰巧照亮了一个池塘，口干舌燥的基利普奔过去喝了个饱。现在他别无选择，只能准备过夜。但他没有冷静地仔细想想。他的背包里有食物，但帐篷在约克那里。基利普有垃圾袋，但他没用它们搭一个临时窝棚。虽然需要火，想要光和热，但他知道公园的这片区域禁止在野外生火。作为消防队员，他觉得自己应该遵守规则（如果生了火，也许他能早点被发现，更早得救）。

一只熊来了。基利普站起身，一边挥舞夹克，一边大声呼喝着冲向它。熊跑了。基利普现在开始担心，如果他在这远离一切帮助的地方受了伤，会发生什么呢？

他在手提炉上热了饭吃，然后睡觉。

醒来时，他感到稍稍振作了一些，但不会那么快从疲劳和慌乱中完全恢复。他依然可以选择原路回到车里，他可以回头沿着山沟向上爬。但他觉得不能轻易离开约克，败坏这趟旅程。约克会把他想成大傻瓜。而且不管怎么说，基利普还没完全相信自己迷路了。

承认自己失踪并不容易，因为没有意境地图和定位就像没有自我一样：这是不可想象的，因为机体的主要工作之一就是调整自身去适应所处的位置。这就是为什么当你问小孩是不是跑丢了的时候，他们会说："我没有，妈妈走丢了。"意即：我没丢，我就在这里。但没有意境地图，机体就没法正常运转，形势会很快恶化。对基利普来说也是如此，似乎不是他失踪了，而是罗克湖失踪了。它肯定就在附近的哪个地方，找到它就万事大吉了。他拥有消防队员不信邪的坚持精神和失踪人员喜欢想出一个策略的倾向，只不过是错误的策略。

他开始在森林中穿行，有时候林木太密，他不得不解下背包从树间挤过去。他从没想过这也许是个坏兆头。但不管什么时候，要是你发现自己会觉得绕过一座山比翻过它更容易，那么麻烦就不远了。

西罗塔克写道："如果事情变得越来越陌生、混乱，（受害者）可能会产生晕眩感，树木和山坡似乎在逼近，幽闭感迫使他们尝试'突围'。奔跑或盲目的仓促行动也许就发生在这个时刻。"此时机体正在疯狂地试图确定自己在陌生环境中的位置。

到了下午，基利普的游荡已经彻底切断了他与已知世界的联系。他的模糊圈已经扩大到再也不能原路返回的地步：他完全迷路了。虽然大脑的理性部分依然确信他正在接近罗克湖，但情绪部分正在越来越急迫地驱使他前进。（后来他将从离罗克湖不到 0.25 英里的地方通过，但不是那一天。）

就在他的大脑继续下意识地搜寻一切提示以创建意境地图时，它收到的警告信号也越来越强烈：位置不对、没有食物、没有人。"**赶到那里，赶到那里，**"一个声音似乎在说，"**快，快。**"

基利普开始爬一段陡峭的岩屑坡以便看得更远。也许只要爬到高处……如果能看到整个区域，那么一切都会立即回到正轨，他也可以冷静下来。

约摸爬到一半时，他失足摔倒，止不住步子，开始顺着长长的斜坡向下滚。停下时，他两侧肩部的肌肉已经严重拉伤，双膝韧带和软骨损伤，两个踝关节也扭伤了。他还算幸运，因为如此严重的跌落常常是致命的。

基利普艰难地挪到一个小池塘边。他别无选择，只能在那里捱过又一个雨夜。他想思考，但脑子不大好使。他很冷，还受了伤，但依然认为不能生火。他甚至都没搭个窝棚。

基利普在痛苦和沮丧中醒来。他已经受够了寻找罗克湖，决定无论如何都要回到车里。虽然因为不知道自己的位置所以不晓得该向哪个方向走，但他还是一瘸一拐地穿过森林，在树木间艰难行进，浪费宝贵的能量。因为不了解自己身上发生了什么，他静不下心来。又一次，他觉得最好的办法还是爬到高处，看能不能看到所在位置的全景。

按西罗塔克的说法："如果在极度恐慌期间没有累倒或受伤，他们最终也许能控制住自己并制定出某种行动计划。在一个冷静的旁观者看来，他们决定做的事情也许没有道理，但在已经失去判断力的失踪者看来似乎没有那么荒谬。一般来讲，更明智、安全的做法是原地不动，尽可能保持舒适和温暖，但在潜意识的驱动下，许多人会觉得不走不行。"大脑的潜意识活动花了很长时间努力完成的工作没有成功，这份失意驱动着他前进。机体的主要工作就是认识自我与环境，并保持两者协调平衡。没有平衡，机体将会消亡。

基利普开始艰难地攀登另一段陡峭的石坡。实际上，那是 12,718 英尺高的特拉托马峰（Terra Tomah Mountain）。但在他爬上顶岩前，一阵狂风吹来迫使他掉头向下躲进树林。他感觉头昏眼花、心神不宁。他知道自己陷入了大麻烦，但却似乎无能为力。他用一只胳膊抱住树干以避免自己滑下陡峭的石壁，接着失去了知觉。

醒来时已是午夜过后，他浑身湿透，抑制不住地打着寒战。他环顾四周，世界如此奇怪，到处一片雪白。过了一会儿，他明白了：地上覆盖着 12 英寸深的冰雹。他在一场大冰雹中睡了一觉。

8 月 8 日出发时，基利普是一个健康、能干、装备精良的远足者。他的背包里装着在野外生存至少一周所需的一切。现在，在北美大陆分水岭走错方向仅两天多后，他瑟缩着躲在一面冰冷的山坡上，又累又饿、严重脱水，还受了伤，体温极低。从一个小小的方向错误开始，不知不觉地，他一步步走向严峻的生死考验。

西罗塔克分析了 229 个搜救案例（其中 11% 是致命的）并总结出近四分之三的遇难者死于失踪后的前 48 小时内。他们遭遇不测的速度快得惊人，正式死因通常是体温过低。体温过低的确凶险，但有些时候，只是因为人丧失了求生意志。

每个人都可能迷路。我知道，我也迷过路。但出人意料地，很少有人有做好通过考验的准备。那时我住在冰川国家公园（Glacier National Park）里的大冰川酒店，决定和一个朋友在早饭前沿一条野径走上半个小时。一路空气清新、景色优美，大山散发出阵阵刺柏的幽香。色彩斑斓的空间和韩塞尔与葛雷特的森林①在向我们招手……我们有过在蒙大拿州荒野腹地的一周高强度远足经验，两人都自认是个中高手，健康而自信。

我们离开那一小段环形小径，循着通往格林内尔湖（Grinnell Lake）的标志走去。我们走上一条岔道，接着一条，然后又一条。第一滴雨开始落下的时候，我们套上从礼品店买来的廉价雨衣，匆匆向前赶，心里越来越焦灼，却没想过要原路返回。

最后，我们站到湖边，努力回想当初为什么非要赶到这里不可。此时，淅淅沥沥的细雨突然转成一阵噼里啪啦的冰雹。我打量同伴，看到她面色苍白，一脸污迹。她的牙根开始打战。意识到我们正在一场大冰雹中，身上只有棉布短袖和垃圾袋，走到住处至少要两小时，没有地图，没有指南针，我不寒而栗。**我们到底在想什么？**

我们沿着小道狂奔，但当我们到达岔路口时，两人分头走上了不同的岔路。我们转身惊恐诧异地看着对方，茫然不知来时走的是哪条路。最终，我们选了其中一条，刚踏上去就听到了人声。我们冲向那个方向，挤过几码浓密的树林，来到另一座湖岸边的码头。一条游船刚刚靠岸，挡风玻璃上已经盖了一层冰。

我们爬上船，得知它是当天最后一班游船。时至今日，有时半夜醒来我还会设想如果留在那条路上（后来我们浏览了留在酒店的地图，发现它通向荒野深处），没有水，没有火，没有温暖的衣服，在那场最终下了两天的冰暴里，我们会有什么下场。

短短几个小时，我们就从无忧无虑的日间徒步者变成了惊恐万分的受害者，纯粹靠运气才获救。直到在冰川国家公园度过的那一天，我才开始相信自己会如此轻易地迷路，如此快速地失去思考的能力。

在一个实验中，肯尼思·希尔将他的一群学生带到新斯科舍省的一

---

① 韩塞尔（Hansel）和葛雷特（Gretel）是格林童话《韩塞尔与葛雷特》（*Hansel and Gretel*）中的一对兄妹，被继母抛弃在森林里。——译者注

小片森林里。"方圆大概相当于一座大型城市公园，"他告诉我，"并且因其标记模糊的迷宫般的小道而出名。"他领着学生进去，再让他们带他出来，只有一个人成功了。"如果你让一条小道上的步行者指出任一给定时刻他们在地图上的位置，"希尔说，"他们通常都会指错。"

日常生活中，人受不可避免的错觉影响，以为自己知道自己在哪里。其实大部分情况下，他们不知道。大部分人在某种程度上不会迷路的情况只发生在家里。很有可能，你清楚从此地到彼地怎么走但不必知道自己的准确位置，这就是街道有路牌的原因。不过，通常来说大部分人都足够熟悉某条路，能够顺利到达目的地。如果不熟 —— 就像我和肯·基利普的情况 —— 他们就会迷路。

迷路不难。你所需要做的只是在不更新意境地图甚至在沿路景色（或指南针）试图告诉你地图有误的情况下，还坚持跟着错误的意境地图走。爱德华·康奈尔曾告诉我："每当你开始看着地图，说出什么'唔，那片湖也许干了''那块大石头兴许挪了位置'时，报警灯就该亮起了。因为你在尝试让现实符合你的预期，而不是直面现实。在越野识途运动中，他们称此为'扭曲地图'。"

虽有充足证据表明自己走错了方向，基利普依然沿着错误的山沟走去，他这是在扭曲地图。但可以理解你有多么急于将意境地图与世界匹配起来。这是每个机体的基本活动，与我们认知有异的机体也不例外。

如果我们坚持扭曲地图直到再也无法否定自己的感觉，事情就会变得极其恐怖。"这事不会即刻发生，"希尔说，"先是一种迷失方向感：'啊噢，我已经不在堪萨斯了。'接着树木越来越陌生，地标也不再熟悉。"

因为机体的生存取决于意境地图和环境的合理匹配，随着两者产生分歧，海马区开始飞速运转，杏仁核也发出报警信号，不过动机回路还在催促你继续前进。其结果就是眩晕、幽闭恐惧、恐慌和多余动作。因为大部分人意识不到这个过程，所以根本想不通发生了什么事。你只感觉到自己快疯了（除了想法和世界对不上号，疯狂还能指什么呢？）。当所有这些不协调的重负全部落到你身上时，其影响极为可怕。（心理学家发现，出生伊始，人类最基本的需求之一就是被人注视。人们发现世界各地的妈妈都会长时间歪着头，盯着孩子的眼睛。存在就是被看到，没人看着我们就什么也不是。失踪的恐惧部分来自再也不会被人看到的想法。）

　　人们早已知道，离开人群的保护来到野外会对理智和情绪的平衡产生深远的影响。它可以导致意识状态改变、幻觉，甚至死亡。有着明确而熟悉的盎格鲁·撒克逊风格的"bewildered"（困惑）一词可追溯到1684年，源自古英语动词"wilder"（迷惑）。"wilder"意为将某人领到树林里，让他迷路。但一本新版韦伯斯特词典的定义保留了许多最初的古英语含义：

Bewilder, *v.t.*; bewildered, *pt.*, *pp.*; bewildering, *ppr.* [Dan. *forvilde*, to bewilder; G. *verwildern*; AS. *wilde*, wild.]

1. to confuse hopelessly; befuddle; puzzle.（无望地困惑；使迷惑；使困惑）

2. to cause (a person) to be lost in a wilderness. [Archaic.] ［导致（某人）在野外失踪。（古）］

Syn.—daze, dazzle, confound, mystify, puzzle, astonish, perplex, confuse, mislead.（同义词——使茫然，眼花缭乱，使混淆，使迷惑，使困惑，使惊讶，使复杂化，使混乱，误导）

Bewilderment, *n.* 1. the fact or state of being bewildered; a chaotic state of the mental forces; perplexity.（处于困惑之中的事实或状态；精神力量的混乱状态；困惑）

Wild, *a.* [ME. *wilde*, *wielde*, from AS. *wild*, wild, bewildered, confused.]

心理学家使用的现代术语"树林恐慌"一词至少可追溯到 1873 年的《自然》(*Nature*) 杂志，意指困扰野外人员的一种慌乱状态。

"'树林恐慌'一词表示与空间方向感完全丧失联系的恐惧，"肯尼思·希尔告诉我，"受害者迷路之前拥有的理性思考能力再也派不上用场。"严重情况下，连经验最丰富的户外活动家都可以做出无法解释的行动。远足的人抛弃了背包；猎手丢掉了枪；基利普忘了生火或搭窝棚。

但根据神经科学最新研究成果，我们可以将树林恐慌看成一个生存反应，它与意境地图和环境的不匹配有关。挥手乱舞救不了落水者，但它是自然反应。那些能静静漂在水上的人更容易活下来。

每个死在野外的人都死于慌乱。包括疲劳、脱水、失温、焦虑、饥饿、伤害等在内的数不清的因素总是协同作用，带来破坏性后果。现在，已经可以用更准确的神经科学术语来解释的树林恐慌导致肯·基利普采取了慌乱仓促的行动。压力和行动进一步剥夺了他的能力，直到本该协同做出正确行动的理性和情绪像两个快淹死的游泳者一样互相拉扯着将对方拖入水底。

因此，失踪无关位置；它是一次转换，是理智的失败。它可以发生在森林里，也可以发生在生活中。人本能地了解这一点。男人会为一个年龄只有自己一半的女人离开美满的家庭，搅得天翻地覆。人们会说他走错了路，找不到方向了。如果不回头，他连自我都会失去。一个公司也能做同样的事。

研究表明人失踪时会经历五个一般阶段。第一阶段，你否认自己找不到方向，越来越急迫地继续前进，试图将你的意境地图与所见对上号；第二阶段，你认识到真的迷了路，急迫感发展成一次全面的紧急求生状态。你不再能清晰思考，行动也变得疯狂而徒劳，甚至危险；第三阶段（通常紧随伤害或疲劳之后），你消耗掉了情绪化学物质，制定一项策略来寻找与意境地图匹配的地点（这是一个错误策略，因为这样的地点现在并不存在：你迷路了）；第四阶段，因为那个策略没能解决冲突，你丧失理智、情绪恶化；最后阶段，你再也想不出办法、筋疲力尽，无奈地接受你的困境。不管喜欢与否，你必须绘出一幅新的所在地情境地图。你必须像鲁滨逊·克鲁索（Robinson Crusoe）那样自食其力，不然只有死路一条。要生存，你必须找回自己，那时候，你在哪里都不重要。

这些失踪状态不仅适用于林地远足。施乐公司忽视了来自不断变化的世界和它自己在帕洛阿尔托的研究机构内部的提示，差点翻船。1959年，施乐推出了914复印机，《财富》杂志说它是"美国市场卖得最成功的产品"。到1969年，施乐公司销售额超过了10亿美元。1971年，被成功冲昏头脑（一种高度亢奋的情绪状态）的公司管理人员处于否认任何变化的状态。世界在改变，但他们拒绝接受任何新信息，他们的杯子已经满了。当年在股东大会上，人们听到这些几乎摧毁公司的话："我们可以满足你们的一切信息需求。"虽有清晰证据表明与IBM竞争很可能是自杀之举，施乐领导层依然决定这样做。他们就像那些被情绪冲昏了头，不顾那些提示自己可能送命的明确证据依然冲山的摩托雪橇手一样。他们也在扭曲地图。

施乐斥资10亿美元收购了一家电脑公司，同时开办了帕洛阿尔托研究中心（PARC）。只用了5年（近似远足者的5天）时间，电脑业务就让施乐损失了约8,500万美元现金。与此同时，帕洛阿尔托研究中心的科学家和工程师正在发明鼠标、以太网、图形用户界面、平板显示器和激光打印机。其他公司从这些发明中赚得盆满钵溢，忙于建立与真实世界脱节的思维模式的施乐公司则一分钱也没捞到。

与肯·基利普不同，施乐还在树林里兜圈子。

失踪五阶段近似心理学家伊丽莎白·屈布勒－罗斯（Elisabeth Kübler-Ross）在其《下一站，天堂》（On Death and Dying）一书中描述的死亡的五个阶段：否认、愤怒、讨价还价、沮丧、接受。最后的结果通常是一样的。"一旦进入心理崩溃阶段，死亡通常为期不远。"约翰·利奇（John Leach）在《生存心理学》（Survival Psychology）中写道："尽管没有器质性原因，人们拥有控制自己安心死亡的能力，并且经常很突然，这是真实存在的。"这表明某些被列为体温过低的情况也许并非如此。

肯尼思·希尔对此深有体会。"我有一张照片，照片里的男人脱掉了鞋子、裤子、外套，将钱包放在附近一块岩石上，然后躺在一张舒适的松针铺就的床上，"他告诉我，"照片里的他看上去非常平静，很难相信他已经死了。这些照片对我有特殊意义，因为我帮助组织了那次搜救。每当我开始自诩为了不起的搜救专家时就会掏出这些照片，它使我谦虚。"

意识是个尚待修正的、难以捉摸的、不稳定的现象。按使徒保罗（Paul the Apostle）的说法，它通过一面黑玻璃看世界，而非直视它。许多因素都会影响你如何理解、理解多少以及如何对待信息。因此你整天浑浑噩噩，钥匙在鼻子底下也看不到；闯红灯；水烧开了不停火；电费也忘了付，这都没什么后果。然后你来到了野外，承受了严重后果。

迷失野外的第三个晚上，特拉托马峰山脚下的基利普在一阵冰雹中醒来。此时他大概已历经否认（走下错误山沟）、恐慌（爬上危险的碎石坡）、策略计划（试图返回）阶段，完全进入了倒数第二个恶化阶段。但他还没有向命运低头。

这种事到处都在发生（包括大公司、陷入麻烦的婚姻、病人、无可救药的人）。人类能力曲线上有强大的生存者，也有无助的受害者。大部分人处于这中间的某个位置，他们可能一开始表现糟糕，然后就会发现其内在力量，回到正确行动和冷静思考的路上。如果游戏目标是生存，那已经足够。或者按父亲以往谈到飞行时常给我说的："任何让你全身而退的降落都是好的降落。"

基利普终于冷静下来。他穿上钓鱼用的防水长靴，开始步行取暖。他生了一堆火，用垃圾袋搭了个临时窝棚。这都是他第一天就该做的事，但亡羊补牢总是好的。随后两天，他待在原地努力去适应环境，维持机体平衡。这就是求生过程。基利普进入了区分生死的最后阶段：不是无助地听天由命，而是务实地接受自己所处的世界甚至还对它有些好奇。

他终于抛开期望的环境开始建立现实环境的模式，绘制它的地图。他做到了自我拯救，发现了第一条生命法则：**接受现实**。

事实证明，失踪过程的最后阶段可以是一个开始，也可以是一次结束。一些人放弃了，于是他们死了；一些人不再否认现实，开始求生。你不必表现惊人，也不必完美，只需接受它并做好下一件事。

基利普面对了他的处境，生成了一幅实际而非他期望位置的意境地图，现在，他有了自救能力。失踪第 5 天也是最后一天，他看到一架直升机从头顶飞过，近得"我感觉扔块石头就能打到它。接着它掉头飞走，差点让我精神崩溃"。

幸存者需要迈出的最艰难的一步就是丢掉幻想，就像他丢弃身后的旧世界、接受新世界一样。要想让大脑冷静下来，只此一途。这个想法看似矛盾，却必不可少。我知道父亲在纳粹集中营里就是这样做的：他把那里变成自己的世界。在海上漂流了 38 天的杜格尔·罗伯逊（Dougal Robertson）建议人们这样看："救援将作为生存之旅……一次受欢迎的中断。"

直升机驾驶员看到基利普的蓝色派克大衣挂在一根树枝上，于是引导地面搜救队员来到他所在位置。"我在 5 天里掉了 30 磅。"基利普告诉我。他膝上的伤动了两次手术。今天，他还会去野外远足，但"现在，不管到哪里，我都会带着一套求生装备、地图和指南针。我也会很细心地选择同行伙伴。如果感觉不对劲，就不去了"。

世上的难解之谜之一就是哪些人能活，哪些人会死。"他们也不是你预想的那些人，"研究过不同人群生存率的希尔告诉我，"有时候，一个没有经验的女性徒步者活了下来，而经验丰富的猎手却放弃了，只过了一夜就死了，即使那一夜都不算太冷。生存比例最高的是 6 岁及以下的儿童——让我们感到最不放心的人群。"虽然幼儿比成人失温更快，但在同样条件下，他们的生命力强过了经验丰富的猎手、身体强壮的远足者、退伍军人或技艺精湛的海员。另一方面，拥有最低生存概率的群体之一是 7 ～ 12 岁的儿童。显然，那些最小的孩子有一个胜过了知识和经验的大秘密。

科学家还不知道这个秘密到底是什么，但答案也许就在儿童的基本特征里。在那个年龄段，大脑尚未形成某些能力。例如，儿童不会创建成人创建的意境地图。他们不理解到达一个特定地点的概念，因此不会跑向视野外的某个地方。他们还会跟着直觉走。冷了，他们就钻到树洞里取暖；累了，他们就休息，因此他们不会疲劳；渴了，他们就喝水。他们怎么舒服就怎么来，而轻松舒适有助于生存。（追随直觉的幼儿也会很难被找到。实际上，走丢的孩子不止一次地与救援者玩起了捉迷藏。一个孩子听到了搜救犬的叫声，害怕"土狼"。另一个孩子看到戴着头灯的大人，害怕独眼怪兽。所幸他们最终都被找到了。）这个秘密也许还在于，他们尚未具备成人那么复杂的绘制意境地图的能力，因此不会尝试去扭曲地图，而是重新绘制所处世界的地图。

另一方面，7 ～ 12 岁的孩子具备了一些成人特征，如绘制意境地图，但又没有成人的判断能力。他们一般没有很强的控制情绪反应和理性思考形势的能力。他们会恐慌并乱跑乱窜，会寻找近路。如果一条小路逐渐消失，他们会忽视饥渴、寒冷，一直往前走直到筋疲力尽。在学着大人思考时，他们似乎压制了那些也许会帮到他们的本能。但他们还没学会保持冷静，许多尚不能自立。我的一个生存教官告诉我，在生存训练中，生活在市区的孩子比市郊的孩子做得好，"因为市郊的孩子没受过欺负。"他们已经开始学习认路、绘制详细的意境地图；处于这个年龄段的孩子会走秘密小道、抄近路。一知半解是危险的。处于这个年龄的孩子会在迷路后乱闯马路。

我们倾向于认为教育和经验增强了人的能力，但情况有时似乎恰恰相反。在追逐着成为我父亲那样的青年飞行员的幻影多年后，最终，我来到生存学校，想弄明白有没有什么办法能让人在学到生存技巧的同时又不失幼儿的本能。在经历过那么多冒险和对冷静的追求中，我觉得自己也许迷失了人生的方向。然后，我忍不住想到了禅宗的初心概念，虽经多年训练，但心依然保持开放的态度并时刻准备着。"在初学者心里，一切皆有可能，"禅宗大师铃木俊隆（Shunryu Suzuki）说道，"老手的心则受万物纷扰。"

第十章

正确心态

1971年圣诞节前夕，尤利亚妮·克普克（Juliane Koepcke）、她的妈妈和其他90名乘客正在飞行途中，一场雷击导致他们乘坐的洛克希德伊莱克特拉飞机大规模结构破坏。后来她说感觉到"一阵巨大冲击"，接着人就落向丛林。尤利亚妮掉出解体的飞机，落入秘鲁的丛林中。当时她17岁，还穿着天主教坚振上穿的裤子和白色高跟鞋。但是，她奇迹般地只受到一些划伤和一处锁骨骨折。

她回忆说："当时我觉得下面丛林里的树看上去像花菜。"对了解生存的人来说，这句话已经说明了问题。她没有尖叫，也没有恐慌，而是对世界充满了好奇。她全面接受了并触摸到她面对的新的现实，一边掉落一边审视环境，表现出了非同寻常的冷静。

她的举动不仅令人惊异，而且是真正生存者的典型特征。挺过菲律宾群岛巴丹死亡行军的美国大兵比尔·加莱布（Bill Garleb）发现在体验了对鸟儿、色彩和丛林气味的强烈好奇心之后，他的感觉越来越敏锐。

还有十几名乘客在尤利亚妮乘坐的飞机空中解体后幸免于难，他们的态度以及随之而来的行为和命运与她的迥然不同。

醒来时，尤利亚妮在丛林的地面上，孤身一人被困在座椅里，和她并排坐在飞机上的妈妈不知去向。她在座椅下躲了一夜的雨。次日，她推测即使能听到直升机和飞机的声音，上面的人也不能透过茂密的丛林树冠曾看到她，她得自己走出去。这是另一个重要时刻：她没把时间浪费在悲叹命运上，而是自己拿定主张、制订计划。

　　她父母是在丛林中工作的研究人员，尤利亚妮熟悉这个环境，但没有接受过求生训练。她不知道自己在哪里，也不知道该从哪里出去，但父亲告诉过她如果她朝着山下走就能找到水源。他说河流通常通向文明社会。虽然这个对策同样可以轻易地将人引向沼泽，但她至少有了一个可以信任的计划、一个目标。

　　与此同时，其他没摔死的人决定等待救援。这也不一定是个坏主意，但指望别人为你的利益承担责任的心态是致命的。在《活着》（Alive）一书中，皮尔斯·保罗·里德（Piers Paul Read）讲述了另一场发生在安第斯山脉（Andes）的空难生还者的故事。每一个从空难中幸存的人都待在原地认为会有人来救。许多人死了；在有人最终走出去找到救兵前，其他人不得不靠吃人为生。

　　除了几块糖果和一些小蛋糕，尤利亚妮身上再无其他物品。她没有求生装备，没有工具，没有指南针和地图——生存学校教我使用的东西，她一样没有。但她非常精心地为自己制订了计划。她出发了，在白天最热的时候休息，凉爽的时候赶路。她在茂密的丛林中走了 11 天，一路差点被蚂蟥和不知名的热带昆虫活活吃掉。这些虫子钻进她体内产卵，虫卵在她皮下孵化出蠕虫，到处钻洞。

　　最终，她顺着河来到了岸边的一所小屋里。她跌跌撞撞走进去，倒在屋里。总有许多机会伴随着求生局面，有好的也或坏的。尤利亚妮遇上了好运。第二天，3 个猎人出现并把她送到了当地医院。但是，正如路易·巴斯德[①] 所说："好运眷顾有准备的头脑。"

　　这个第一天就丢了鞋子（更不要说失去了妈妈）的十几岁少女坚强、头脑冷静，她拯救了自己；其他幸存者则花了同样 11 天的时间坐以待毙。

　　将他们置于那里的力量（指空难）超出了他们的控制能力，但那些活着落地的人经历的事件发展则取决于各人内心深处对新环境的反应。

---

① 路易·巴斯德（Louis Pasteur，1822—1895），法国化学家、细菌学家。——译者注

　　一个无装备无准备的17岁少女活着走出了丛林，而处于相似情形下，装备更好的十几名成人却没有，这是个生存之谜。但我对生存的研究越深入，就越容易理解这样的结果。生火、搭窝棚、觅食、发信号、找路……对于尤利亚妮的生存，这些都无关紧要。尽管我们不知道其他从空难中活下来的人是怎么想、怎么决定的，但很有可能他们认为自己应该待在原地等待救援。他们遵守了规则，但规则害死了他们。

　　世贸中心的灾难中，许多平时循规蹈矩的人因为遵循了权威人士的指示而死亡。南楼93层的怡安保险公司的一名雇员已经开始逃生，但保安部门发布通告说大楼是安全的，大家应该待在屋内等待离开的通知，于是他又回到办公室。临死前，他在电话里对父亲说："为什么我要听他们的——我不该听的。"另一位富士银行的雇员实际上已经来到了一楼大厅，却被一名保安赶了回去。还有一位工作人员给家人打了电话，应答机记录了他最后留下的信息："我哪儿也去不了，因为他们不让我们走动。我得等着消防队员过来。"

　　尤利亚妮自认甚至不算特别勇敢。生存无关勇敢，无关英雄。英雄死了还是英雄，而只有活着才叫生存者。大部分时间里，尤利亚妮都很害怕，害怕一切，不得不涉水时害怕食人鱼，害怕在她皮肤里钻来钻去的虫子，害怕森林里各种真实或想象的生物。生存者并非无所畏惧，他们"利用"恐惧，将它转化为愤怒和专注。

　　相反，搜救人员总会惊讶地发现拥有生存所需的一切的人反而死了。约翰·利奇写道："在某些救生艇上找到的遇难者身边有没打开的救生盒（内有信号弹、口粮、急救包等）和没用过的必需品。"

　　"一些人干脆听天由命，"肯·希尔[①]提到他在新斯科舍省的搜救行动时对我说，"我已经研究了15年也没搞清楚原因。"

　　拯救尤利亚妮的是她的内心力量，她的心态。显然，她没有任何物质装备，但在某种程度上，她有思想准备。当婚姻不幸、事业失败、重

---

① 肯·希尔（Ken Hill），即前文提到的肯尼思·希尔。——译者注

大疾病或事故、经济崩溃、战争、战俘营、亲人去世或身陷丛林等挑战出现时，一生的经验塑造出了或直面困境或被困境打垮的我们。我来到生存学校，试图解开那个谜，看我能否掌握自己的人生。

1939 年，我的朋友乔纳斯·多维德纳斯在立陶宛考纳斯出生。1944年，他和父母逃出苏联。作为难民，他们在德国因戈尔斯塔特遭到我父亲所在的第 8 航空队轰炸。1949 年，他们离开德国来到美国。现在，当乔纳斯来看我父亲时，他都会戴一顶缀着空军盾徽的棒球帽，看上去就像我父亲在第 398 轰炸机大队重聚时戴的那顶帽子。但乔纳斯的帽子前面写的是"被轰炸者"。

乔纳斯在布朗大学学习写作和英语文学，后来又在罗德岛设计学院和芝加哥伊利诺斯理工大学设计学院学习摄影。1969 年，他把我引荐给一名杂志编辑，帮我得到了第一个采写任务。自那以后，我们一直一起工作、旅行 —— 他拍照，我写文章。

当我拿到飞行执照时，乔纳斯是我的第一个乘客。他对这玩意着了迷，自己造了一架意大利"鹰"战斗机的双座复制品，我们驾着它飞遍了美国。我喜欢和乔纳斯一起旅行，因为他是个生存者。和我一样，他从孩提起就在追求生存之道。乔纳斯很酷，我以他的名字命名了我儿子。

因此，我来到生存学校时，乔纳斯很自然地也跟来了。我们从马萨诸塞州皮茨菲尔德起飞，两人轮流驾驶，最后降落在弗吉尼亚州林奇堡。我爬出机舱站在机翼上，第一次看到了我的教官。拜伦·克恩斯经营着这家山地牧羊人生存学校。他腰带上挎着一把 18 英寸的巴拿马弯刀，大步踏上加油舷梯来到我们身边。他是一名身材魁梧、充满男子气概的男人，有 12 年的从军经历，包括在海军陆战队的服役经历。他在华盛顿州著名的空军生存学校工作过。看到他时，我想：我们有罪受了。

那天夜里，拜伦通知我们第二天一早直接进入弗吉尼亚的丛林。我们会训练几天，学习使用地图和指南针、生火、搭建窝棚和发信号等，还会学习找水或提取空气中的水。我们无须考虑食物，因为没有必要，空军计划是你会在 3 天内被找到。"你的任务，"他说，"是活过 72 小时。"他走后，乔纳斯说："这家伙会像继父一样揍你。"

次日一早，我们沿一条石质河谷上山，途中我注意到克恩斯经常停下来指出一些美丽或有趣的东西。他说话声音很轻，就好像我们是在教堂里。他很爱笑，喜欢停下来静静思考或抽支烟。在他身上，我没有看到一丝预想中训练中士的迹象。第一次实际操作，克恩斯让我和乔纳斯生火，几分钟后，熊熊的火焰燃烧起来。克恩斯走开了点，从背包里拿东西，到他回来时，火焰已经窜起了几英尺高。"哇，"他笑着说，"悠着点。我只想看看你们会不会生火，有些人不会。"说完他小心地分开柴堆，将火扑灭。

其实拜伦·克恩斯有礼貌、热诚，轻声细语，对错误也非常温和。他动作轻缓，不慌不忙，而且一直在细致地对自己和环境进行评估，不易于陷入亢奋的情绪状态。他身上有一种能感染人的冷静气质。实际上，他让我想起父亲。和许多退休飞行员一样，父亲穿软底鞋，轻言缓步（飞行员要穿软底鞋来感受方向舵脚蹬。控制器灵敏，许多操作都会引发大动作，没人会在机舱里突然做意外动作）。一旦在死亡的阴影下学会了这种轻巧举止，它就会伴你余生。克恩斯也有自己特有的不动声色的黑色幽默。

虽然与荒野打了一辈子交道，打进入林地时，克恩斯依然像在接近一个无法预测的危险的巨大生物一样，满怀敬畏和谦虚。优秀的飞行员走向他的飞机时也是这样。

在野外训练、学习技术技能时，克恩斯不断谈到"积极心态"。这是他给我们的检查清单上的第一项，清单则来自所有检查清单作者的老大 —— 美国空军。"积极心态"。

"那肯定很重要。"我对乔纳斯说。

"对，但那是什么？"他问。

"往好处想，你就会得救？"

"我宁愿有一把电锯和一块芝士牛肉汉堡，"乔纳斯说，"手机和 GPS

也行。"

当巨大的弗吉尼亚扁虱叮咬着我们的私处,而我们在丛林里披荆斩棘、练习生火、搭窝棚、打绳结和辨方向时,我就此不停地问克恩斯,但他没法解释,没有人可以。他可以告诉我的是这将决定生死,对此他深信不疑并向我保证。"它不在你的背包里,"他会说,"它在这里。"他拍拍自己的胸口。难怪汤姆·沃尔夫(Tom Wolfe)称之为《必要品质》(*The Right Stuff*)。你不可能把一本书就叫作《积极心态》(*Positive Mental Attitude*),对吧?

但克恩斯的积极心态不是天生的,而是后天获得的。早年在空军服役时,他带一队飞行员进入斯波坎附近的山地进行生存训练演习。"我没有经验,误判了形势。"他告诉我们。那时候,他装成了一副我想象中硬汉训练教官的样子:前进、前进、前进,加油、加油、加油。他还不是真冷静,只是装冷静。

他的班级正在艰难前行通过一大片泥泞的雪地。飞行员筋疲力尽,但克恩斯不断催促他们前进。"这时我意识到这样做不对。"他说。随着气温的下降,夜幕降临了。"突然之间,每个人都想放弃。他们干脆坐了下来,失去了希望。"漠然是对各种灾难的典型反应。如果太阳落山时,你在山区的冰天雪地里耗尽了力气,那么你很可能会看到,一点自然灾害就能将你与你在这个世界上熟悉和珍视的一切天人永隔。漠然会迅速导致心理的完全恶化。然后你会坐下来,体温也开始下降,这会让你更加漠然、更加颓丧,最终死亡。

疲劳总是不期而至,它是身体和心理两重的,科学家试图弄懂它,但没有成功。这就像为了理解沙堆效应而研究沙子那样难。肌肉、神经甚至身体的生化特征都无法预测或解释疲劳。不过,一旦在求生形势下出现疲劳,几乎不可能恢复。不仅是累,它更像是精神崩溃,想要恢复需要的不仅是食物和休息。

在生存活动的疯狂行动之后或者处于奔跑、攀登或游泳的恐慌阶段的时候,你就像刚生了孩子的女人一样。你耗尽了精力,开始疲劳。恢复也许需要几周的时间，如果你没有好好照顾自己，疲劳就会导致失眠，而失眠反过来又会导致骤然的心理崩溃。身体和心理因素会迅速互相激化，这就是为什么控制好节奏、多休息和多喝水如此重要。这也是为什么克恩斯拼命驱赶那些飞行员的行为是不对的。

生存局面就是嘀嗒作响的钟：你只储存了这么多能量（和水分），每次拼尽全力都会将之消耗殆尽。诀窍是极吝啬地使用宝贵的资源，平衡风险和回报，只将资源投入到能带来最大回报的活动中。

求生时，人们会大大低估休息的重要性。当克恩斯与我、乔纳斯练习使用地图和指南针时，他会频繁停下来环视四周的树木并与我们聊天。这时我会想：**走啦，走啦，我知道路**。但他依然站在那里，现在我明白了原因。他解释说，你应该按大约 60% 正常活动强度的强度行动，多休息、多补水。如果天气凉爽你却在出汗说明你的活动强度过大。

与空军战斗机飞行员一起训练驾驶战斗机时，我有过同样的经验。参加完早上的简会，我穿着"抗荷裤"像抱孩子一样抱着头盔踱来踱去，搞不懂为什么我们不跑向舷梯去检查、点火。每个人都无所事事地坐着。似乎过了几个小时，教官才慢慢站起身踱到门口，看一眼手表然后建议说："我们和上校来一次双机飞行把那破飞机开爆掉，再到本州岛（Hondo）上空来一次小接触，你们意下如何？"你可以称之为冷静，似乎我们将要漫步到餐厅去吃墨西哥辣椒长条三明治。

克恩斯终于认识到他和这些疲惫的空军飞行员面对的形势非常严峻。他回忆说："我跪下祈祷，信仰是求生意志里的一个重要因素。"

彼得·莱沙克说："不管神能否听到，以一种祈祷式的专注态度将你的需要、愿望、担忧、罪恶和目标郑重其事地说出来，这种行为本身就是有价值的。有意识才有行动。"生存心理学家也观察到同样的情况。

克恩斯补充说："突然之间我想到，也许我真的会失去他们，这些身价百万的飞行员会死掉。"

他偶然发现了一道篱笆，用它的松木桩生了一堆火（偶然只是个机会，它无处不在；难的是认识到它）。"火的作用令人惊异。你在树林里迷了路，又冷又孤独。但生起一堆火后，你就有了家的感觉，有了光，饭也做上了。从一片漆黑到光明和温暖，火让世界变得完全不同。所有人都振作了起来。"

那天夜里，克恩斯学到许多。他的控制力和信心鼓舞了飞行员，其作用甚至超过了那堆火。它为他们指出方向，也让克恩斯更有能力拯救自己。这一课将会被一次又一次地领悟：帮助别人是确保自己生存的最佳方式。它使你超脱自我、战胜恐惧。现在，你是拯救者而不是受害者。看到自己的领导能力和才能如何鼓舞了别人，你会更专注、更能坚持下去。这是一个良性循环：你鼓舞他们的士气，他们的反应又鼓舞了你。许多孤身幸存的人都说他们是为家里的某个人（妻子、男友、母亲、儿子）这样做的。安托万·德圣－埃克苏佩里（Antoine de Saint-Exupéry）迷失在利比亚沙漠（Lybian Desert）时，想到妻子承受的痛苦才坚持下来。

马克·甘巴（Mark Gamba）是深涧漂流爱好者，也是曾与我共事的摄影师。我们一起在胡德山上时，他和我谈到被"滤网"困住的事，这通常是致命的。"滤网"是倒下横在河上的树。通常，水流的冲力会将冲到树上的人压住。被压住的马克每次伸手想把自己拉上去翻过树干时，水流都会冲击他的腿把他拉下去。他设法让鼻子伸出水面猛吸一口气，但又屡次被拉下去。他筋疲力尽、胳膊酸疼，肺都要炸了。随着视网膜缺氧，他开始在视野边缘看到黑色。

"我想到我儿子，"他说，"我还想看到他。"失去知觉前，他做了最后一次努力。他爆发出惊人的能量，将身体拉了上去并翻过了那段木头。

世贸中心南楼倒塌前一小时，罗纳德·迪弗朗西斯科（Ronald DiFrancesco）是遇到布赖恩·克拉克的人之一。克拉克就是那个挥舞着手电筒问"上还是下？"的火灾防护区长。迪弗朗西斯科向上走去，希望能呼吸到空气。但爬了10来层后，他遇到了那些被疲劳和烟雾打垮的人。这些人索性放弃睡觉去了，最后他们都死了。迪弗朗西斯科也到了崩溃边缘，但他对自己说："我一定要看到老婆和孩子。"想到这里，他站起来飞速冲下楼梯，逃出生天。

医生护士通常比其他人更容易活下来，因为有人需要他们帮助。他们有明确的目标。目标是生存的一个重要部分，但必须由工作支撑。没有善行的善意不是救赎。生存者通过设立小的、可控的目标，然后按部就班地实现这些目标来规划行动。这就是空军检查清单和父亲向我灌输的概念：制订飞行计划、执行计划。但不要沉溺于计划。接受不断变化的世界并在必要时放弃计划，制定新的计划。这样，即使世界和计划都发生了改变，你依然能随时准备好进行下一步。

人有动物本能，但缺乏许多动物拥有的其他生存机制，如保暖的皮毛、尖牙利爪和飞行或奔跑能力。文化为人类打造了共同生存机制。人在集体中更容易生存。人能够生存是因为他们用认知来组织打猎、制作物品，但认知也抑制了包括力量在内的动物特征。这就是为什么认知中断时，人会拥有惊人的力量：因为认知一直在抑制它。这就是认知的全部秘密：它是一个调节情绪（身体）反应的机制。

每种文化都有其生存仪式。一些仪式，尤其是非技术性的仪式，几乎只与生存有关。在美洲原住民文化里，有一种幻象探索仪式。参加仪式的年轻人来到野外快速寻找幻象。这可以被看成某种生存训练，因为他已经在没有食物、水和出路的情况下练习了静坐和充分利用形势的能力。他会对自己的生存能力充满自信。

我们今天应用的求生经验来自古代。《道德经》分为"道"和"德"两部分，可以被看作在任何生存情形的两部分。老子的书是一本统治手册，同时也是一部大脑手册。大脑功能失衡让我们陷入麻烦，平衡则让我们摆脱麻烦。我在爱比克泰德、希罗多德和修昔底德（Thucydides）等人的作品和《圣经》（Bible）、《薄伽梵歌》（Bhagavad Gītā）里学到了相似的教导。《传道书》（Ecclesiastes）说："岂有一件事人能指着说，这是新的？"但不知"天下无新事"的人总是层出不穷。总有那些混蛋充耳不闻。

我一直不知要到哪里去找我们美国人的生存仪式。现在我认为，它们就在我们身边，无处不在。童子军的最初构想就是一所生存学校。体育就是生存训练，它教授力量、敏捷、策略和对痛苦的忍耐力。我们的文化中也有很多生存故事。冷静是生存模型的终极美国概念。1965 年，战斗机飞行员詹姆斯·斯托克代尔（James Stockdale）在越南被击落。他多次谈到自己是如何在战俘营度过 7 年半时间活下来的。他说："人该学习熟悉痛苦的课程。"

斯托克代尔说："你得练习受伤。这一点毋庸置疑……你得练习受折磨。你得学会幽默地接受一堆垃圾。"

他谈的是保持冷静，就像他的 F-8 战斗轰炸机被 57 毫米炮火击中时他所做的那样。他当时正在执行一次轻松的轰炸任务。他甚至脱掉了令人不舒服的氧气面罩。"我一边将该死的氧气面罩套到嘴上好让自己能告诉僚机飞行员我要弹射，一边勉强控制飞机不撞向地面。倒霉透顶，而且是一次例行低风险任务！我脑子还清醒，于是我告诉自己，'5 年。'我知道我们在东南亚陷入战争泥潭，但我觉得战争不会持续更久。"斯巴达人将忍受狐狸咬伤的做法视为"熟悉痛苦的课程"。还有像克恩斯这样的生存学校试图通过美国人的机智直面问题来传授野外生存技能。

与失踪类似，生存也是一次嬗变。担起领导责任可以保证当你到达那个变形的最后阶段时，你的态度是进，不是退。生存嬗变是永久性的。拥有这种经历的人通常会成为最好的搜救专家。他们也许会不自觉地开始意识到只有通过帮助他人经历同样的嬗变，他们的生命才会圆满。所有与我交谈过的生还者都谈到那个经历有多可怕。但他们也经常带着深深的困惑告诉我那个经历有多美。世上没有任何东西能与之交换。

空军简单地将那个神秘品质称作"积极心态"，我逐渐意识到，只有研究和剖析它才能理解生存。

于是我想到：等一下，父亲就曾在陆军航空兵部队服役。也许这就是那个使他活下来的品质。如果是这样，他显然从未谈论过它。但哪个飞行员会谈论呢？我觉得自己似乎来到了我毕生追求的那样东西的边缘。在这里，隐藏在最没有想象力的词藻下的是我一直在努力解开的奥秘。

生存训练的指导思想可分为两个流派，拜伦·克恩斯的山地牧羊人生存学校属于现代的技术流派。位于佛蒙特州布拉特尔伯勒的马克·莫里（Mark Morey）的佛蒙特野外生存学校则以古老的原住民技艺为基础。虽然表面上大不相同，但我认为它们有许多重要的共同点。

和乔纳斯完成克恩斯的课程后，我们跳上飞机，轰鸣着飞向格林山（Green Mountains）。在莫里的学校，我们被带进了丛林深处。在那里，我们看到一群假装自己是鹿的孩子们悄无声息地在森林里穿行。他们全都在 8 岁左右，我们观察时，他们把手掩在耳边来放大寂静树林里的声音。教官折断了一根嫩枝，他们四散逃进森林，踪迹全无。我的第一感觉是，如果他们在我的老家得克萨斯尝试这样的训练，他们会被绑在福特 F-250 皮卡的引擎盖上带回家。

我们在 100 码外追到他们，莫里让他们坐下并讲了一个大致以杰克·伦敦的《生火》（To Build a Fire）为基础的故事。讲到最后主人公冻死的时候，他们都瞪大了眼睛。这时莫里说："我刚刚掉到小溪里弄湿了脚。我快冻僵了。我们只有一根火柴，我的脚裹了一层冰。如果没有火，我会在 5 分钟后死掉。给我生堆火。快！"

孩子们也不多话，开始动作麻利地收集火绒、引火柴和燃料。莫里计时，他们则熟练地堆好柴，并用了 4 分 15 秒生起了火。他们忘记自我、互相帮助、齐心协力完成任务。但这次练习不光是生火技术。

"我们所做的，"莫里在我们穿过林子时解释说，"就是通过培养移情和观察技能，防止这些孩子走失。在最后练习中，我们会向他们演示曾讨论过的内容：求生而战需要爆发的能量。你得变得像只鼬，行动敏捷、雷厉风行。这些孩子刚刚生了一堆火救了我的命。有一天，他们也许真的会挽救生命。他们正在学习将团队需要置于个人需要之上。"

我遇到的人中，只有少数能不带任何物品在森林中生存下来，莫里是其中之一。他是我读到笛福小说时希望找到的鲁滨逊·克鲁索，连长相都有点像小说封面上的主人公。真正的克鲁索则有点令人失望：他有整整一个超市的物品维持生存，都是从搁浅在岸边的船上打捞出的，包括枪、火药、牲畜等。

　　莫里恰当地选择了杰克·伦敦的故事。《生火》里那个无名主人公虽然事先得到警告，却没有认识到他面对的是怎样的力量。他没有培养出相信警告的次级情绪。他对严寒的经验刚好够他自以为什么都懂了。他的杯子满了，听不进老前辈的智慧，这位前辈让他不要孤身涉入阿拉斯加的荒野。行动的诱惑力更甚于不动，因此他把自己扯进了一个不稳定的系统。这个系统由他的身体和环境组成，身体需要保持在 98.6 华氏度（37 摄氏度）上下，环境的温度则为零下 70 华氏度（约零下 57 摄氏度）。在两者相差近 170 华氏度（约 94 摄氏度）的情况下，热力学第二定律决定了任何错误都将使他的能量水平快速下降到致命低温的程度。他没有预料到踏进一条小溪，灌上一靴子水导致的交互作用。没多久，他的脚就冻僵了。在压力之下，他没能接收到新信息：匆忙中，他在一棵落满雪的树下生火。这是那些紧密耦合的非线性反馈系统之一，它们受到扰动时会放大问题——沙堆效应。

　　在混沌理论和复杂理论问世前很久，杰克·伦敦就描述了这一切。他笔触简洁，有条不紊，他描写的故事触及了最重要的生存要素：

　　　　每根树枝上都积满了雪。他每抽出一根细枝就有一阵轻微的摇动传到那棵树上——在他看来那是一种难以察觉的摇动，但是足够引起这场灾难了。这棵树上面的一根树枝上的积雪落了下来。这堆雪落到了下面的树枝上，又把它们上面的雪倒了下去。这个过程一直继续下去，不断扩散，直到整棵树都被卷入其中。这就像一场雪崩一样，毫无征兆地落到了这个人和这堆火上面，那火被完全盖住了！这人惊呆了……然后他变得非常镇定。

　　他有技艺、装备和经验。害他送命的是态度，是他在平衡情绪和理性方面的无能。

　　他不是初来乍到，也曾在零下 50 华氏度时外出并平安归来。他以前也弄湿过脚，生堆火就没事了。但在零下 70 华氏度，系统受到了极大的推动并展现出了他从未见过的全新的意外举动。他根本想不到在这类临界边缘可能发生怎样的巨变。

　　莫里、我和乔纳斯来到另一群孩子身边，他们正在用弓钻生火。我从未见过那样的生火方法，很难相信这有用。这时我看到一个叫雅各布（Jacob）的 10 岁男孩用了 10 来分钟生出一堆熊熊燃烧的大火。我问他学会这个用了多久，他说两年。莫里笑着问他是否已经完全掌握了这项技巧。雅各布说："没有。完全掌握这个也许需要一辈子。"这些技巧并非只是技巧，它们是培养谦虚态度的长期练习，鼓励人不慌不忙地、细致地、满怀信心地审视自身和环境。

　　那天下午，我开始学着自己生火。我辛辛苦苦鼓捣了两天。第一天入夜时，我又气又急，对那个洋洋得意似乎指尖一弹就能冒出火的小鲁滨逊·克鲁索感到非常恼火。我身边没有温暖的火焰，他也不给我生火。那天我只吃了一顿即食餐，又饿又累。我努力一天的成果就是一捆椴树皮、几根树枝、一块琢石和一团没用的草，看得我气不打一处来。我想要一只火焰喷射器、一块比萨饼和几张 CD，再来一杯酒。

　　直到离开学校，细想一阵后我才意识到，问题不是出在火上。莫里是在努力给我指出一条路，让我认识世界、认识自己，教我找到合适的材料并知道哪些有用，哪些没用，教我与新的世界建立密切的联系。我不能改变世界，只能改变自己。因此，认识世界是生存的关键。我需要接受置身其中的世界，冷静下来开始生存。与禅修、箭术和武术一样，练习这些技艺会使知觉和身体体验进入能够冷静地采取正确行动的状态。不管神经科学的最终结论是什么，有一点似乎是肯定的：莫里的学生绝不会像我在冰川国家公园时那样忽略一大片雨云，走进野外。每个人都会在雨云到来前很久就嗅到、看到、感觉到它。他会自问：对此该如何感觉？如何行动？莫里的训练使他们无须经历失踪和死亡的阶段。他的训练将使他们的意境地图与真实世界保持一致，维持情绪和理性的平衡，让他们耳聪目明。

远离大自然，我已然陷入沉睡。安全、舒适和高效是现代社会的鸦片。但我开始看到有一些能唤醒我的训练。初学特技飞行时，我成天吓得半死。我问父亲他在执行轰炸任务时是如何让自己放松的，我觉得可以将之应用于我当时的冒险中。"不要放松，"他建议说，"要建立信心。"

在林中穿行时，马克·莫里会时不时让我和乔纳斯停下来倾听鸟儿的歌唱。"有情况，"他说着，整个身体像猎狗一样警觉，双眼四处搜寻，"听听它们叫得多欢！鸟儿是森林的雷达。"我想起一次在得克萨斯州和墨西哥交界处的大本德国家公园（Big Bend National Park）野营的经历。我和一名叫安妮塔（Anita）的博物学家爬上奇索斯山（Chisos Mountains）避暑。前一天夜里9点，气温达到108华氏度（约42摄氏度）。我正处于那种容易出事的心理状态：疲劳、脱水，一心想着不顾一切赶到目的地。但一只冠蓝鸦撕心裂肺的叫声吸引了安妮塔的注意。她伸手示意我停下。

我抬头看到一只冠蓝鸦在路边一棵小树上疯狂鸣叫。叫什么？安妮塔指着小路，一条大响尾蛇正横卧在我们前进的路上。如果只有我一个人，我敢肯定自己已经一脚踩上去了。安妮塔适应了环境并警惕地问出：什么情况？那条蛇刚刚吃掉冠蓝鸦的孩子。

在马克·莫里的学校，我最终用弓钻生出火来。我没法自豪，因为这样生火与学骑有边轮的自行车没什么两样。莫里手把手地一步步教我——和蔼、赞扬、鼓励。即便如此，到最后，我的钻轴滑出将随时会熄灭的木炭崩飞了。莫里用一片干树叶细心地把它从草丛里挑出来放在他为我准备的一捆引火柴上（做一捆引火柴本身就是一门艺术，做到尽善尽美可能需要几年）。但是当我用手拢住火星，把它吹着时，它立即爆发出惊人的能量。我感觉就好像是看到了一个婴儿的诞生。

与艺术创作一样，生火也是一项精巧的人类活动。通过生火，我们以一种动物永远不会理解的方式理解了我们的世界。我觉得自己像个魔法师，燃烧的灌木就是见证。

莫里的学校充满了戏剧性事件、激情和意外。它的课程旨在放大意识与生存间的深刻联系，让我们用童心、禅心和初学者的心思考。当他说我们可以不用指南针或地图认路的时候，我和乔纳斯都深表怀疑。我们刚刚离开一所空军风格的生存学校，地图和指南针是那里最重要的知识。但这个课程与我们在林中认路无关，是关于认识人类大脑的。

我们步行穿过没有路的森林，每隔二三十码，莫里会停下来指出些什么，我们会查看并且讨论我们的发现。跟着他进入丛林深处后，他叫我们闭上眼指出回去的路。令人汗颜的是我发现自己做不到。我一直在跟着他走，这绝对是个坏主意。我没有走自己的路，结果迷了路。

莫里叫我们注意最后停下来谈话的地方，从我们站的地方还能看到那里。"记得么？我们谈到了那里的南蛇藤。"我们曾从这种适合做绳索的藤上取下一段，于是我们走回那里。接着他指向另一个地点，他曾在那里向我们演示了美洲原住民追踪者和其他土著民族使用的观察和行走方法，他称之为"鹰眼和狐步"，就是听鸟叫时我所看到的他展现出的全身心戒备状态。他说："它让你处于警觉状态。"我们回到那个地方，然后可以看到那个我们以为发现了鹿蹄印，但其实是一个田鼠洞入口的地方。我们曾蹲在那里讨论过田鼠、鼹鼠和老鼠的区别。

就这样，从一次谈话转到下一次，我们得以一步不差地走上来时的路，而且非常详细地记起我们到过的地方和在每个地方说过的话、做过的事。在一片似乎没有任何特征、处处都一样的森林里，莫里给了我们路标般明确的提示，跟着它们我们就可以轻松地走回家。他发现了一个毫不费力的方法，将一幅可靠的意境地图装进了我们的大脑。

"它被称为'歌之路'，"他说，"这是澳大利亚土著使用的一个古老的认路技巧。"

在澳大利亚，土著有一个"无形小路的迷宫"，布鲁斯·查特文

（Bruce Chatwin）在《歌之版图》（*The Songlines*）中写道："它蜿蜒穿越整个澳大利亚，被欧洲人称作'梦幻小径'或'歌之路'；澳大利亚土著称之为'祖先的足迹'或'大道'。"

"澳大利亚土著创世纪神话里谈到了这些神奇的图腾人物，他们在'黄金时代'①漫步于澳洲大陆，唱出一路遇到的各种事物的名字 —— 鸟、动物、植物、岩石、水塘 —— 就这样唱出了世界。……一首歌……既是一幅地图，也是一个方向指南。只要你知道这首歌，走遍澳洲都不会迷路。"

"如果在走进树林时，你能这样做，"莫里告诉我们，"那么你永远也不会迷路。"

一开始，我对装成鹿、鹰或者狐狸感到不以为然。但几周后我致电莫里时，他还能详细说出我们旅程的每一步。他记得那几棵倒下的树木、一丛虎杖以及风是如何吹动一片槭树叶子的。"倒不是我尝试记住那些，"他说，"那是古老的本能，还留存在我们体内。"这是我第一次听到一个将意境地图与世界匹配的策略。地图和指南针是实现同样目的的人工方法，也很有效。但这种方法……深刻。它是土著的神经科学，用内隐记忆而非外显记忆将地图植入潜意识中。

莫里的学校里的每个孩子都会在丛林中选一个"秘密地点"，每天按要求在自己的秘密地点里待一段时间。"他们一年四季都会这样做，"莫里说，"他们会学习停下来思考、冷静和独处。他们永远不会觉得树林陌生。因此，在失踪或因为其他原因受困时，他们不会感到恐慌。"紧急情况下，人会转而依赖自发行为和内隐学习。这些孩子将会自动采取正确的行动。他们永远也不会迷路。

我怀着对莫里的野外行走方式的无比热情回到家，但我很快认识到

---

① 黄金时代（Dreamtime），在某些澳大利亚土著神话中，这是最早的祖先出世的时期。——译者注

它应该是一生的追求。据他估计，想要掌握这些技巧到能在树林中灵活运用至少需要 5 年，这还只是开始。

另一方面，即使是那些不能投入精力去学习他的课程的人也能从中受益。肯·希尔就说我可以在树林里学着付出不同程度的关注，而不必成为一个狂热爱好者。你可以经过几周的练习学会使用地图和指南针，也可以学着回头看看经过的地方，提高注意力。如果你来到了岔路口，就回头找一个提示点，一个与众不同的事物，并且记住它，也许还可以谈论它。这是被修改过的歌之路。你不必表现完美，有进步就是好的。

第十一章

"我们都他妈会死！"

1982 年 1 月，史蒂文·卡拉汉（Steven Callahan）独自驾驶"独行"号（*Napoleon Solo*）横渡大西洋。他先从里斯本航行到加那利群岛（Canary Islands），再从那里出发。1 月 29 日，他根据海图判断出每年这个时期海上风暴发生的可能性为 2%。他在离开耶罗岛（Hierro）的路上估测自己将在 2 月 24 日到达加勒比海。2 月 4 日，开着一架记录本次航行的摄像机，他一头扎进了肆虐的风暴中。

不过卡拉汉并不为此感到担心，因为他的船设计得非常好，有一个四面玻璃环绕的操舵室可以供他躲在里面操舵。他还有对付风暴的丰富经验。再有两天就是他的生日。午夜前，他吃了点巧克力，检查了一遍船，睡下的时候只穿着短袖。打倒他的不是天气，他所做的一切都无懈可击。事故纯属不幸的意外。

他认为船可能被一头鲸撞到了。不管什么原因，伴随着一声巨响，他被抛下床，然后水直向舱里涌。他还没来得及拿到刀，人就已经在齐腰深的水里了。他只能在一片漆黑中潜水，想割断救生袋的绳索，但没成功。

事实上，他差点就拉不出救生艇了。在灌满水的甲板上，他设法拉出救生艇，把它投进涌动的巨浪里。弃船前，他把刀咬在嘴里。这时他注意到摄像机。"它红色的眼睛在向我眨眼，"他在《漂流》（*Adrift*）一书中写道，"谁在导演这部电影？他的打光不怎么样，但戏剧天才令人瞩目。"即使在整个生命支持系统被连锅端的时候，他还能置身事外，装作一个潇洒的海盗。这是令人钦佩的冷静。

生存者必须在事故发生那一刻就控制住形势。彼得·莱沙克谈到"标准灭火规程十条 ①：保持警觉、保持冷静、清晰思考、果断行动"。根据这个指南，处理紧急情况的最佳工具有敏锐的感觉（收集信息）、清醒的头脑（分析信息）、果敢的行动，再加上点幽默（控制强烈情绪）。史蒂文·卡拉汉全都做到了。

可与之对比的是仅仅 3 个月前双桅纵帆船"垃圾工"号（*Trashman*）在大西洋另一面沉没时戴比·基利（Debbie Kiley）的经历。遇上飓风时，她和几名船员正在执行一次常规的游艇交船航程。大副马克·亚当斯（Mark Adams）大声喊着："我们都他妈会死！我们都他妈要死了！"恐慌中，在把救生艇系在"垃圾工"号前时，他没给它充上气，狂风当即把它吹上天。基利在她的《怒海》[*Untamed Seas*，与梅格·努南（Meg Noonan）合著] 一书中写道："它飘过帆缆，掠过浪尖，消失了。"一点都不冷静。

约翰·利希的说法是："人的全部外在被夺走后，就需要一个灵魂来支撑他……如果他的内心完全能够支撑他，那么外部环境并不重要。"亚当斯没有灵魂。卡拉汉有。

求生早在事故前就已经开始。"独行"号没有当场沉没，而是漂浮了一会儿。这是卡拉汉细致准备的结果：卡拉汉是船舶设计师，他亲手建造了这艘 21 英尺的游艇并设计了几个防止或推迟沉没的水密隔舱。他把救生艇系在"独行"号上，观察事态发展。按美国海岸警卫队要求，他的游艇上原本配备了四人救生艇。有一次，他和两个朋友一起爬进了救生艇，并意识到，试图在这样一个小空间里在海上漂游会有多糟糕，因此他给"独行"号装备了一艘六人救生艇。救生艇当然备有求生必需品，

---

① 标准灭火规程十条（Standard Fire Order #10），分为 4 个部分。——译者注

而且他还准备了更多。可惜他没能解下他准备的那只装得满满的巨大求生袋。现在，就在他一边等待一边考虑下一步行动的时候，他抬头看到了月亮，突然发现他的感觉变得非常敏锐，这是求生的早期迹象。他的知觉没有因为恐惧而变得狭隘，反而变得更开阔了。这种现象已为实验所证实。勒杜指出，某些人在害怕时，"杏仁核会被激活，与中性情绪刺激相比，（这）将会导致工作记忆接收到更多数量和种类的输入。"

不过卡拉汉正在打一场争夺控制权的战役，而战局远未明朗。冷静的文化偶像通常不会说出故事的另一面。冷静的人并不是无所畏惧，相反他们畏惧很多。但是按汤姆·沃尔夫转述的圣－埃克苏佩里的话，他们"害怕的是恐慌"。这就是卡拉汉在 1986 年的畅销书《漂流》里对最初那几分钟的描述：

> 无数对话和争论在我脑子里闪过，似乎有一群人在我脑壳里喋喋不休。一些人在开玩笑，在摄像机匆匆拍下的永远没人看到的图像里寻找喜剧场面。还有些人在鼓吹恐惧……我得小心。我拼命压制没来由的恐慌：我不希望来自涌动的肾上腺素的力量引发混乱徒劳的行动。我努力压制住冲动，不让自己陷入紧张的歇斯底里：我还不想在恐惧中呆坐着等死。集中注意力，我告诉自己。集中注意力，开始行动。

将恐惧转变为专注是求生的第一步。但卡拉汉体验到的种种情绪同时也是落难者的常见反应。世贸中心被撞时，附近一艘消防艇上的消防队员山姆·梅利西（Sam Melisi）说他"奇怪地同时感觉到了各种可能的情绪"。圣－埃克苏佩里说，在危急关头，你让自己遵从的那个唯一的想法将决定你下一步的正确行动。在描述他对有致命危险的消防职业的激情时，莱沙克写道："恐惧带给你的可怕而美妙的时刻是如此真实，你根本死不了。"

根据一些心理学家的说法，至少 75% 的人在灾害发生时处于目瞪口呆或茫然失措的状态。他们没法思考，也没法采取正确行动。还有些人坚持人们很少恐慌，而是冷静地拒绝现实，就像世贸中心事件发生时那样。美国原子弹轰炸广岛和长崎时，日本人也在幸存者中观察到了同样现象。他们称之为"ぶらぶら"，意为"无所事事病"。世贸中心大楼倒塌之后，我在不断返回大楼的人中也发现了这种情况。

但卡拉汉已经构思好了行动计划。他知道，只要船还没沉，他就该靠在船边。他知道自己不在轮船航线上，所以被过往船只搭救的机会十分渺茫。他的下一步是极其谨慎地采取大胆行动，而这只是生存必需的众多微妙的平衡行动之一。因此他潜回淹没在水下的船舱找到救生袋，带回救生艇上。到最终放弃"独行"号时，考虑到当时的形势，他算得上装备精良了。他刚刚冒着生命危险救了自己的命，这是每个机体必须做的工作。没有冒险，就没有回报；没有冒险，就没有生命。

一直以来，卡拉汉都在分析自己的处境并努力控制情绪与他为伍，而非为敌。他知道水流会带着他向西而非向东，第一块陆地将会出现在1,800英里外的加勒比海地区。他也知道总想着漂不到那里会引发危险的情绪反应，因此他的计划只到第二天早上。不去想漂1,800英里几乎必然会导致的死亡可以避免陷入绝望和恐慌，于是他给自己设定了切实可行的小目标。行动是人之天性，成功更是关键。他给了自己可以做的事情，也给了自己成功的机会，这两者在求生时都不可或缺。

卡拉汉又一次找到了幽默感，他责备自己："就像亨弗莱·鲍嘉（Humphrey Bogart）所言，啊，现在只能靠你自己了，孩子。"他会想到好莱坞电影并不是巧合，因为它们提供了冷静的文化象征，如马龙·白兰度（Marlon Brando）、詹姆斯·迪恩（James Dean）、鲍嘉和达希尔·哈米特（Dashiell Hammett）笔下的无名侦探等。根据克劳迪娅·罗斯·皮尔庞特（Claudia Roth Pierpont）为《纽约客》杂志撰写的文章，这位无名侦探相信"在工作期间，情绪是麻烦事，而他的时间全是工作时间"。每个群体都有自己的生存仪式，我们的就来自好莱坞电影和通俗小说。英雄处变不惊，恶人为情绪左右。所以恶人死了。

幽默感"不是奢侈品"，利奇写道，"它是求生必不可少的工具。"散兵坑幽默在士兵中广为人知，而且不论何时，从漂流海上到离婚或爱人去世，它都是生存的基本成分。

但情绪里也蕴藏着能量。窍门在于将能量注入求生活动中。"将恐惧变成养分，"卡拉汉写道，"为行动注入能量。"恐惧使他在黑暗中潜入淹没在水下的船舱，也使他安全地游出船舱。

卡拉汉得以幸存的另一个因素是他自己的充分准备。除了大量实践和海上经历外，他还阅读了大量材料，甚至带上了杜格尔·罗伯逊的《怒海余生》（*Survive the Savage Sea*）一书。这本书讲述了罗伯逊一家在帆船被鲸撞沉后，在海上漂流了 38 天的经历。他读过莫里斯·贝利（Maurice Bailey）和玛丽莲·贝利（Maralyn Bailey）夫妇的《海上漂流117 天》（*117 Days Adrift*），书中描写了他们是如何在海上生存那么长时间的。卡拉汉知道，罕有海难幸存者能活过一个月；但很显然，他还知道那是有可能的。他知道每个求生者都须牢记：**一切皆有可能**。

卡拉汉开始坚定决心。"我需要尽最大的努力，"他告诉自己，"最大的。我不能逃避或拖延，不能放弃……我愚弄过别人，但自然不是那样的傻瓜。"他采取了对生存至关重要的谦虚态度。海豹突击队的一位海军中校告诉心理学家阿尔·西伯特："兰博 [①] 那种人是死得最快的。"斯科特在南极洲探险期间观察到同样情况。此概念古已有之。《道德经》说道：

> 勇于敢则杀，勇于不敢则活。

至此，卡拉汉的求生表现堪称教科书般完美。他强化个性、坚定决心，他也再一次地将美国生存神话，乃至所有的生存神话里的经验应用于实践。他用这些形象拼成一个可能的未来，并使之像过去一样真实。

乘救生艇在海上漂流时，不到 24 小时内，你的皮肤就会因为海水浸

[①] 兰博（Rambo），西尔维斯特·史泰龙（Sylvester Stallone）在《第一滴血》（*First Blood*）系列影片中扮演的一名勇猛好斗的退伍军人。——译者注

泡到处疼痛。卡拉汉疼得没法入睡。尽管如此，当他设法补好救生艇底部的一个小洞时，他感受到了胜利的喜悦。为一点成就而高兴和为初步胜利而庆祝是生存者的另一个标志。精神振作起来后，他说："尽管只是暂时，好歹摆脱了死亡。"

虽然只过了一天，卡拉汉已经完全从遇难者转变为生存者。对一个从事消遣活动的人来说，这么快就不着痕迹地、无缝衔接地做到这一点实属难得。能够做到的通常是训练有素的专业人士——战斗机飞行员、登山高手或消防队员。

比较一下卡拉汉与另一个海员塔米·奥尔德姆·阿什克拉夫特（Tami Oldham Ashcraft）的反应。她的船在飓风中失去了桅杆，虽然没沉，但形势无疑是严峻的。必须被提到的是，她的未婚夫被风暴吹到海里淹死了。现在，船上没了动力和电台，她没法指望救援。但她有食品、淡水、船具，并且支起了一张帆来推动船，用六分仪观察天体（卡拉汉只能用铅笔自己做一个）。阿什克拉夫特设法航行到看见陆地，但它又短暂地离开了她的视线。"我一下瘫倒在连柜座位上，"她后来在《国家地理探险》杂志中说，"'这是地狱，我在地狱里……'我绝望地冲下升降梯，从柜子里抓出步枪和一盒子弹。我给枪填上子弹，靠在导航台上，想把枪口塞进嘴里。"

2001年9月11日，飞机撞上世贸中心北楼时，在那里工作的工程师帕斯奎尔·布泽利（Pasquale Buzzelli）正在一架电梯里。他在44层出了电梯，在一片混乱中，他冒着浓烟钻进另一部电梯来到他位于64层的办公室。他固执地否认灾难，这种情绪状态会产生深远的影响。这层楼的每个人都在冷静地等待保安告诉他们怎么做。他则在给怀孕的妻子打电话安慰她一切正常，尽管她从电视里看到了客机撞上丈夫工作的大楼。

布泽利和同事们持续处于梦游般的状态无所作为，一直到南楼倒塌。即使如此，布泽利也没想到要离开。最终说服他的是不断变浓的烟雾。他开始随众人走下楼梯，大楼倒塌时，布泽利正在21层和22层间。他一直都有意识，祈祷着不要死得太痛苦。他清楚地记得摔下去的情景，记得地板一层压一层落下时有节奏的轰隆声，记得自由落体式的下降。最后，他昏迷过去，3个小时后才恢复意识。

醒来时，布泽利在露天的外面，但被困在一堆废墟顶上没法下来，附近正在着火。当消防队员终于看到他时，却发现无法靠近。他们需要先找来设备才能救他下来。消防队员离开后，布泽利因为可能被火烧死而恐慌，即使他根本没有看到火焰。于是他决定自杀。他拾起一块尖利的碎片正准备割腕时，火自己熄灭了。消防队员回来的时候，布泽利改变了主意。

塔米·阿什克拉夫特也没有开枪自尽。她和布泽利都得救了，但他们的态度不是生存者看世界的方式。说来也怪，非生存者并非都会死去，而真正的生存者有时会发现自己身处无法克服的客观危险中，正如世贸中心的许多遇难者。

虽然发生的事故和所处的形势相似，但戴比·基利和卡拉汉的经历在行为和结果两方面形成了鲜明对比。这里不是要批评基利，她是个勇敢而且优秀的海员。这纯属为分析而做的对比。考虑到拥有的人员和供给，她面临的客观危险是压倒性的。

"垃圾工"号船长约翰·利普特（John Lippoth）和大副马克·亚当斯都是酒鬼。另外，马克常常做出非常奇怪的举动，像是大叫大嚷、在酒吧拉下女人的衬裤。他还有暴力倾向。另一名船员布拉德·卡瓦纳（Brad Cavanagh）是个能干的海员，也不喝酒。梅格·穆尼（Meg Mooney）是利普特的女友，并且从未在大洋上航行过。基利是一名职业帆船船员，实际上，她是第一个参加怀特布莱德环球帆船赛的女性。

"垃圾工"号本航次的目的是一次简单的帆船交船航行，从缅因州巴港到佛罗里达州劳德代尔堡。这对一艘58英尺的双桅纵帆船来说是很常规的行程。虽然基利觉得自己不该跟这个乱七八糟的机组一起航行，但她还是被利普特说动了。

但出海后，她立即意识到这是个大错误。利普特和马克·亚当斯成天喝得醉醺醺的；梅格一无是处；她和卡瓦纳承担了所有工作，连睡觉的时间都没有。然后他们遇上了飓风。难得的几次不用掌舵的休息时间之后，基利走上甲板看到喝得烂醉的马克的"对着大风（55节）嚎叫"。海面是"30～35英尺高的液体花岗岩墙"。基利和卡瓦纳接替操作，留利普特和亚当斯在下面喝酒。累得难以为继时，两人要求利普特和亚当斯接班。基利必须睡觉了。午后不久她被叫醒，并被告知船要沉了。

亚当斯弄丢救生艇后，他们只剩下一条11英尺的Zodiac牌救生艇，一艘没有补给的充气式小汽艇。就在他们费力地将这条半硬式小艇放下水时，梅格被一个大浪冲到"垃圾工"号索具上，受了重伤。

就在船员游离渐渐沉没的帆船时，在亚当斯歇斯底里的大呼小叫中，救生艇翻了个底朝天，5人只能紧紧攀附在船外沿的一圈绳子上。不到两分钟，"垃圾工"号的桅杆就消失在波涛中。最初的几分钟里，基利一直在与恐慌做斗争并经历了从否认到极端敏锐的感官输入的快速转变。

"我真的在这里？"她自问，"我能闻到橡胶的味道，嘴里也有盐的味道。我敏锐地感觉到海水的温暖。"她拼命想控制自己，却发现体内涌动的化学物质反控了她。她立即开始为生存做准备，其他人则正盲目地从歇斯底里转到震惊。她的形势比卡拉汉更艰难，她不仅要面对大海和自己，还要面对其他船员。考虑到她的反应方式，如果只有她自己或只有她和卡瓦纳，也许她能做得更好。

风和浪不断将他们的手从救生艇的绳索上扯开，当他们设法将船扶正时，大风却又把船吹翻并把所有人都抛开。大自然喜欢将粗心大意的人剥得精光。梅格的衣服被冲走，连内裤都没了，只剩下衬衫。一次，基利帮梅格爬进小艇时才注意到这个年轻女人的伤有多重，她的大腿被帆缆深深地割伤了。最终，基利让所有人躲在倒扣的小艇下，那里至少能避开风，从而安然地度过了风暴。

夜幕降临，基利努力想挤出点有用的想法，但她与情绪反应的搏斗不太顺利。她在生活中还没遇到这样的事件，因此没有充足的准备。比赛时，与她搭档的是一支能干的、装备精良的专业队伍，如果有事发生，她也可以依赖他们。现在，她在海上随波逐流，没有食物，没有水，没有衣服，没有信号装置，除了身上所穿，一无所有。

第一夜，基利最接近生存思维时是当一条船驶过他们附近的时候。其他人正为此欢呼雀跃，"我们所处形势的现实又回到眼前。"基利后来写道。她知道他们被发现的机会很小，即使是海岸警卫队，也很难在夜里发现他们。她明白他们只能靠自己。她在分析思考、估计形势，并接受现实。她能够面对她将不得不为自己的生存负责这一现实。

有一刻，马克抱怨说基利在踢他。基利知道自己没踢他，于是潜到水下看看他碰到了什么。"恐惧的冰冷利剑贯穿了我。我不敢相信自己的眼睛……鲨鱼。到处都是鲨鱼。"在一条倒扣的船下拖着那么多腿，还有梅格一路流的血，再没什么比这些更能吸引鲨鱼了。很快，他们扶正了小艇，全部爬上船。但是现在，暴露在风中使他们又处于失温的危险中。

之后，鲨鱼一直骚扰他们到第二天。有一次，他们因为害怕鲨鱼袭击全都挪到小艇一侧，差点把船弄翻。小艇上没有纪律，没有领导，没有计划，只有不断的尖叫和争斗。情绪是填了火药、拉开了引线的加农炮。基利也未能幸免，但她努力控制自己的想法和情绪。一开始，这很难做到，但至少她在努力挣扎。没了挣扎，人就完了。正如詹姆斯·斯托克代尔推崇的"熟悉痛苦的课程"，和马克·莫里观察发现的没受过欺负的孩子在生存学校的表现不及其他孩子，无须与生活做斗争的人处于危险之中时也是这样。

其他船员疯了似的一时歇斯底里，一时晕眩，一时沮丧，一时愤怒，一时毫无理性地互相争吵，基利则努力建立内心的信念。"我闭上眼，努力避开他们的死人面孔，避开鲨鱼，避开一切。"她在寻找内心的平衡。

平衡就在那里，其证据就是灾难发生后，她的思想状态和卡拉汉在"独行"号沉没后最初几分钟的心态类似。"我的思维似乎被困在一阵机枪速射里，"基利说，"想法像狙击手的子弹一般飞速移动。控制住，我告诉自己。我必须控制住自己。"她能做到的，但那需要努力和时间。即使如此，就好像是被遗忘在很久之前的学校教育所驱使一样，她几乎立即开始做一些正确的事情。优雅和自信的状态不可或缺，她在朝着这个状态奋斗，她开始祈祷以集中注意力。研究生存的心理学家早就发现，即使不信神，成功的生存者也会祈祷。

基利试图组织船员往小艇里舀些温暖的海水来保护他们免遭寒风侵袭，但她的努力毫无回报。当马克·亚当斯以为自己看到了他们丢失的救生艇时，人人都不惜浪费宝贵的能量开始疯狂地用手划水。

最终，基利突发奇想，觉得他们可以把海藻盖在身上保暖。创造性地运用手边材料的做法是生存思维的一个特征。这个想法不错，实际上也很有效，但马克最初的反应却是："我不想把那黏糊糊的垃圾盖在身上。"你常常可以在很早的时候就看出谁会成功，谁会失败。如果基利的故事是一部好莱坞电影，那么现在，所有观众都知道马克会死掉。

此时，布拉德·卡瓦纳一个人坐在船头，对着天空大喊："操你的上帝，操你个混蛋！"走进自己的内心是求生的开始，他正与此背道而驰。爱比克泰德写道："要么控制自己的内心，要么控制外界；要么将技艺用于内心，要么用于外界事物。按句话说，哲学家或普通人，你必须保持其中一种状态。"他还写道："哲学家的条件和特征如下：他认为一切善恶都来自他自己。"他不推诿，也不依赖别人。他对自己负责。这个伟大的斯多葛派思想家写的是一本生存手册。他想表达的是：如果你想成为生存者，就要先成为哲学家。

卡瓦纳将自己的困境归咎于自身以外的因素。他没有寻找内在的安慰和坚强、机会和力量。毫不夸张地说，所有5名船员都在等死。他们正一步步经历屈布勒 - 罗斯提出的五个阶段：否认、愤怒、讨价还价、沮丧、接受。虽然将他们的行为与卡拉汉（他不是在等死，而是在求生）的行为进行对比是有教育意义的，但其实他们做什么并不重要。因为准备不足，他们没有淡水。如果没有救援，他们必死无疑。

这种情况并不罕见。相反，按约翰·利奇的说法："人们会直接忽视某个特定灾难会落到他们头上的可能性。"有些人潜意识里相信"为灾难做准备无异于引发灾难。'想都别想它'—— 因为害怕灾难会成为现实。"

　　基利继续断断续续试图抓住她的内在求生本能，但她也在不断被拉向可导致死亡的想法和举动。她进入了讨价还价阶段，告诉上帝："如果你帮我渡过这个难关，我会努力做得更好。"许多遇难者都死在等待上帝帮助的过程中，他们没有认识到，不管信不信上帝，你都必须自救。

　　不过她还在尽最大努力，尽量像生存者那样思考。当她发现被他们盖在身上的海藻里生活着大量小生物时，"我惊讶于它支持的生命……一个完整的世界，自给自足，自成一体。"向所处的世界敞开胸怀、能够对它的辉煌感到惊奇是接受和适应现实的开始。从此刻开始置身其中。这是将自己与世界联系起来，是在说：我来前，世界就是现在这样；我走后，它依然会是如此。感受惊奇就是了解真相：世界不会适应我，我必须适应它。谦虚感是真正的生存者面对灾难时的正确反应。一次生死存亡局面就是一次罗夏墨迹测试。它能很快判断出你是什么样的人。

　　戴比·基利意识到的是："我似乎正在失去对思维的控制，这让我感到恐慌。"她打从心眼儿里明白自己需要争得优势，占据前脑高地。

　　与此同时，马克·亚当斯还在大呼小叫。"没人告诉他们我们在这里！"他根本不知道，谁可能会告诉"他们"或"他们"是谁。他没有根据形势做出计划，因为他不了解自己的世界，也没有为自己负责。他希望世界能适应他、关照他。同一时刻，约翰·利普特已经不省人事，重伤的梅格奄奄一息。

　　夜幕再次降临，基利任由思绪将她带到另一个世界，这是求生者寻求的避难所，一个有助于他们重整旗鼓和获得能量的地方：长期记忆。"修剪一新的绿茵场上正在进行着一场球赛，孩子们在后院荡秋千，狗在叫，汽车开上车道。"她这样回忆。求生挣扎会很快耗尽你的资源。平衡情绪和理性有时就像站在一只大球上，需要触觉、时机以及重量和能量的不断转移。这一现象可能还与对杏仁核的刺激有关。《思维剖析》（*An Anatomy of Thought*）一书的作者伊恩·格林（Ian Glynn）写道："患者再现了过去的经历……这种幻觉也许由杏仁核的刺激引发。"在幸存者中，幻觉很常见。退而寻求记忆、想象或心理游戏可以带来放松和休息。

当所有正常线索都被剥夺时，大脑还可以思考一些熟悉的事情，这也是有益的。在大脑绝望地要将你带回现实世界时，这些记忆可以让你回忆起机体能够承受的友好环境。适应严峻世界的挣扎可能使人疲倦，而对无害环境的记忆则能提供必要的逃避。

被称为"蝴蝶"（Papillon）的法国作家兼罪犯亨利·查理尔（Henri Charrière）曾被判终身监禁，并被流放到恶名昭著的魔鬼岛（Devil's Island）[①]。他写道："真正筋疲力尽时，我就伸开四肢仰面躺下，将毛毯包在头上……多么令人难以置信！我度过了一个又一个有爱的夜晚，甚至比真实的爱意还强烈。我可以和已经去世17年的妈妈促膝并坐……真真切切，绝非想象。"他逃出了魔鬼岛，先在脑子里，最后是在现实中。

但是如果没经过求生训练，没有求生知识，没有在背后支撑的东西，戴比·基利无法把握发生在她身上的一切。不过她的状态依然比别人好，例如，她同情梅格。她知道梅格必死无疑并且"不知道她此时是否在想家"。同情是生存者的重要特征。基利想帮助梅格的愿望也许会让她感觉自己不那么像个受害者，也许至少赋予了她某种个人能力的感觉。

开始单人航行时，史蒂文·卡拉汉就知道他只能自己照顾自己；但基利的队伍中没有事先确定谁该负起领导责任，这个人显然不是利普特船长。例行事务、规则、应急程序全都听天由命。现在，他们却全都寄希望于某个自身之外的神秘力量能从天而降，将他们救出这场噩梦。难以适应正一步步带他们走向死亡。

一段时间后，布拉德·卡瓦纳开始努力让自己从自己的情绪和这群人中脱离出来。他一直没出声，坐在上风侧船舷防止船被吹翻。"布拉德坐在救生艇一侧，板着脸，一言不发。他有自己的任务，维持救生艇的平衡。"他正在摆脱这令人窒息的群体氛围并强化自己的内心，防止自己像他们一样坠入疯狂。重要的是，通过给自己安排工作、目标、任务，

---

① 亨利·查理尔所著小说《魔鬼岛》（Devil's Island）中提到的岛屿，位于法属圭亚那，四周被大海包围。——译者注

他做到了这一点。

情况很糟糕。他们感到疼痛、疲惫、口干舌燥，并且没有淡水。两天过后，他们所承受的疼痛程度变得几乎令人难以想象，其中一些人离死亡只剩不到 24 小时的距离。现在，他们中越来越频繁地有人说："受不了了。"而一个生存者绝不会对自己说这样的话。

"二战"期间，英国军官克里斯托弗·伯尼曾独自被关在布痕瓦尔德及其他德国战俘营里好几年。一开始，他告诉自己圣诞节就能出去了。圣诞节后，他指望自己能在复活节时获释。但接下来，复活节也过去了，夏季到来时，"过往在我心中的急躁消失了，"他在《单独监禁》(*Solitary Confinement*) 一书中写道，"在夏日里，看到这样毫无保留地带着其隐含的悲观思想的允诺，现在变得必要起来……我可以耐心地再等三个月。"这就是生存者的思考方式。我记得在 20 世纪 80 年代初采访戒备森严的重刑监狱时，一名犯人曾告诉我："我可以把一枚硬币立在头上。"当我问他是如何做到时，他说："你得静下心来。"这就是生存思维。

以色列青年约西·金斯贝格 (Yossi Ghinsberg) 在玻利维亚丛林中乘筏漂流时先是被卷入急流中，又在旅行的第三周跌入流沙坑里。挣扎着爬出来后，他躺在地上大口喘气并告诉自己："我将忍受所有折磨，但绝不放弃。"完美的生存者难得一见，史蒂文·卡拉汉也许算一个。不过也有许多一开始晕头转向的人能在之后摆正心态，活下来。

随着形势的愈发恶化，随着梅格的死亡变得更加明显，基利发现控制自己变得愈加困难。她将不会放弃，这一点最终表明了她的生存者特征。有一刻，她在船头附近把一块橡胶布盖在头上来"将自己与他们隔开……以保持头脑清醒。他们正把我拖下水，往我的脑中猛灌悲观思想"。她试图与仅有的还没发疯的船员布拉德·卡瓦纳合作。

"布拉德，"她说，"我需要你。"

他把头钻到她的帘子下，两人约好，一个人睡觉时，另一个守着。做法很简单，但它首次明确了某种程度的控制，并区分出了生存者和遇难者。这一行为给了他们一个简单工作，一个短期目标，一个打算和对自己以外某个人的承诺；也让他们硬起心肠放弃其他三名船员，去做……**反正就是一切必须做的事**。现在，他们的同情可以直接给予对方，而不是其他人。像免疫系统一样，它定义了自己人和外人。并且，通过相互负责，两人都不必再觉得自己是受害者。

多年后，我问基利她和布拉德·卡瓦纳是如何活下来的，她告诉我："是我让布拉德上了那条船，所以我觉得让他活下来是我的责任。我想他也是这样想的。我和布拉德约定：我睡觉时，你醒着；你睡觉时，我醒着。"

就这样，基利终于开始加强自己已有的力量，检查手头资源，了解并适应世界。她想起高中英语老师皮特曼（Pitman）先生，他曾把学生带到野外旅行并谈及求生。"我已经多年没想起他了。"也许她的教育背景中有可利用的资源。"没人会来救你，"她告诉自己，"我得面对现实。我们都得这样。我们只能靠自己。"

此时亚当斯已经完全丧失了理智。看到基利脚上的伤口，他就想把她的脚趾拧下来，他说："它已经严重感染了，反正也是要掉下来的。"基利没理他。"我移开目光。他们的视线让我感到恶心。"有时候，要想生存你就必须将冷静变成冷漠。斯托克代尔写道："在艰难形势下，受到拥戴的不是心慈手软的领导人，而是铁心肠的务实领导。"生存意味着接受现实，而接受现实需要铁石心肠。但这是一种奇特的冷漠，因为它的内里是同情心。

生存者会发现与世界的深刻精神联系。通常来说，他们有一个将自己与世界联系起来的法宝，这是某种从内心通往外部现实的生命线。戴比·基利从自己关于一名老海员的记忆里发现了自己精神的那一面和连接法宝，这名老海员曾告诉过她："身上携带黑珍珠的水手可以在海上出事的时候用它与海神波塞冬做交换，换取自己的性命。"之后，她买了一对黑珍珠耳环，一直戴着。"这时我伸手摸到耳环，抚摸着珍珠。"她取下耳环，扔进海里。布拉德问她在做什么，她说："没什么。"她也认识到自己需要隐私：为自己保有一些只有自己知道的事情并维持这一点能强化你的个性，即神圣的自我。奥威尔的小说《1984》有一部分就是关于温斯顿·史密斯是如何逐渐失去神圣自我的。在群体生存中，我们都需要隐私。免疫系统本身会分辨自我与非我，情绪也是如此。隐私是生命的基本要素。生命本身可以被视为起源于一种自组织力量，它收集、储存、管理材料，并避免其成为身外世界的一部分，尽管它与世界有着微妙的互动，在世上占得一席之地，并与世界进行物质交换。隐私是生命，共享也是。设置界线又不完全与世隔绝，这是另一种平衡之举。当大自然试图收回生命材料，将你变成一堆原料供它永不止步的修补之用时，你必须坚持自我和独属于自己的东西，即使你对某人许有承诺。也许这就是法宝的含义：这是我，这是我的东西。约西·金斯贝格守着叔叔给他的一小本书，史蒂文·卡拉汉守着他的童子军小刀，而基利则是守着她的黑珍珠并将它献给海神波塞冬。她和大海达成了一项协议。

虽然基利开始找到内心的平静，但她顶多只能算不牢靠地抓住了它，有时候，她还会问出一两个致命的问题："为什么是这样？为什么是现在？为什么是我？"感激、谦虚、好奇、想象、冷漠、理性的决定都是生存者的思维工具。

第三天上午，布拉德突然叫醒沉睡的基利。他们看着约翰和马克伏在船边喝海水。"听到他们喝水的声音，我难过极了，"基利写道，"他们投降了，失去了控制。我知道，喝海水是个可怕的错误。"

虽然别人放弃了挣扎，基利却似乎变得更坚强了。她开始体验至关重要的人格分裂——生存者特有的希望和绝望间的矛盾。"也许海岸警卫队终于要来了，"她自问自答，"别傻了，戴比……他们不会来的；只有我们……我想，我会照顾自己的。我只有自己。我不会垮。"

午后，就在利普特、梅格和亚当斯不断抱怨、争吵的时候，亚当斯突然开始在船底的海藻里翻找。"该死的香烟哪儿去了？"他问。基利告诉他没有烟，他火了："我刚去了 7—11^①买的啤酒和香烟，我要知道是谁拿走了。"与此同时，利普特开始故意踢已经伤痛难忍的梅格。亚当斯还在不停地寻找，利普特则开始剥充气管上的一块补丁。他们的小艇就靠充气管浮在水面上。"我的腿都吓软了，"基利写道，"我知道，下一秒空气就会从救生艇里嘶嘶漏出来。"幸好他剥下的那块补丁无关紧要。但是显然，利普特和亚当斯已经神志不清了。"他根本不知道自己做了些什么。他两眼发直，目光呆滞。"很快，利普特和亚当斯说起让卡瓦纳和基利感到莫名其妙的话来。利普特问亚当斯想不想抽根烟，接着又说："当然……我有三明治，你要不要来一块？"

纳撒尼尔·菲尔布里克（Nathaniel Philbrick）的《海洋深处》（*In the Heart of the Sea*）一书中描写了捕鲸船"埃塞克斯"号（*Essex*）的历史，梅尔维尔的《白鲸》就基于这个故事。按书中所说："那些在海上漂流多日，肉体和精神都备受折磨的人陷入所谓'类集体虚构症'的情况并不鲜见，幸存者们存在于一个共同的幻想世界中。这些幻觉也许包括家里的一切令人安心的场面。"

利普特那含有过量钠的大脑让他以为自己正处于一个完全不同的环境中。失去与所处世界的联系的结果就是死亡。他的大脑虚弱的、时断时续的回路迫不及待地抓住一切近在眼前的记忆。现在，他又回到了"垃圾工"号上，而船正停靠在码头。这个场景十分生动，几乎掩盖了他的感官提供的证据。利普特活在这个想象中的世界里。他开始说要去开车好让卸货。"你们几个把船靠岸，我去开车。"他爬过船舷，滑进海里。"我一会儿就回来。"他一本正经地说。他抓着船舷挂在那里，而太阳正在落山。"我忍不下去了，"他说，"我去把车开来。"

说完他就游开了。卡瓦纳和基利惊恐地看着这使人不敢相信的一幕。他们简短地商量了一下是否要设法救他回来，但天已经黑了，而且他们知道海里到处都是鲨鱼。他们眼睁睁看着他游过涌浪，听到他被鲨鱼活

---

① 7—11（7-Eleven），一家国际连锁便利店的名称。——译者注

活吃掉时发出的"一阵可怕的、令人心悸的尖叫"。

雷马克在《西线无战事》里描写了一个极为类似的事件。那是一个年轻士兵对战斗的反应:

> 我已经观察他好久了,看到他不停地磨着牙,手不停地一握一放,还有像走投无路的猎物一样突出的眼睛,我们太了解了……他像棵腐烂的树一样倒下了。
>
> 这时他站起来,蹑手蹑脚地走过去,犹豫一下,接着溜向门口。我拦住他,问:"你要去哪里?"
>
> "我一会儿就回来。"他说着,试图从我身边挤过去。

看上去没什么不同寻常的,除了他们是在一个掩体里,门外"猛烈的轰炸一直延伸到炮兵阵地"。

在基利惊恐不安的那一夜半夜,亚当斯爬到梅格身上。她已经奄奄一息,浑身疼痛,伤口严重感染。"嗨,女士,"他说,"做爱的时间到了。"她哭了起来,亚当斯大喊:"操,操。我受够了这游戏了。我要回7—11买香烟去。"说完他也从船边溜下水。很快,他们就真真切切地感觉到鲨鱼在小艇下撕咬亚当斯。"船头翘起来,又落下。"基利说,"小艇打着转。我吓得动弹不得。"

多年后,基利告诉我:"那是我生平唯一一次觉得自己在快要丧失理智的细钢丝上行走。马克就在这里,就在船下,而鲨鱼正在吃他,梅格快要死了。那是在半夜,第一个有星星的夜晚。真令人毛骨悚然。"注意到美丽的星空是意志力的另一重要标志。因为虽然基利也走在钢丝上,但却没有像利普特和亚当斯那样滑倒。相反,她继续努力加强内心的力量,努力适应、挣扎求生。对所有求生者都关键的时刻是相信自己会活下去时。这一时刻通常在他们从精神上体验到世界的美丽时到来。"我在海上漂流,周围人一个个死去,"基利告诉我,"我知道我不会死,只需要想想如何活下去。"

她凝视星空，专心祈祷。"仰望星空，"她告诉自己，"看看它有多美。"

再一次地，她体验了幸存者克服恐惧所必需的冷酷。"我知道梅格快要死了。而上帝宽恕了我，这让我放心了。她是最后一个薄弱环节。一旦梅格死了，这里就只有布拉德和我了。我们会从头开始，可以把心思全部放在求生上。那一刻，我不可思议地确信我不会死。"挫败恐惧，发现美，然后充满信心：每一个幸存者都会描绘同样的经历。在死亡阶段中，最后一步是接受。而在求生中，最后一步是完全的投入。

我采访过的每个幸存者都说到一个顿悟的时刻，那一刻，他突然开始确信自己不会死。美联航175班机撞上世贸中心南楼时，玛丽·若斯（Mary Jos）正在78层，飞机翼尖划过这个半空中的大厅，与她一起站着等电梯的人几乎死光了。她烧伤了，还流着血，昏迷了一阵。苏醒时，她看到了周围的废墟和火海，她想到丈夫并告诉自己："我不会死。"最后她逃了出来。

虽然花了3天，但基利成功地完成了从受害者向求生者的转变。她和卡瓦纳轮流睡觉。她感觉到救援者的冷静和控制力。"我会这样坐在那里看着他，确保他不会掉到水里淹死，直到他醒来。"现在，他们走上了求生之旅。矛盾的是，他们不需要被拯救。当然，他们的躯体总有一天会死去，如果没有得救，这个过程也许会很快。但他们与这个世界达成了协议。

有个古老的禅理故事，讲到一个渴望成为剑术大师的年轻人。他找到剑道大师求教，但大师却让他在花园里干活。大师每每趁学生不注意偷偷走到他的身后用棍子打他。学生烦恼不已，如是过了几个月，几年。不管学生在做什么，似乎都察觉不到大师何时来到身后，因此身上总是青一块紫一块的。直到有一天，学生一如既往地在花园松土锄草，大师又偷偷走到学生身后，挥棒就打。学生躲开了，师父没打着。学生欣喜若狂，又跳又叫："现在该教我剑道了吧？"

"现在，你不需要剑道了。"大师说。

第一次听到这个故事时，我差点哭了，因为它像极了我和父亲的故事。

梅格·穆尼最后终于死了。他们脱下她的衬衫加在自己身上，取下她的首饰留着还给她的家人，然后把她推下了水。这个美丽的年轻女郎，这个几天前还戴着太阳镜，穿着比基尼，风情万种、生气勃勃的女人，现在一动不动地趴在水面上直到漂出视野，将她从大自然那里借来的原料还给了银色的大海。

等到他们又见到另一艘船时，基利已经完全接受了她的新世界。卡瓦纳想试着发信号，但她告诉他："别浪费能量。他们看不到我们。"

在海上漂了三个半月后的莫里斯·贝利和玛丽莲·贝利也有着与之惊人类似的反应。他们看到一条船，玛丽莲想发信号，但莫里斯说："让它去吧……在海上与鸟、龟和鱼为伍是我们的世界。"陀思妥耶夫斯基（Dostoevsky）在《死屋手记》（*Memoirs from the House of the Dead*）中写道："人是一种能适应一切的生物，我相信这是定义人的最佳方式。"

生存是一场简单的考试。正确答案只有一个，但可以作弊。最终，戴比·基利通过了考试。5 天后，一艘俄罗斯货船救起了她和卡瓦纳。缺水 3 天的情况下，人很容易会死掉，但凭着积极的心态，两人都活了下来。

我问她有什么建议给其他人。"相信你的直觉，"她说，"我一直对那趟旅程心存疑虑，就是感觉哪里不对劲。因此我只有一个建议给大家：直觉会告诉你要做什么，相信它。我没有信它，许多人死了，而我不得不接受这个现实。另外别忘了，不要指望任何人。要活下来，你只能靠自己。"

第十二章

仰望天堂

海上漂流的第一天，史蒂文·卡拉汉开始写日记：记录他的健康状况、救生艇状况和物资状态。他有条不紊，给自己布置了小任务。他负起责任，一丝不苟，但也从未失去幽默感。"我竭尽所能缓解紧张。"领导才能、条理和日常工作都是求生要素。不到 24 小时，卡拉汉就已经确立了所有要素。

即便如此，在早期阶段，他的自控力依然脆弱。时不时地，他的情绪会发作，不得不拼命压制。但他对理性的把握，他清晰务实的思考能力非同寻常。"绝望动摇着我。我想哭，但我责备自己，忍住，吞下眼泪。把宝贵的水白白变成眼泪流掉的代价是你无法承担的……活下去，一心活下去。"他告诉自己。

卡拉汉会想到家，想到将来的计划和快乐的时光，尤其是美食。但这是严峻考验的初期，他还不知道这样的想法很正常。他会喝止自己。他是个严厉的监工。

约翰·利奇采用"积极的消极"一词，意为"接受现实但不屈从……的能力"。求生形势下，我们需要长时间等待，也需要大量休息。做好这些需要自控和训练，但学会等待也有助于防止厌倦和无助情绪的产生。身为在贝鲁特遭阿拉伯恐怖分子绑架的西方人之一，杰基·曼（Jackie Mann）发现他的工作中很大一部分是从绑架他的恐怖分子身上学习等待和耐心。

　　归根到底，人是靠斗争活着的。看上去矛盾的举动其实只是生存活动：永不停止斗争。生命本身就是矛盾体，从物质和能量的无序中生出有序。当斗争停止时，我们就死了。科学家早就观察到了这个令人不解的现象：你可以用意念求死。因此卡拉汉希望自己身处某个更好的地方的渴望和他迅速让自己回到现实境遇中来同样重要。渐渐地，他认识到"做梦的欲望徘徊不去。这是我的一丝安慰。"确实，你不能沉湎于梦中。但你可以利用它，甚至享受它。生存依赖有用的事物，也依赖快乐，因为快乐就是机体在告诉自己，一切顺利。

　　矛盾的是，他同时表现出分裂和统一的个性。他注意到所有幸存者感觉到的分裂，在书里写道："我的（精神和肉体）两部分间的分裂不断加剧。"他发现自己必须冷酷地迫使自己理性思考，迫使自己工作。"我试图服从互相矛盾的要求，但我知道我的其他部分已经全心屈服于冷酷的理性。我正在慢慢失去控制能力，如果继续下去，我就完了。于是我仔细寻找体内的叛乱迹象。"

　　卡拉汉详细描述了他与"船长"的一段对话。他要水喝，船长说："闭嘴！我们不知道离陆地还有多远，也许这点水要喝到巴哈马群岛。现在，回去工作。"

　　"但是，船长……"

　　"我已经说了。你必须定量供给。"

　　几乎所有幸存者都说听到了所谓的"声音"，这个"声音"告诉他们要做什么。这是大脑里发声的理性部分，是处理语言的部分，是理性的源泉。

　　因为循着对帆船的热爱的过程中，卡拉汉已经有过类似经历，所以相比大多数娱乐性的幸存者，他有一项巨大优势：他已经学会（一开始也许是无意识地）在航行途中与自己对话，并把自己分成由情绪、认识和动机组成的约瑟夫·勒杜所谓的"思维三部曲"。"身处危险之中或面临伤害时，我的情绪自我感觉到恐惧，身体自我感觉到痛苦。我会本能地依靠理性自我来控制恐惧和痛苦。"但在极端压力下，他开始发现他曾经历的三个自我的合作共事正在分崩离析。"我的理性指挥官靠希望、梦想和讽刺笑话来缓解其他部分的紧张。"

他描述的这种克制是从混乱中理出某种秩序的程序的一部分。这是生命的基本程序，唯一区别是此处需要的能量要多得多，因为此时驱动身体系统要比平时难得多。他规定自己每天只能喝半品脱①的淡水。"大约每 6 个小时只能喝上一两口，这是非常艰难的克制。我打定主意不喝海水。"

想到可能撞沉帆船的鲸，卡拉汉回忆起在海上见过的其他鲸。"突然间出现了一个庞然大物。那一刻，一种强烈的情绪——不是恐惧——从我的灵魂深处升起。就像是看到一个我以为再也见不到的朋友突然奇迹般地出现在我面前……我感觉到空气中一股奇妙的电流，一种充满智慧与敏感的氛围。"我想起考艾岛救生员迈克·克劳德对我说到的一个冲浪手走过他身边时散发出的"*mana*"。一开始听到这样的事会觉得可笑。但当你听到许多绝境生还者都这样说时，你就会相信它。大自然没有怀疑一词，动物、自然力量都坦坦荡荡，因此求生者必须高尚而谦虚。如卡拉汉所说："我相信奇迹和精神方式……我不知道它真正的作用过程，只能猜测和希望那之中包括我。"

自始至终，卡拉汉的认知牢牢地控制了他的行动。饥饿是最强烈的情绪。生存专家称之为"食物压力"。身体也许可以断粮 3 周，但情绪动机会极为强烈甚至成为强迫观念，成为与"战或逃"反应同样强烈的动机。你没法忽视它。

当然，人可以为了食物杀人。雷马克写道："对方的腌牛肉在整个前线都很出名。有时候这就是我方飞行突袭的主要原因。"父亲和我谈到他躺在纳粹集中营，浑身骨折，奄奄一息，但依然有栩栩如生的食物幻觉。

陆军医生吉恩·M. 拉姆（Gene M. Lamm）少校曾在朝鲜战役中被俘虏，他在约翰·利奇的《生存心理学》里如是说："逮到什么吃什么。

---

① 此处应为美制品脱，1 品脱≈ 0.47 升。——译者注

生存医学的基本原则之一是吃……作为战俘，如果错过一餐，你需要几周时间才能补回失去的体力。"他把从臭鱼里找到的蛆描述成"美味"。

卡拉汉从"独行"号上抢救出一些葡萄干，但它们浸了水，腐烂了。"这些葡萄干又黏又苦，但我还是吃掉了。"

意识到也许可以用矛枪（他偶然在加纳利群岛买到并藏在救生包里）抓捕聚集在救生艇周围的鲯鳅时，卡拉汉的渴望变得有点疯狂。但在行动前，他停下来想了想。"等等……万一叉到一条强壮的大鱼怎么办？我仓促地用一根绳穿过枪把，系在小艇上。我的肚子饿得咕咕叫。4 天只吃了一磅东西。我激动得发抖。"他记得自己观察了海况，以避免身体靠在一侧时把船弄翻。接着他不慌不忙地耐心等待。那把矛只是个玩具，却救了他的命。

卡拉汉开始与那些鱼聊天。"你会做出一些十分疯狂的举动。"肯·基利普在落基山国家公园获救 30 个月后告诉我。但这不是疯狂，而是正常的求生举动。在失踪的 5 天里，基利普开始用他的口粮喂土拨鼠，骗它们走近，和它们说话。

克里斯托弗·伯尼在布痕瓦尔德集中营养了一只蜗牛。"汤送来时，我会给蜗牛喂一小片卷心菜。"因此汤姆·汉克斯（Tom Hanks）在《荒岛余生》（Castaway）中表现的对一只排球说话的举动虽是好莱坞的过火演绎，但也不是没有现实基础，这个现实就是接受我们所处的世界。我们是社会性动物，出现在我们身边的都是伙伴。我们必须爱，而且我们会将心爱之物摄入身体。即使要吃它们，卡拉汉依然爱他的鲯鳅。

求生者会念某种咒语。随便什么都成。卡拉汉的咒语似乎只是"生存"这个词本身。他会一遍又一遍地说出"专注现在，专注生存"之类的话。

以色列旅行者约西·金斯贝格写道，在湍急的河水冲走筏子将他抛下并把他困在玻利维亚的丛林里 3 周这一不幸遭遇的初期，他开始告诉自己：**"别哭，别垮下，做个行动家**……感到绝望时，我轻声念出我的咒语，'行动家、行动家'。我不知道从哪里听来的这句话……我重复了一遍又一遍：行动家做他一切必须做的事，不害怕、不担心。"

和我们一样，卡拉汉也被有缺陷的技术耽误了：他的太阳能蒸馏器（从空气中提取水分的装置）没法用，内胎式救生艇没用多久就开始破裂，防水顶棚也是。雨水倾泻到他身上，顶棚接到的雨水都被污染了，没法喝。"试着喝下去就像被迫吞下别人的呕吐物……我诅咒它。"谁生产了这些东西？很显然不是某个在海上连续测试它们几个月的人。这还是一艘六人救生艇，用在他的单人航行中都被视为浪费。他甚至躺不下来，只能蜷曲着睡。卡拉汉只有通过不断地、非常巧妙地修补，才能用所谓的专业求生装备活下来。**货物出门概不负责**。但生存是艺术和技艺的表现。它需要技艺上的条理和艺术上的即兴创造才能。

卡拉汉越是将他的新世界看成一个正常世界，他的意愿和大脑的思维部分就越容易接受它。关键在于既拥有世界，又让世界拥有你。这是真正的互相妥协。因此，他把鳀鳅称作他的"小狗"，把鳞鲀称作"管家"，因为"它们有那种浆过的硬领的样子"。他把救生艇称作"橡皮鸭"号，把他晾鱼片的地方称作"肉铺"。

但对世界的接受也包括了保持自我，了解自己内心的需要，尤其是对休息和放松的需要。即使是短期求生，记忆也是用以缓解精神压力和找到位置的重要资源。

雷马克描绘了在一次炮击中的想法：

　　我看到一幅画面，一个夏日夜晚，我在大教堂回廊里，望着高高的玫瑰树在教堂小花园中盛开。修士就埋在那里……无边的寂静笼罩着这鲜花怒放的四方形院子，太阳暖洋洋地照在沉重的灰色石头上。我把手放在上面，感觉它们的温暖……这情景近得令人惊愕，它感动了我，接着消失在下一颗照明弹的光芒中。

卡拉汉写道："太阳当头炙烤着我干燥的皮肤……我想象自己躺在安提瓜的一处海滩上。过一会儿，我会起来去拿一杯冰凉的朗姆混合酒——现在还不需要，时间还早。"他认识到逃避的需要。"我极力想保留这些没有痛苦和压力的其他世界，这样无论何时，只要我想，就能逃到那里。我陶醉在自己的宣传里。"

求生能展现出人真正的内在个性。生存工具就在我们体内。但除非事故发生前这个工具就存在，否则它不会在需要时像魔法一般地出现。当你强化了自己的生存者人格时，得到的就是你一直拥有的本质。求生只关注你是谁。它拼命压榨你用一生培育的自然系统。面临绝境时会不会一团糟取决于你的毕生投入。你的经验、教育、家庭和世界观都会共同将你塑造为一个生存者。

孩提时期的一次飓风经历后，卡拉汉装备了一只救生包，里面放了钱、一把刀、钓鱼用具和一些其他物品。他告诉自己："如果有人能活下来，那就是我。"少年时，他也曾因为败血症卧床不起，但仅有 16 岁的他表现出了一个生存者的态度。"我没有为自己的病体自怜自艾，而是告诉自己至少我还有清醒的头脑、强壮的胳膊和一条好腿。"

求生一直是卡拉汉生活方式的一部分。这种人是最有可能生存下来的，其他人则需要救援和非常好的运气。在飓风中，在他的航行中，卡拉汉面对了足以杀死他的力量，因此他是一个有信仰的人。他具有艺术的、工匠的气质，耐心、谦虚、一丝不苟，是完美主义者。他用一生打造了一艘永不漏水的救生艇。

生存者从微不足道的事物里发现宝藏和快乐。他们从不说"为什么是我？"或"受不了了"。当他的救生艇漏水开始下沉，海水毁了他珍藏的鱼干时，卡拉汉花了 8 天时间补了块补丁，堵住漏洞。他筋疲力尽，同时还要击退鲨鱼的进攻。但在无数次失败后的早上醒来时，一个声音在他的脑海里说："我要活着，活着，活着！"在数小时的拼命工作以及与叉子有关的天赐的机械和工程灵感的帮助下，他居然成功了。他写道："我又饿又渴，浑身疼痛。但我感觉好极了！我终于成功了！"除了积极工作外，他不会把能量浪费在任何事情上。他从未裹足不前或质疑命运，只是偶尔考虑放弃他所说的"无谓挣扎"。大部分情况下，他怀着无比的热情直面每一个挑战。这是他漂流的第 53 天。

像所有真正的生存者一样，卡拉汉做这些并不是仅仅为了自己。生存者通常都与心爱的人、朋友和社会联系在一起。他们活下来是因为他们拯救的是这个物种，而不只是他们自己。这是生存的另一个悖论：个人不重要。但如果物种要延续，个体的求生本能必然至关重要。这是生存者为别人生存的原因之一。

对妈妈的思念支撑着卡拉汉。"别轻易放弃，"妈妈有一次告诉他，她为他的航海爱好而担心，"你得向我保证，一定要坚持到最后。"

我记得问过父亲，飞机被击中时他的第一个想法是什么。那时我大概 10 岁。他告诉我他想到了他的妈妈，还有我的妈妈以及她们将感受到的痛苦。他只想着回到她们身边，不让她们伤心。

卡拉汉不断提醒自己那些基本的、重要的事情："重要的是保持冷静……我只能成功。别着急，把事情做好……耐心就是生存的秘诀和力量。"

他惊人的求生靠的就是我一直在寻找的可贵品质，那个包含在枯燥军事用语中的积极心态："大自然不断在我身边展示奇迹……这是被丑陋的恐惧包裹下的美。我在航行日志中写道，这是坐在地狱里看天堂。"

斯多葛派的哲学家们是最好的生存导师。爱比克泰德写道："事故临头时，记住要靠自己，问问自己有什么可用的能力。"秘诀是直面厄运。当卡拉汉回忆起自己的矛枪失去了弹性推动装置，如果修不好就意味死亡时，他说："尝试用手头材料修复基本系统是一项挑战……很多时候，临时应急措施的成功总是更令人高兴。"

卡拉汉是拥有坚强个性的罕见例子：

> 在这些宁静的时刻，匮乏似乎是一种奇怪的礼物……我的困境给了我一种奇怪的财富，那种最重要的财富。我珍视每一个没有痛苦、绝望、饥饿、干渴或孤独的时刻。即使在这里，我身边也是一片祥和。向救生艇外望去，我在宁静的波浪中看到上帝的脸，在鲯鳅的游动中看到他的优雅，感觉到他来自天

空的气息拂过我的脸颊。

他看到一道彩虹，写道："我感觉自己正通过一道天堂拱顶，那么富丽堂皇，色彩绚烂。"

他突然明白，在如此辉煌的永恒面前失去一切远比小心翼翼、波澜不惊、碌碌无为地虚度一生甜美。当然，那也是人进行独自横渡大西洋这样的冒险活动的最初动机。真正的生存者不是什么都没有失去的人，他也会失去一些珍视的东西。但与此同时，他愿意放手一搏。这让他的生命更有价值。偷来的时光总比被给予的时光美好。

到第 65 天，卡拉汉离死亡越来越近。他那令人惊叹的能力、力量和决心已经大大延缓了死亡，但人都是会死的，即使最优秀的生存者也不例外。有时候，走向死亡的过程可以长得异乎寻常。日本陆军中士横井庄一的遭遇就是如此。1944 年美军夺取关岛，他躲进丛林中并告诉自己："我为天皇而生。"他独自生活，直到 1972 年才被发现。

1982 年 4 月 21 日，卡拉汉单人成功横渡大西洋（没有船），最终到达加勒比海群岛（Caribbean lslands）。因为卡拉汉横渡大西洋期间，救生艇边聚集了一大群鲯鳅，追逐鲯鳅的海鸟在小艇上空环绕飞翔的情形吸引了一艘捕鱼船。渔民看到他的状况，提出带他上岸。他说："不用，我还好。我还有很多水，可以等。你们捕鱼，捕鱼！"他一边等，一边喝他存下的水（此时他还有充足的水），看着他们快活地捕捞那些闪闪发亮的巨大鲯鳅。76 天里，他每天定量喝半品脱水，但在看他们捕鱼的这段时间里，他喝了 5 品脱。

第十三章

神圣的冰室

英国登山队员乔·辛普森（Joe Simpson）和西蒙·耶茨（Simon Yates）决定首次从修拉格兰德山（Siula Grande）绵延 4,500 英尺的西南坡登顶。修拉格兰德山海拔 21,000 英尺，位于秘鲁安第斯山脉的瓦伊瓦什山脉（Cordillera Huayhuash）。1985 年 5 月，他们成功登顶。在艰难的下山途中，辛普森摔断了腿。那是海拔 19,000 英尺的没有人烟、积雪覆盖的山上。他知道耶茨没法通过那根把他们两个相连的绳子把他拉上去，从物理学来看是不可能的。即使在辛普森头下脚上地悬在半空时，他还在想："我的腿断了。我死定了。人人都这么说……如果只有两个人，摔断的脚踝就可以变成死刑判决书。"

后来，辛普森在《触及巅峰》（*Touching the Void*）一书里写道，一开始，他对灾难的反应遵循了常见模式：否认。他告诉自己，腿没有真的摔断，只是扭到了。即使他看到"关节的扭曲，并且知道……冲击将我的小腿怼到了膝关节上"，这个想法还是不请自来。

辛普森正分裂为两个人：一个认识到现实，一个否认现实——理智和情绪。然后情绪的热浪淹没了他，自怜的泪水流了下来。没多久，他就从否认过渡到愤怒："我想尖声大叫，我想诅咒……"除最后一个或顺从或抗争的决定生死的阶段外，你不能在屈布勒 – 罗斯的死亡五阶段中的任何一个阶段停留过久。

乔·辛普森必须采取行动阻止自己滑向死亡。他知道事情麻烦了，麻烦大了。这时他心里冒出一个想法。他"一声不吭。如果说话，我就会恐慌。我能感觉到自己已经到了恐慌的边缘"。那一刻，他中止了死亡五阶段。他的认知夺过了控制权。他成功地平衡了理性大脑和情绪大脑，让两者可以帮他行动。他不知道是如何做的，也无需知道。他也不知道耶茨会如何做；也许会丢下他。他只管做自己能做到的，其他一概不管。

等到耶茨从崖边探出头时，辛普森已经摆正了（精神上和身体上的）位置，冷静地告诉同伴："我摔断了一条腿。"

尽管辛普森看到耶茨脸色都变了，但后者只说了句："你确定断了？"

"确定。"

耶茨不动声色地说："我会顺绳降到你那里。"然后开始做一个放绳下降的临时固定点。当然，那一刻，两人的脑海里都闪过了无数个念头和思绪，而且耶茨也知道辛普森离死有多近。他的第一个想法是："你完了，伙计。你死了。"

但两人都没说一个字，只是开始做事。耶茨不会丢下辛普森，他也会做自己力所能及的事，仅此而已。"整个过程都很理性，"耶茨后来说，"我知道我们在哪里，我立即明白了眼前的一切，知道他死定了……毫无疑问地，我接受了我可以独自下山的想法。"

阿尔·西伯特在《生存人格》一书中写道："最优秀的生存者几乎不会花时间遗憾之前的过失或对不如意事感到懊恼，尤其是在危急情况下……出于这个原因，他们通常不会太较真，因此也不易受到威胁。"

耶茨顺绳降到辛普森身边查看他的伤势，给了他一些止痛药。两人都没说话。按辛普森的说法："顷刻之间，一道不可逾越的鸿沟横亘在我们中间。"他们都在努力地将决定权从杏仁核转到新皮层。在如此可怕的危急形势下，杏仁核会驱使人不经考虑仓促行事，它还含有驱使如此行事的化学物质。因此，将控制权转到新皮层的执行部门需要能量、平衡和专注。辛普森和耶茨不想用任何无关输入打破这个微妙平衡。

辛普森也明白那一点并解释说："感觉就好像我正拿着一件极其脆

弱而珍贵的东西。"在各自的生存挣扎中，在那些形成坚强内心的关键时刻，他们都本能地认识到自己对隐私的需要。每个人都必须自救。也许他可以通过拯救他人或避免成为受害者来做到这一点，但是就像只有他只活出他的一生一样，求生也不能分享。没有人能替他求生。在这项孤独的工作中，隐私是重要的力量源泉。

雷马克在文中写到休假回家的事情。"父亲想让我给他讲讲发生在前线的事……他不知道没人可以谈论这样的事情；我很愿意这样做，但把这些事情说出来对我来说太危险了。"对那道"不可逾越的鸿沟"，雷马克评论说："我们之间有距离感，有隔着一层纱的感觉。"他知道他不是真的在家，他得回到前线，活下来。

检查完辛普森后，耶茨发现自己的绳子在上面卡到了什么东西，因此他必须重新爬上去松开它。他很快恢复和适应过来，并看到了逆境中的机会。"在某种程度上，这件事转移了我的注意力，让我有时间适应新形势。"

时间极为宝贵。水和燃料已经被用完了，他们得快速下山，不然两人都会死。因此两人对这个新世界的接受过程必须立即开始。基本生存工具被他们使用到了极致。他们的态度冷静、开放、同情而且投入，做法有条不紊、胆大心细，富有创造性；不久后，还会是玩世不恭的态度。

随着耶茨不用绳子地、危险地向顶峰攀登，如他后来所说："然后我把他留下了，并且忘了他。"冷静变成了冷漠。当时需要的正是他全身心的投入。

辛普森和耶茨当时面临的客观危险难以形容。他们所处雪崖不够结实，无法使用冰镐等传统攀冰工具。下山时，他们不得不在崖壁上用蹬雪步法，将双脚、冰镐和两条胳膊都埋入雪中防止坠落。即使如此，随着他们每次移动，雪都会垮塌。下山的时候，每踏下脚走一步，雪都会被压平，他们不知道这样的滑行什么时候会停不下来，并加速变成一次直下几千英尺的坠落。现在，最小的失误就算搭不上耶茨，也会要了辛普森的命。然而，他们不得不以极大的谨慎去冒极大的危险。

辛普森没有系绳子，因此耶茨可以放绳下降了。现在，耶茨再次下降到他身边，紧挨着他的脸，耶茨告诉我："乔试图在我旁边移动，差点摔下去。我抓住了他并帮他恢复了平衡。他一言不发……他知道如果我没能抓住他，他会一直摔下东面坡。"实际上，"爬上那面悬崖的边缘是我做过的最艰难、最危险的事情，"耶茨到达崖顶，"我颤抖着，浑身无力，不得不停下来平静一下。"但正是这种保持冷静的能力使他们接下来要做的事成为可能。

在耶茨的注视下，辛普森开始在几乎垂直的雪墙上直着行走。耶茨后来说："他移动得很慢，先将冰镐深深插下直到胳膊埋进雪里，再令人揪心地向旁边跳一小步。他低着头拖着脚横过雪坡，完全沉浸在个人挣扎中……我突然想到，他多半会掉下去摔死。这个想法并未让我感到不安。在某种程度上，我希望他掉下去。我知道我不能留下他……但如果我尝试带他下山，我也许会和他一起死。"

辛普森正在学习在这种环境下游戏人生意味着什么："最初晃晃悠悠的小跳之后，我形成了一种移动模式并且一丝不苟地重复它。每重复一轮，我就在斜坡上移动一步，我开始觉得与周围的一切都分离开来。除了移动模式，我什么也没想。"他把挣扎变成了舞蹈，暂时忘记了眼前必须做的事有多可怕。

1976 年 4 月 26 日，29 岁的画家劳伦·埃尔德（Lauren Elder）当时住在加利福尼亚州奥克兰市。她男友的老板杰伊·福勒（Jay Fuller）有架四座赛斯纳飞机，并且打算驾机带埃尔德和他自己的女友飞越群山到死亡谷（Death Valley）野炊。因为导航错误，飞机在距离内华达山脉（Sierra Nevada）惠特尼四角区（Whitney Quadrangle）的布拉德利山（Mount Bradley）以南半英里处，在 12,360 英尺高度撞上一座山峰。他的女友很快就死了，杰伊也在次日死去。埃尔德则被困在冰雪覆盖的悬崖上。

她在《我一个人活了下来》（*And I Alone Survived*）一书里说，坠机之后，甚至在杰伊和女友快要死去的时候，"奇怪的事情发生了。我怒火中烧。我想：这不会发生在我身上。我会从这里下去。这不会发生在我身上。愤怒取代了惰性。"

她展现了成功生存者们的全部典型特征。她用飞机上的汽油生了一堆火度过了冰冷的一夜，喝杰伊带来的啤酒防止脱水。第二天，埃尔德踩着高跟皮靴，穿着短裙但没有内衣就出发了。她一路攀登、步行了36小时，最后到达一座加州小镇。

她告诉我："我不时停下来欣赏沿途美景。我置身这奇异的荒野之中，整个地方都是我的。"她甚至有兴致停下来，在冰凉的山间池塘里裸泳，快活得大呼小叫。生存是向死而生的庆典。我们都知道自己会死，人都会死。但生存在说：也许不是今天。在这种意义上来看，生存者并没有打败死亡，而是与它达成了协议。

埃尔德不需要救援，也没有再伤到自己（她在坠机时摔断了胳膊）并且活着走了出来。我采访她时，她谈到使用模式，就像乔·辛普森那样。她把艰难的长途跋涉变成快乐的舞步。无数生存者也报告过同样的情况：通过形成一种模式，然后什么也不管，一心完善模式，他们才得以走出看上去不可能离开的困境。

例如，哼小调就是一种可以转移注意力、保持冷静的模式。军队用齐步走和歌曲移动军队、防止疲劳和情绪失控。大脑能够识别模式、语言和数字，这些都是基本元素。归根到底，生命是无序中的有序。其他所有事物都会随着熵值的增大变得越来越无序，我们就在其中脱颖而出。而我们就是凭借模式做到这一点的。蛋白质类型、呼吸和心跳的节奏、日夜交替、太阴周和月经周期，古人留下的碎骨上的规律性标记。构造一种模式并规律性地使用实际上就是生活。

人类杰作里的非凡努力总是有节奏的游戏相伴。因此，人们最早是载歌载舞着横渡过白令海峡的也就不会令人感到意外了，连被迫修筑铁路的奴隶都会伴着9磅重的锁链的叮当声唱起囚歌。所以乔·辛普森就这样接受了他的境遇；他运用一个创造性想法来达到快乐状态；而且他运用其创造一种节奏形式来实现短期目标。

"我知道我完了，"辛普森后来写道，"最后结果都一样。"但因为模式，他还是继续前进。

耶茨出现在辛普森旁边的峭壁上，又走到他前面开出一道沟，让辛普森的横向移动能更容易一些。辛普森则沿着那道沟继续重复他的模式。他想的是"要是叫西蒙帮忙，也许我就会失去这宝贵的模式……我一声不吭，但这一次不再是怕情绪失控。我觉得自己极具理性"。

爱比克泰德说："以沉默为一般规则，或者只说必要的话且长话短说，只在情势所迫的极少数情况下才开口。"汤姆·沃尔夫在《必要品质》一书中写道："最大的罪恶之一是在电台'喋喋不休'……一名海军飞行员（当然是传说）开始大喊，'一架米格在我零点方向！一架米格在零点方向！'……一个声音不耐烦地打断他，'闭嘴，死得像个飞行员。'"值得一提的是，一次航母行动实战的代号就叫"封嘴"（Zip Lip）。

辛普森一心想着他的模式，甚至在耶茨问他情况如何时忘了他的同伴还在那里。他也没有时间观念。"我差点忘了自己为什么在重复（这些模式）。"只有在偏到悬崖一侧时，他才再一次感到害怕。

事故发生后，两人走的每一步都是正确的。他们从自身内部找到了一个卓越生存者需要的一切。但两人都知道形势危如累卵，心理随时会崩溃。他们正"拿着价值连城却极其脆弱的东西"。

现在他们到了一面覆盖松软积雪的陡坡上。他们设计了一个系统，在雪上为耶茨挖出一个斗式座位，然后他用两根系在一起的150英尺的绳子将辛普森往下放，再向下爬到辛普森身边挖出另一个座位，重复这一步骤。要想成功下去，他们需要不出差错地重复10～12次。

认识到他们所处的绝望形势后，耶茨加快了往下放辛普森的速度。随着他的动作，辛普森的伤腿一次次撞在雪上，令他疼痛难忍。但两人都没说"再也受不了了"，也没说"上帝啊，为什么是我"。他们没有自怜自艾。

每次耶茨下降到辛普森一边挖座位，一边等他的地方时，都没有抱怨，只有笑脸。辛普森说："他的信心感染了我。在冰崖上侵袭我们的无助感现在没有了。"从头到尾，辛普森的脑海里都在进行着两个声音间生死攸关的斗争。每当他的腿被撞时，就会有一个声音求他："歇一会儿，别碰我！"但是，"我们陷入了一场严酷的斗争"。他把这些藏在自己内心，从没怪罪别人。相反，一个理性、冷漠的声音说："我可以适应持续的疼痛。"

随着天气条件的恶化和时间的流逝，两人都出现了体温下降和冻伤的情况，手都冻麻了。当辛普森又一次下降到绳子尽头为耶茨挖座位时，他惊恐地发现了一小层积雪下的坚固的水冻冰（非雪压成）。"我想了半天才想到要把冰锥砸进冰坡，这些冰可以说明我那时有多冷。"他写道。一旦体温下降，无论多么努力（挣扎），你的认知能力都会迅速下降。杰克·伦敦说："线路断了。"即使辛普森最终想到了这一点，要将正确的想法变成行动还需要付出非常多的努力。他设法将"线路"又接上了。

钉好作为绳索固定点的冰锥后，辛普森开始做活动暖和身子。在这样的情况下，这样的认知功能水平确实非同凡响。每次下降时，耶茨都知道他把辛普森弄得有多痛。"很奇怪地，我对此感到无动于衷。"但这很有效。像大自然高效率地夺取生命一样高效率地求生是他们现在唯一能做的。

看到辛普森把冰锥砸进冰里，耶茨明白水不会只出现在一处，它是流过来的。这些冰肯定是一个更大结构的一部分，坡下一定有东西，但因为天气原因看不到。他们决定放绳下降。

成功下降后，耶茨和辛普森四目相对，后来辛普森说："就像是三流战争片里的老套镜头。"确实如此。这就是好莱坞电影会采用这种结构的原因：它是电影里的英雄冷静沉稳、面无表情而恶人疯狂暴躁的原因。电影有三个阶段也是因为生存分为三个阶段：第一幕，陷入困境；第二幕，抗争；第三幕，胜利。耶茨和辛普森正走向好莱坞编剧所谓的"第二段落幕"。在第二幕的结尾，主人公离他的目标是最远的，看上去似乎已经没戏了。在第三幕，他经过超人般的努力和大型追逐场面克服了不可能克服的困难，并获得了救赎和胜利。虽然不是很成功，但我也写过一些好莱坞剧本，一直搞不清楚为什么要按这个模式来写。显然，我对电影的诞生原因也一无所知。

现在，他们是如此专注以至于辛普森都没注意到夜幕已经降临。或者，如迈克·扬科维奇所说："当你离航母四分之一英里时，如果有人问你，你的妈妈是谁，答案是不知道。你的注意力就有这么集中。"所有的事都在按照他们的设想进行，就在这时，一个他们遗忘很久的错误找上了门。不顾伤痛向下直落的辛普森直接滑过悬崖。他们没有精确规划下山路线，不知为何忽视了那头800磅的大猩猩。现在，辛普森无助地挂在悬崖上，不能在距他6英尺外的冰壁上插下冰镐。

在上面的耶茨感觉非常灵敏，能够感知绳索的每一次振动，并判断出辛普森在做什么。或者更准确说，辛普森没在做什么：既没有攀登，也没站在实地上。他悬在半空。

这正是一开始他们的境地。耶茨不能把辛普森拉上去，也不能到达辛普森所在位置。辛普森则上下不得。两人都看不到对方，也没有交流。辛普森知道耶茨的座位正在塌掉。这些座位坚持的时间只比每一次辛普森快速下降时需要的时间稍长一点。将军！最伟大的国际象棋大师——大自然不会认输。耶茨别无选择，他在座位拉不住自己，整个人开始下降时切断了绳索。即使那时，他也没有屈服于情绪。"我其实很高兴自己足够坚强，切断了绳索……许多人还没来得及硬起心肠那样做就死了！"毕竟，这无关英雄主义，只与生存有关。又一次地，耶茨做了他必须做的。如果这是谋杀，也是经过预谋的。他甚至打算在切断绳索前解开它，以避免被缠住脚拖下去。他确定辛普森已死，他杀了他，但"我铁石心肠，无动于衷"。

辛普森下落了很久。世界一片漆黑，他重重撞到地面上。醒来时，他发现自己落在一条很深的冰隙里。他砸穿了积满雪的洞顶，落在一条雪桥上，背包和雪缓冲了下落。除了腿伤，他奇迹般地没有受伤。但奇迹让他陷入了比之前更深的困境。因为耶茨认为辛普森已死，将会下山离开。第二幕的幕布拉上了。

但是意识到自己还活着时，辛普森笑了。这是关键的第一步。人没摔死是奇迹，但精神没死是更大的奇迹。

他很不稳当地躺在一条滑溜溜的雪桥上，下面是一条通往黑暗的长坡。辛普森开始分析自己所处的形势。他小心不让自己滑下去，从背包里拿出新电池戴上头灯。借着灯光，他设法四处爬动，将一把冰锥扎进附近的冰壁。下面深不见底，只有黑暗。但他能看到头顶上砸出的洞和繁星点点的天空。辛普森努力摆脱阵阵发作的情绪（大笑、大哭），听取内心"冷静、理性的声音"。分裂的人格又出现了。"当冷静的声音告诉我发生了什么时，我的其余部分则不声不响地发着疯，这让我感觉自己被分裂成了两个人。"就像他一开始摔断腿时做的那样，辛普森大声咒骂了一通，他的声音回荡在这个冰雪坟墓的晶墙上。他没有被恐惧吓倒，而是用愤怒为行动鼓劲。但头顶上的洞依然"像星星一样难以企及"。

最终，即使知道不可能爬上去，辛普森还是冷静地接受了新世界。再次引用爱比克泰德的话："瘸腿妨碍行走，但不妨碍意志。无论发生什么，想想这句话；因为你会发现，它妨碍的是其他事情，而不是你自己。"因此他试着往上爬。

他没想错，爬上去是不可能的。

辛普森确定了他仅有的另一个选择：下到那个黑暗的未知深渊中。如果深度大于绳长（切断后余下的全部），他就会掉下绳子末端死掉。他特意没打安全结，因为他不想在那里挂上几天，然后慢慢死掉，哪怕几小时也不想。他知道他将无力再爬上来。

辛普森正经历利奇所谓"屈从但不放弃，置之死地而后生"的悖论。

尽管手已经冻僵了，但他还是设法将绳子拴在了冰锥上。挂上绳子后，他从栖身处滑下，巨大的恐惧向他袭来，几乎难以控制。现在，他孤注一掷，生死在此一举。似乎在没有尽头的下降中，辛普森数次陷入恐慌中停在那里，挂在半空，无力坚持。纵身投入这无底深渊后，他的大脑被绳子滑过下降装置的感觉和声音构成的图像淹没了。但他设法继续，而在绳子放完前，他看到了头灯昏黄光芒照射下的地面。他挂了一会儿，看个真切。他意识到或许这不是实地，他可能会落空。

这时他注意到一个由外面飘进来的雪堆成的巨大锥体。这是帕·巴克沙堆。雪锥起自深部，直着向上到冰隙顶上的洞口，逐渐收窄。之前辛普森在上面时没能看到这个结构，毕竟，那时天很黑。现在，他意识到太阳已经升起。雪锥非常陡峭，但他举得自己能爬上去。而且，他也别无选择。这就是求生的全部要领：除非绝对必要，没人会疯狂到做这些事情。

那段折磨人的下降后，他的大脑需要休息。机体知道自己需要什么并且能够找到所需要的。人还挂在绳上，但辛普森已经开始体验惊奇的感觉，甚至开始享受环境。史蒂文·卡拉汉等众多幸存者也报告过同样的精神和心灵嬗变，它总是跟随着对生存的确信和全新的投入。黎明带来光明，光明带来启示：

> 一条金色光柱从冰隙顶的小洞斜斜地投射进来，在远处冰隙另一面的墙上反射出明亮的光线。我着迷地看着阳光从外面的真实世界透入这块拱顶。我是如此入神，以至于忘记了下面可能不牢靠的地面，顺着剩余的绳子滑了下去。我将追到那束阳光，那时我非常确信。如何做到，需要多久，我都没想过。我就是知道。

劳伦·埃尔德和戴比·基利都提到了类似经历。实际上，克里斯托弗·伯尼在集中营看到夏天来临的经历也与此类似——精神奇迹，继之以决心。

生存者总是化逆境为顺境，或者至少是一次机会。正如乔·辛普森所说："就在那一瞬，我的看法完全改变了……我可以做积极的事。我可以爬行、攀登……现在我有了计划。"身处地狱，他刚刚看到了救赎。"我内心的改变令人惊讶。我感觉精力充沛，浑身充满了力量和信心。"他再一次放声大笑。"我可以看到潜在的危险、毁掉希望的现实风险，但不知为何，我知道我可以克服它们。"像优秀的妻子、丈夫和首席执行官（CEO）一样，优秀的生存者也总是会考虑事物坏的一面。他们为此制定计划，并且真诚希望自己能做好。但他们不会过度担心自己会做不好。他们接受失败总是一种可能并且是他们的最终命运，也知道安全是幻觉，执迷于安全是一种病态。他们坦然面对危险，将它看成生命的一部分。他们不需要别人照顾。他们习惯于照顾自己并且直面生命中固有的危险。因此，当有大事发生时，当陷入大麻烦中时，他们还是依然如故，以大致相同的方式——忍耐，继续前行。

辛普森知道自己的处境，也知道自己的方向。他确定了一个目标。不然我们还能做什么？生存不过是极端形势下好好度过的普通生活。他接受了世界，于是世界也接受了他。他没有迷失，所以一切都没有丧失。正如我们从肯·基利普身上学到的，不迷失并非回到开始的地方，而是无论你发现自己身处何地，都不会让自己迷失的决心。只是一句"我没丢，我就在这里"。值得一提的是，这正是孩童会说的话。禅心。初心。

辛普森开始攀登，投身于他所制造的如过去一般真实的未来。他环顾四周，再一次感受环境的力与美。"冰室里寒气逼人，却仍给人一种神圣的感觉。它有着华美的晶亮拱顶，闪闪发光的墙壁外覆盖着……无数掉落的石块……现在我被困在里面，如果没有那几束阳光，也许我就只能麻木地呆坐着，接受失败。"但是，当然，那几束阳光一直都在，关键是能看到它。

在面临最强挑战的这些时刻，求生者们甚至还会感到自己很幸运。抓到一条鱼后，史蒂文·卡拉汉写道："我坐在几千英里外，远离一切同伴、金钱或享受，却感到自己非常富有。"乔·辛普森说他"不断告诉自己，到底还是幸运地发现了一面山坡"。

　　圣－埃克苏佩里的飞机在利比亚沙漠坠毁时，他所面对的情形的严峻程度，至少也是辛普森所面对情形的严峻程度。他在《风沙星辰》（*Airman's Odyssey*）中写道："我们被判了死刑，然而，死亡的阴影无法掩盖我正在感受的愉悦。我从手上这半个橘子里得到的快乐是我所知的最大快乐之一。"他没有一刻停下来悲叹命运，即使停下，也只是为取笑自己。

　　于是辛普森又找到他的"老朋友"——舞蹈的模式和节奏。他放好攀冰工具，用没断的那只脚站稳，再在拼命向上拉的同时向上跳来向上攀登。"弯腿、跳、休息；弯腿、跳、休息……"他再一次发现，专注于模式有助于忘记疼痛。

　　冒着极大危险的同时，他也没忘记自保。"我压制住上下看的冲动。我知道自己进展缓慢得令人绝望，但我不想看到那束依然高高在上的阳光提醒我这一点。"这很有趣。因为你要怎样才能在知道一件事的同时还不想它？似乎是个悖论……除非你有两个大脑。实际上，辛普森说他"知道"时，他的意思是他的海马体里有关于眼前形势的短期记忆模式。但还要爬多远的视觉认识会直接通过丘脑到达杏仁核，并在那里进行筛选，而这正是他想避免的，因为它可能会引发一系列他现在还不需要的情绪反应。他可以通过专注于其他事情——他的模式——挤走工作记忆里储存的内容。这是个明智的选择，瞬间将知觉输入降低到最低水平。不要给杏仁核输入任何吓人的原始数据。

　　辛普森从洞口探出头，看到阳光下"我从未注意到的美丽"时，他已在冰隙下度过了 12 小时。一爬出冰隙，他瘫倒在了雪地上，绷紧的神经终于可以放松了。他加诸自己身上的枷锁可以松下一会儿了。他有权休息一会儿，虽然时间不会太长。直到那时，辛普森才意识到一个已知的事实：他依然在高山上，离营地和救援还有 6 英里。而且他还断了一条腿，他处于疲惫、脱水、低体温、冻伤中，并且在刚刚用掉了最后一把冰锥。因为他被认定为"已死"，所以没人会来找他。他开始盘算到底该如何走出去？突然之间，这里似乎有某种邪恶力量在针对他纠缠不休。

在《吉姆爷》（*Lord Jim*）一书中，约瑟夫·康拉德（Joseph Conrad）对此有所描述："这些大自然的暴怒……恶狠狠地扑向他……想用夺走他的生命这样简单而骇人的做法将整个宝贵的世界从他的视野里完全抹去。"

在爬出冰隙的过程中，辛普森努力不去想这些。就算想到死，他大概也没放在心上。就像围起帕·巴克的沙堆不让它崩塌一样，他划分并且确定了短期目标。他的目标其至不是爬上那块雪锥，而是一次一步、一丝不苟地完成每一个模式，这样他才能勇敢地走进未知世界。现在，他面临着另一个未知境地：设法走完那不可能走完的 6 英里崎岖山路，回到营地。形势似乎和在冰隙下一样让人绝望。这就是求生者必须划分和确定短期目标的原因，如果不这样做，他就会被眼前的形势吓死。

辛普森意识到这部电影——这可恨的电影！——还得从愚蠢陈腐的第一幕重新演起时，"感觉完全崩溃"。这足以让你做出所有优秀求生者都会做的事：取笑自己。"这太荒谬了。"他大声说。你成了一个滑稽剧版本的自己，像劳雷尔与哈迪①被蒸汽压路机碾过后又站起来一样，你犯下愚蠢的错误并承受了不可能承受的折磨。这就是我们喜欢看喜剧人物遭罪的原因。归根结底，查理·卓别林的表演是求生训练。为了取笑自己的不幸，我们必须愿意去扮演那个傻瓜。这会使我们不把自己太当回事，保持谦虚。

辛普森最后一次环顾四周并接受了自己几乎肯定会死在这里的现实。他早已习惯了平静面对自己的死亡，但不会束手待毙。他还有赌注，所以会放手一搏。生存者用毕生投入建立了一个账户。投入越多，麻烦到来时他拥有的资源就越多。现在，辛普森觉得他的感觉变得"清晰敏锐"。

① 劳雷尔与哈迪（Laurel and Hardy），早期古典好莱坞时期的著名喜剧二人组，由英国演员斯坦·劳雷尔（Stan Laurel）和美国演员奥利弗·哈迪（Oliver Hardy）组成。——译者注

　　和卡拉汉一样，他谦卑地、以精神共鸣的方式，甚至是感激地将自己视为这个美丽世界的一部分。他的视线越过眼前这片必须穿越的破碎景观，看到"大地延伸消失在远方的薄雾里，比以往更清楚、更真实地看到我在其中的角色……一股激动顺着脊柱而下。我全神贯注，游戏已经开始了"。能与最伟大的棋手较量一番，他深感荣幸。

　　凭着以往数次危机期间的实践（以及多年的极限登山运动员经历），辛普森得以迅速振作起来。他经历了所有阶段，组织好态度和行动。最初意识到离成功有多远时的恐惧、愤怒和沮丧很快转变成毅力和计划。他的思维再次一分为二。当他接受了他的世界并立即着手面前的任务时，他的感觉变得非常敏锐。他又回到了自己的内心。"没有与我作对的邪恶力量，"他认识到，"脑海里一个极为理性的声音斩断一团乱麻，告诉我那是真的。"他倾听这个理性的声音指出正确的行动，而"另一半思绪则扯出一连串断断续续的图像、记忆和希望，在我开始听从那个'声音'的命令时，对我来说它们就像白日梦一样。"他作了块夹板，用冰镐当拐杖，再次让模式掌控一切："搁脚—抬脚—预备—跳；搁脚—抬脚—预备—跳。"

　　他真切听到了那个理性的声音，其他则只是一堆混乱的感觉。新皮层与听觉丘脑也有连接，如果你能使之压制住杏仁核并且削弱海马记忆，那么你就能听到这个理性的声音，"清楚、尖锐、威严"。

　　每个求生者都听过这个声音。雷马克写道："一个清晰声音说出的话给我，一个穿着大靴子的士兵带来了宁静。"

　　然而即使有顽强的抗争、正确行动和强大的自信，乔·辛普森依然在走向死亡。实际上，自然的力量无穷无尽，而人的能量却并非如此。各种各样的压力和困扰压制了他的思考，渐渐地，他开始丧失情绪动机和总体认知控制力间的微妙平衡。

　　辛普森的注意力开始涣散。那一夜，他坚持的时间过久，他的体力在危险地流逝。然后他迷了路，不知道该往哪儿走。现在，他开始经历失踪的各个阶段，对于他来说，最终是死亡。他在蜿蜒曲折的路上，偶然发现了一面雪坡。那个遥远的声音终于再次响起，辛普森挖了个雪洞过夜，向疲劳低了头。

他在早晨醒来，念着莎士比亚的句子，对着雪洞洞顶大喊。"我感觉快活……尽力模仿劳伦斯·奥利弗①的声音大声念出那些词句……"正如我们看到的，当大脑得到片刻闲暇，暂时不用考虑生存挣扎时，就会急切地开始工作。在没有新的信息输入需要处理、形成图像或记忆时，它就会跳出来给你来个信息转储。这时你最好希望你这一生都在致力于建立核心存储。

但辛普森依然被笼罩在死亡危险中。前一夜，他已经疲惫不堪。疲劳不仅神秘，而且影响深远，睡一觉是不可能消除它的。他需要水、食物和对伤情的强力生命支持。

他一瘸一拐地继续前进，努力重拾先前的模式。但疼痛和干渴开始折磨他。他设计出从一块岩石走到另一块岩石的系统，规定完成短期目标的时间，不让工作记忆闲下来。但他的抵抗能力在逐渐减弱。他满脑子都是上山时看到的一条小溪的流水。理性的声音逐渐消失，尽管另一个杂乱的声音还在催促他前进：**"走啊！快！水就在前面！"**

辛普森不再控制节奏，匆匆往前赶，一心想着尽快喝到水。

夜幕再次降临，而他还是没有找到水源。又过去了一天。这时他的头灯没电了。靠临时夹板蹒跚前进的辛普森摔倒在地，爬不起来。他躺在摔倒处的岩石间断断续续地睡了一宿。

一旦从努力控制的任务中脱离出来，他的大脑认知部分似乎就会忙着做它平时的工作。"安心睡觉的时候，我感到自己异常清醒。"一旦大脑的情绪部分脱离约束，他曾抵抗过的所有恐惧便一齐涌了上来。一直被压抑的断腿的疼痛现在又回到意识中来折磨他。被拒之门外的担忧也来折磨他。

第二天，"我似乎走到了绝路。"他没了能量，毅力也在悄悄流失。

---

① 劳伦斯·奥利弗（Laurence Olivier，1907—1989），英国演员，莎士比亚剧表演大师，1948 年凭借在电影《哈姆雷特》（*Hamlet*）中的表演获得奥斯卡最佳男主角奖。——译者注

他闲躺着，没法移动；这时候他想到耶茨，想到耶茨肯定认为他死了。耶茨没有理由再留在山上，他会离开营地。即使辛普森设法回到营地，也会死去。必死无疑的境地突然激发了辛普森。"今天我必须赶到营地。"他对自己说。

当时，耶茨正在焚烧辛普森的衣物，收拾行囊，准备回家。

辛普森知道他还剩下 10 小时的白昼时光。他像卡拉汉那样认识到做好每件事的必要性。他开始"将这 10 小时分成短的时段，每一段都精准计时"。再一次，他将愤怒化为激励，迫使自己遵循严格的模式、节奏和行动日程，穿越这片双腿健全的人都难以穿越的地带。

他差点因为各种原因功败垂成。千万不要低估成年人运气的必要性。"如果你得到了一个幸运的机会，就得利用好它，"后来他这样告诉《背包客》（*Backpacker*）杂志，"你得拼死抗争。你不能坐等好运到来，它不会来的。"耶茨正准备离开，当地人牵来了驴子。辛普森正在营地外的乱石间连滚带爬，被失温和疲惫折磨得奄奄一息。最终，他设法控制住干渴的喉咙，喊出声来。耶茨听到了喊声，但感到难以置信，于是他跑出来查看。最后，辛普森被驴子驮出了秘鲁安第斯山脉。那之后，他数次攀登喜马拉雅山，而他和耶茨爬上修拉格兰德山的那条线路则从未有人重复过。

第十四章

真正的贵族

一次因为天气原因待命期间，我在伦道夫空军基地的 B 小队（Beaver Flight，他们小队的正式名称为"Bravo Flight"，"Bravo"在信号系统中代表字母"B"。）消磨时光。因为雷暴，我们没法起飞。我无所事事，读着公告牌上的话：**我希望像祖父一样在睡梦中死去**。旁边稍小的字体写道：**而不是像他车里的乘客一样大呼小叫**。这是典型的飞行员幽默。

我听到一个叫查克（Chuck）的飞行员走了进来。他是个有趣的家伙，剃着平头，四方脸，宽肩膀，和我们其余人一样，个子不高。查克离开了冰岛和 F-15"鹰"式战斗机成为了一名教官。他告诉我他和其他空军飞行员是如何在夜里跟俄国人较量胆量的。那些俄国壮汉会携带亮如数百万支烛光的灯照瞎他们。他告诉我："那之后大概半个小时，我们该死的什么也看不到。"这只是一场游戏，一场练胆游戏。射击是不被允许的，大概会引发第三次世界大战，但你也可能仅仅因为失控而丧生。

这是令人痛苦的工作。飞行的荣耀是一回事，但他们不得不坐上无数个小时，大部分时间都平静无事，然后通过一根管子尿在"尿袋"里，脸上还罩着（或不罩）橡胶面罩。狭小的机舱里不是热得要死就是冷得要命。除了偷空吃口零食外，食物想都别想。我曾坐战斗机长途飞行，因此知道飞行头盔有多重。我们会戴一只丝质衬帽，但几乎没用。一个小时后，那感觉就像有只铬铁搁在脑壳中央，头盔的重量逐渐挤压颈椎椎间盘，疼痛一路延伸向下直到后背。头盔和面罩必须极其合适，因此飞行前，负责生命支持的人员会测量我的脸，用卡钳测量鼻梁到下巴颏的长度。头盔必须很紧，不然弹射时遇到的强劲气流会把它直接吹掉。因此你的头和脸就夹在老虎钳里。

聚酰胺手套、伞兵靴和带有避免火焰烧伤暴露皮肤的关门领的聚酰胺服装让人就像裹在保鲜膜里。而且身体只能保持一个姿势，因为飞行时要用到双手、双脚和头。确实，你可以用自动驾驶，甚至全裸着飞越科威特，但很少有人这样做过。经过几个小时后，连你的牙齿都会疼。那还是一切顺利的情况下。

人人都想驾驶 F-15，但一段时间后，人人都想回家。我当然理解查克来这里学做飞行教官的原因。伦道夫的第 12 飞行训练联队的任务是将经验丰富的战斗机飞行员变成教官，训练其他飞行员。他们做短途飞行，长时间在教室懒洋洋地听简报，周五晚在军官俱乐部喝啤酒，与同伴玩 Krud（不用球杆、没有规则的台球）。这是一项非常轻松的工作，但是，正如我的教官斯图尔特·罗杰斯（Stuart Rodgers）上尉告诉我的："我们只教学员一种飞行作战模式，就是敌人和你一起待在机舱里的作战模式。"他的意思是说教官会装成新手飞行学员，而学员则装成教官。扮成学员的教官会做出让两人都送命的愚蠢举动，而扮成教练的学员则要预见他的行动并在事情变得严重前阻止他。

我刚刚问过查克关于薪水的事，他没回答我，而是对着房间里的一群人大喊："谁是为了赚钱来的，举个手。"大家都笑了。查克发誓说每天上午开蓝色客货车送他们穿过停机坪来到飞机旁的家伙挣的都比飞行员多。

查克做过三年与此不同的空中格斗。他和另外三名"鹰"式战斗机飞行员会起飞，飞越海洋，却不知道自己面临的是什么。他们会在某个地方遇上一群模拟敌机和不明飞机的海军飞行员，那时的假想敌是苏联，其中甚至还会有几架真的米格战斗机。空格开始后，以超音速接近的所有飞机立即转向，互相咬住。每个人都想咬住别人的机尾，制造名为"毛球"①的混乱局面。那天下着雨，我们在 B 小队观看两架飞机进行这样一场模拟空战的视频。B 小队飞行员聚集在电视机前一遍又一遍地观看战斗片段，仔细聆听无线电通信，其道出了在这种惊人的平衡下的一次危急情况（空战中的两机对撞）中飞行员的反应。

首先是长机②的呼叫："停止！停止！停止！"这是退出"毛球"的标准命令。紧急呼叫总是重复三遍，如"Mayday, Mayday, Mayday"③。

我们看到屏幕上的两架飞机相向滑过导致机体部件撕裂，冒出类似日本单色水墨画中毛笔晕染出的墨色般的浓烟。这时一个撞机的飞行员呼叫："弃机！弃机！弃机！"又过了一会儿："标记。"

然后——砰！——他的座椅在一阵烟雾中弹出，他弹射了。

"这是真正的优雅，"查克告诉我，"在这样的形势下，你唯一的反应是出来。但他说'标记'，这样他们会标记他弹射时的位置好便于搜救。这才是专业素质。"

真正的专业素质。这就是生存的全部含义。那名飞行员的专业素质的核心就是他在最危急的形势下还想着队友。他不是受害者。2001 年 9 月 11 日，美联航 11 号航班空乘马德琳·埃米·斯维尼（Madeline Amy Sweeney）表现出了同样纯粹的专业素质，当时她坐在机尾座位上，通过电话冷静地报告了这架即将撞上世贸中心北楼的飞机里发生的事情。当乘务经理听到她描述一个乘客被割喉、劫机者的位置和其他重要信息这些信息可能永远不会为人所知的事情时，他情不自禁地为她惊人的自控力折服。

像那个弹射出舱的飞行员一样，她就是彼得·莱沙克所称的"一名选手——从头到尾都是一名战士和助手"。这事说起来容易做起来难，但依然有人在生死关头做到了。弹射出舱不是儿戏，它是一个暴烈的、危险的、灾难性的操作，像坐在一管炸药上一样。它常会导致飞行员的

---

① 毛球（furball），多架飞机近距离缠斗。——译者注
② 编队飞行中的带队飞机。——译者注
③ 国际通用紧急呼救信号。——译者注

背部骨折，永远不能再飞行。它能当场撕裂肘、膝等身体部位；如果操作不当，甚至能要了你的命。飞行员知道这一点，并且更害怕弹射而不是驾驶残机迫降。因此，当他们伸手去拉弹射开关时，那感觉就像拿把枪指着自己的头，准备扣下扳机。那名所驾驶飞机已经严重受损的飞行员知道他必须做出决择，要么机毁人亡，要么拉下弹射开关，冒着严重受伤的风险降落在海上，还有可能会淹死。在这样可怕的时刻，他想到了他的队友并向他们提供了需要的信息：他的位置，以避免他们在搜救时伤到自己。

约瑟夫·勒杜在他的神经病学研究报告中写道："认知成为思维武器库里一个相当有用的部分的原因之一就是它使'反应'转变为'行动'。能做出这个转变所带来的生存优势可能是导致哺乳动物进化出复杂的认知能力和灵长类动物尤其是人类认知能力爆发的重要因素。"约5万年前，尼安德特人（Neanderthal）和相对孱弱的智人生活在相同环境下，但尼安德特人灭绝了，我们则生存了下来。更高水平的认知能力也许发挥了重要作用。

在我们创造的这个复杂技术世界中，认知和解决问题的能力对我们的持续生存越来越重要，因此我们开始依赖它就好像它无所不能一样。但这个策略经常带来虚幻的控制感，在危急关头却靠不住。它一步步的线性与非线性的动态系统不匹配，后者的行为方式蛮横、无法预测，在快速改变特性时是跳跃式的。在生死存亡的危急关头，如果理性是你能用得上的唯一工具，很有可能你会实现比利时物理学家、混沌理论创立者之一的大卫·吕埃勒（David Ruelle）所说的"稳步走向死亡状态"。

在希罗多德的《历史》一书中，雅典的梭伦（Solon）造访克罗伊斯（Croesus），克罗伊斯向他展示了自己的巨额财富后说："来自雅典的朋友，在萨迪斯时我们经常听到你的事迹：你的学问和足迹天下闻名。我们听说你热爱知识，也曾八方游历，见识世界。因此我很想问问你，你有没有遇到过这样一个人，他比所有人都快乐？"

克罗伊斯希望梭伦会回答这个人是他自己，但梭伦却说出一个普通人的名字，雅典的忒勒斯（Tellus）。"要知道，"梭伦对惊愕的国王解释说，"在雅典和她的邻邦依洛西斯之间的一场战役中，他走进阵地缺口，其勇猛让敌人掉头逃跑；他是死了，但他死得伟大，雅典民众在他死的地方为他送葬，给予他极大荣誉。"

没被说成世界上最快乐的人，克罗伊斯发怒了，于是梭伦安慰他说：

> 在我看到你死得也很伟大之前，我无法就你提的问题答出你的名字。要知道，拥有巨额财富的人，除非好运伴他一生，并且注意了，当他去世的时候，他要死得伟大并且所有的优势都没有分毫削弱，否则他并不比勉强度日的人更幸福……无论如何，考虑所有事物的结局，看它最后如何发展都是重要的，因为虽然神常常给人带来幸运，但又会在之后将之完全摧毁。

生存的矛盾也是这样。除非某个人死了，否则你永远不能说他/她生存下来了，是完美的生存者，因为每一次考验是在为下一个做准备。就其本质而言，生存和生活一样总是不期而至的。因此，只有将一生都当作生存度过，才可能在危急时刻做出正确举动。生存是一条必须从出生走到死亡的漫漫长路。它是一种生活方式。当被要求评价生命时，梭伦选择去评价完整的生命。

先哲典籍经常谈及直接关系到生存的话题。《道德经》里充满了机敏的隽语和莫测的奥秘。"道可道，非常道；名可名，非常名。"如果你带着它能告诉你怎么做的期望阅读这本书，你会失望的。这本书旨在启示，但觉悟之路是漫长的。圣·保罗，即使徒保罗写道，你们当"恐惧战兢，作成你们得救的功夫"。入死如崩，出生如登。《道德经》里没有救赎，但你可缘"德"悟"道"。它如是解释生存：

> 盖闻善摄生者，路行不遇兕虎，入军不被甲兵；兕无所投其角，虎无所措其爪，兵无所容其刃。夫何故？以其无死地。

如何达到那样的境界是生存的关键和奥秘。就像彼得·莱沙克所说，"如斯活力，无法死去"[①]。他从"21个火灾高发季节，美国11个州和加拿大1个省的560场大火"中活了下来，"因为我感悟到了灭火的精神因素"。你是无法从在训练中获得，或者从一名让他的队员艰难地扑灭熊熊的荒原大火，自己却驾驶着消防直升机的强悍的蓝领机长那里听到这些话的。"有个神秘和信仰的核心，它不仅指导了我的职业生涯，还指导了我的生活，"他写道，"对我来说，火场是圣地，一个充满力量的地方。它不仅有丰富的传统、历史和生态意义，还是情绪和思考的不竭源泉，我只能用敬畏一词形容它。"面对可以轻易夺去自己生命的灾难时，莱沙克的富有感和奇迹感是最优秀生存者的典型反应。敬畏痛苦和恐惧、接受冲突是生存者的基本技能。为了成为以冒险为业的消防队员，莱沙克放弃学业当上"牧师"，他说："我终于成了一名'牧师'……发现了精神灵感和实践的源泉。"

宇航员工作卓越，很少发生致命事故的原因之一就是他们也发现了那个源泉。他们是"牧师"。他们在休斯敦约翰逊航天中心进行训练。他们过着摒弃享受和服务的禁欲生活。他们学习团队工作，将兄弟姐妹的生命看得重于自己并且保护他们。他们学着熟悉恐惧和痛苦，并将它们用作救赎的工具。即使知道自己可能永远没有机会太空飞行，他们依然年复一年地训练。像那个想成为剑术大师的学生一样，他们被迫辛勤劳作，忍受师父的责打，直到不再需要剑术。只有这样，他们才有资格握剑。美国国家航空航天局的选拔程序会选出那些到达时已经走上大师之路的人。不管宇航员是什么样的人，他不是国家航空航天局塑造出来的。他本来就有这样的素质，训练只是为了拓展和深化这些特征。

---

① 原文是"So alive you simply cannot die"。——译者注

在月球上降落时，尼尔·阿姆斯特朗必须解除"鹰"号登月舱的自动驾驶，手动降落。这不是空话。它意味着他必须将身体（情绪）、思维与机器（环境）结合。在国家航空航天局这个"教会"里，他接受了理性和情绪方面的训练。想得太多或太少都不行。这种关键时刻，只有线性和非线性、理性和情绪（那些即时情绪标识）的完美混合才能带来正确行动。

理性不能引导正确行动的证据是"鹰"号登月舱已经被设置成自动驾驶的逻辑系统。计算机程序可以一直追踪它降落到月面的路线。阿姆斯特朗一丝不苟地训练了手动降落，尽管登月计划是"鹰"号登月舱会自动降落，而他只需监控系统。但当阿姆斯特朗看到登月舱将落在巨石区时，他知道关键时刻，理性失败了。于是他接管了。

他驾驶登月舱降落月面，而问题接踵而至，警报在他耳边响个不停。离月球表面不到 1,000 英尺时，他看到了准备降落的地区，"一个大如足球场的环形坑就在前方，周围是一个巨石场，一些巨石大如大众汽车。"［据安德鲁·蔡金（Andrew Chaikin）《月球上的人》（*A Man on the Moon*）］就在阿姆斯特朗消耗宝贵的燃料飞过那片地区后，他依然找不到地方降落。他的心率已经从每分钟 77 次升到 156 次，显然，他的情绪系统已经被完全调动起来。但他的声音依然冷静。

理性上来说，他应该取消降落任务。燃料不够，时间也来不及。但理性根本不知道荣誉为何物。他正在使用他从长期训练中获得的精神奖励，无数神经网络涌出像急速爆破的能量般的输出信息，情绪标识和理性思考以不断变化的组合方式激活了他所处世界的动态模型，从而使他的双手、双脚和双眼处于运动状态以保持登月舱的变化快于包含了质量、动量、速度、重力、燃料消耗率和飞速接近的月球表面的动态系统的变化。整个事件几乎从他身上一闪而过。他正在以惊人的速度审视世界、适应世界。而且，他是在莱沙克所谓的"极为恶劣的环境"下做到的，表现惊人。他沉浸在妙不可言的生存行动中，与此同时，他的理性"定海神针"巍然屹立，他也得以解除登月舱和情绪系统内部的警报。从神经学角度来看，这是神表现。

他选了另一个区域降落，但不太妙，因为有更多巨石。他飞速前进，又选了一个，也不行。最终，他发现一个相当不错的着陆点。他在月球表面上方仅 100 英尺高度飞向那里，此时只剩下维持 90 秒的燃料（其中 20 秒用于取消降落）。随着最终开始着陆，登月舱的火箭发动机扬起灰尘，他只能看到一片灰蒙蒙。

阿姆斯特朗不理会这些视觉线索对控制的影响。月球引力很小，小到他操纵登月舱轻缓着陆时，都没有收到前庭信息 —— 直觉信息。像许多表现优异者在近身搏斗中做的那样，他甚至有余暇检查自己的动作。蔡金描述说："他对自己很不满意，认为降落不够平稳。"关闭发动机时，他还有可维持 20 秒的燃料，正是返程的需要量。

莱沙克对他自己作为一名野外消防队员度过的 20 年冒险生活的描述正好可以用在这里："我是在俗'牧师'，为我任命的是训练、经验，以及最重要的，接过指挥权的意愿。这份意愿中包含失败随时会发生的认知和这样的失败可能要了我的命，或者更糟糕地，要了别人的命。"B 小队飞行员的说法也是如此："我们的社会属性决定了，我的冒险被认为是不值钱的。但我挣到的是真正的贵族地位 —— 无关贵族头衔，而是追求行为和生活的质量和尊严的意义上那种。"

1988 年，《哈珀杂志》（*Harper's*）刊登了我关于与 B 小队飞行教官一起飞行的文章。他们幽默地称自己为"河狸小队"。那时候，我正一心寻求进入父亲的冷静和英勇王国，因此写到他们的幽默和适度冷静时，我还不知道自己实际上是在谈论生存的基本因素。我问教官罗杰斯上尉他们是如何挑选空军战斗机飞行员的。像克罗伊斯纠缠梭伦一样，或许我也偷偷希望他会说我是那个理想的候选人。但是他说："嗯，是这样，我们走进唐恩都乐咖啡馆，逮到坐在柜台边的每个人说，'好了，你是飞行员了。'然后我们把他们送到一座特别远的机场，塞进飞机里，看他们能不能驾驶。"

一天，他态度更认真地告诉我是什么塑造了一名优秀战斗机飞行员。"他是这样的，你告诉他什么，他立刻就能明白。他是一名优秀的运动员，好胜心强。他可以在上百人前大谈他不知道的事情。他直接行动，毫不犹豫。他是习惯性动物和完美主义者。"飞行员入选战斗机飞行员时考察的是他们的学习成绩和飞行成绩。他告诉我这些人的成绩要计算到两位小数进行排名，挑选出前 5%。他说的是我父亲，也是完美的生存者。

通俗电影和文学创造的战斗机飞行员（就此而言，还有宇航员）形象只适用于我父亲的时代，不再适用于现代。战争的紧迫性使整个筛选程序完全不同，在某种程度上，陆军为了完成任务，有必要招收空中"地狱天使"①。（父亲说体检的时候，医生说："能看到闪电、听到雷声吗？恭喜，你现在是飞行员了。"）冷战中期，当肯尼迪总统承诺到 60 年代末将人送上月球时，同样的急迫也体现在将人送上太空的事业。因此，《必要品质》描写的典型形象在当时是真实的，只是现在不适用罢了。在父亲所处的时代，整夜喝酒的飞行员大有人在，据说有人在次日执行飞行任务时将烟草塞到眼睛里保持眼睛睁着。据说还有人将操纵杆系在窗框上，一路睡到战场。我说不准那是不是真的，但了解了见过的人后，我一点都不对此感到意外。现在的宇航员更可能有博士学位而不是酗酒问题。

现代战斗机飞行员不会抓着酒瓶招摇过市。首先，一些飞行员是女性，而且海军抓到酒鬼的处置也表明了后果。周五的 Krud 游戏有时会很暴力，并且确实有人会喝醉，但每周只有一次，而且经常喝多的人会被禁飞。也没有人在近距离高速飞过塔台还能留在空军。

一天，我看到一些飞行员在停机坪上击落他们的手表，互相拍掌庆贺，还真把自己当成了《壮志凌云》（*Top Gun*）里的汤姆·克鲁斯（Tom Cruise）。我走向摆渡车时听到其中一人说："我想要。"另一个接上："要

---

① 参考第 79 页注①。

速度！"

罗杰斯对我解释说，他们在取笑那部电影。"如果哪个飞行员像电影里的汤姆·克鲁斯一样，那他一个朋友也交不到。没人理他。"同样的傲慢和对安全的漠视会让你在高性能飞机里、在野外或任何其他高危险场所里送命。现代人对高风险运动和野外消遣的狂热——许多没有经验的旅行者已经尝试过了——必将造成事故，但此类人物形象还在增大事故发生的可能。例如，一辆日产 SUV 的广告中，透过汽车后门能看到一名山地自行车手。他受了伤，正在做临时肢体牵引治疗，自行车也摔坏了。广告标题写着："恢复室。"言外之意，受伤也是乐趣的一部分，但伤害和受伤是两回事。

我认识的一个和尚在学习射箭。他向我描述了他的第一堂课。黎明时，师父带他来到一处悬崖，摆好靶子，给弓上了弦。接着师父抽出一支箭，瞄准靶子。师父拉开弓，在最后一刻改变方向，把箭射出了悬崖。

"我们首先是军官，"罗杰斯上尉解释说，"其次才是飞行员。"飞行不是重点，就像射中靶子不是禅宗箭术的重点一样。它们都是生活方式的副产品。大道无术，一旦你不再需要或不再想射中靶子，"道"自会将你引到那里。当你达到人弓合一的境界后，就不再是务必射中靶子，因为弓会瞄准靶子。智慧始于谦虚。我的训练结束时，罗杰斯上尉收到消息，他被调到了 F-15 战斗机部队，一份令人垂涎的工作。我问他是否因为他是最好的飞行员。"不，不是，"他难为情地笑着说，"我只是运气好。很幸运。"

我认为他的用词说明了一切。父亲的飞机曾被击成碎片，也因为拯救了机组成员而荣获勋章。多年后，当我问他是如何做到的时候，他说："我只是运气好。很幸运。"说完他笑了。

第十五章
坠机之日

　　乔·辛普森和史蒂文·卡拉汉走上的生还之路的起点可以追溯到孩提时期。要进入野外，挑战大自然的力量，我们必须适格。适格不是来自一所周末生存学校、雄鹰童子军，甚至也不是来自数年的军旅生活。彼得·莱沙克写道："在救火和其他紧急行动中，你不仅要忍受，还得享受不确定性。不然你坚持不了多久。最有效的准备是多年训练和经验培养出的身、心和专业的总体素质。你为活而活。准备本身就是一项活动，行动就是准备。"他说的是使自己适于生存，他在野外做到这一点的方式是承担起救火的额外负担，就像父亲冒着炮火飞行——本身就是生存行为。

　　我一开始是从父亲身上了解到适格，在相继成为飞行员、仪表飞行员、民航飞行员和特技飞行员后，我又有了新的了解。在阿拉斯加的北极地区——布鲁克斯山脉（Brooks Range）往北和经韦恩赖特到巴罗的海岸线上——驾驶丛林飞机时，我也了解了惩罚粗心和傲慢的不留情面的力量。参加国际特技飞行俱乐部的比赛时，就在我看到周围的人被出局时，我意识到，自己必须胆大而谦虚，必须对这个充满活力、永不停歇、物质杂糅的世界敞开胸怀，并创造出自己的生命"盲文"。

　　坠机时父亲伤得太重，不能继续做飞行员，于是他回到学校，成了医学院教授、科学家。我跟着他先后来到得克萨斯大学、贝勒医学院和西北大学，在他的实验室工作着长大，最后操作着电子显微镜，和他一起探索人类细胞机制。我会去听他的课，这样我就能说他的语言 —— 科学语言。走上讲台时，他总是以这句话开始："同学们……"他教会我谦虚，让我知道，我们都永远是学生，生命不息，学习不止。

他 70 岁那年，我在国际特技飞行俱乐部的比赛圈子里势头正猛。为了庆祝他的生日，我带他飞行，向他展示我日常的旋转、翻筋头、横滚、缒头机动、古巴八字、殷麦曼反转、滚翻转。滚翻转时，飞机持续螺旋前进，像在跳猛烈的汽油芭蕾一样做连续机动。

对地面上的人来说，飞机吵闹、令人讨厌，但对于飞行员来说，它有时似乎像帆船一样一片死寂（知道你听到不对头的声音，然后立即会被注意到）。飞行中，父亲静静地坐在后座，我以四五个 G 的加速度撕扯着飞机，爬升、下降、横滚、俯冲划破凛冽的空气，一分钟内，视野在蓝天和绿地间 10 来次转换，旋转世界的流畅之美使我的心中满是惊喜与欢乐。似乎不是我在开飞机，而是我成了飞机，翼尖生出了神经。

我的兄弟迈克尔（Michael）也是父亲的学生，是一名医生。他担心这个年龄的父亲承受不了那样的重力加速度。但是当我做完动作，飞机在沥青地面上停住，父亲爬出机舱说："你是个很棒的飞行员。"他不会随便赞扬别人。这是我生命中最重要的时刻之一。我是有价值的，飞行的价值。

听到我父亲的生存故事时，人们想到的是从高空掉落或者那个站在机翼残端的德国农民扣动了旧手枪的扳机，手枪哑了火的时刻。但这些离奇事件都不重要。

的确，生存需要运气，而运气不过是一生际遇的积累。有一年，我来到冰川国家公园，观看美国最大的除雪行动。逐日路尽头急弯处的积雪有 100 英尺深，并且这条路只有两车道宽。雪崩经常从那里穿过，有时会将人和机器一同冲入峡谷。随着天气转暖，悬崖上掉下来的巨石有汽车那么大。与除雪队员一起安顿下来后，除雪队长告诉我，上个雪季道路开通那天，一块 30 吨重的巨石掉到一辆汽车上，砸死一名日本游客，而他坐在副驾驶座上的妻子则幸免于难。我在想：他这一生就是开车走在路上奔赴那个时间、那个地点。幸存的妻子也是如此。但她的求生之路并没有在那一刻结束，而是从那一刻开始。她的任务是战胜这可怕的事件，继续生活下去。父亲也是如此。我从他的故事中学到的生存课程不是他从 27,000 英尺高空掉下却没摔死的幸运，而是在失去亲如兄弟的机组成员，身体受到巨创并经历了战俘营之后，还有力量继续生活 60 多年。那年他 23 岁，就不得不为自己打造一个从一切困境中活下去的策略。我看到过他的许多战友直接放弃，成为垮掉的老人、行尸走肉。那个德国农民破旧的手枪没打响纯属运气，但之后发生的一切不是。

当父亲在方向舵踏板旁摔成一团时，他怀着某种莫名的狂喜，饶有兴趣地看着男人试图开枪的样子。接着父亲开始笑，惹得那个德国人骂个不停。父亲完全能听懂德国人的话并对这个电影般的场面着了迷。它甚至比电影还离奇：没有降落伞，从 27,000 英尺的天上掉下来没死，却刚好地落在一个拿着枪的恼火的农民附近。他忍不住想笑。这是救赎的开始，不是结束。幽默是此中关键。

一名德国军官来了，告诉农民他不能开枪打死这个美国飞行员，严格来说，他是帝国的俘虏。两人言辞激烈，吵得不可开交。农民说，这人轰炸他们就该死，而且不论如何，他也活不长了。你看他。确实，他的鼻梁断了，血流不止，而且血肉模糊地瘫着。他显然神志不清，看，他还在笑。

就在他们争论父亲的命运时，派弗老太从她位于诺伊斯镇（现为杜塞尔多夫近郊）外的农舍里走出来。B-17 轰炸机的前半部分落在与她的地相邻的铁路路基上，她正火冒三丈。飞机后半部分与部分机组成员坠毁在约半英里外，其中一人在空中就失去了他的双腿。她在家里看到了整个过程。空袭期间她拒绝躲到防空洞里去。德国士兵都很年轻，她凭借着年龄优势吩咐士兵照顾受伤的飞行员。

父亲在雪地里醒来，身边是机组人员的尸体。"我一时清醒，一时昏迷，"他告诉我，"但极度兴奋。也许是因为我的伤，也许是因为有人给我打了吗啡。我不知道。但我感觉不到疼痛，并为活着感到庆幸。"

躲在左边的是他的顶头上司，副驾驶员亨特上校。父亲是这架飞机的机长，因此他负责机上所有人的安全。现在，亨特就躺在一边，新雪落在他的尸体上。别人都死了，自己却还庆幸活着，父亲不禁感到愧疚。

胡思乱想之际，他开始吐血。他认定自己有内伤。意识到自己要死了，他的快乐突然之间变成了恐慌。经过了这么多，却还是死在雪中。他哭了起来，一个还是孩子的德国士兵走过来查看情况。他弯下腰，将这个美国男孩的鼻子拉回去。他的鼻子被一块飞来的玻璃或金属割断了，但还通过一块皮连着，现在父亲意识到：他一直仰躺着，把从伤口流出的血都吞了下去。这就是他呕吐的原因。又一次，他兴奋得难以自禁：他会活下去！

他又一次昏迷过去。

派弗老太吩咐德国士兵将受伤的美国中尉抬到她屋里，再次苏醒时，他们已经把他放在壁炉前。她给了他一杯茶和一支烟。因为他的胳膊、双手、双脚、双腿和数不清的肋骨都断了，她只得为他端着茶，拿着烟让他抽。他想：还没有太糟糕。兴许德国战俘营就是这个样子，有茶，有烟，还有温暖的火。

这时一辆卡车停在屋前，他们把父亲扔进车厢，开走了。"一驶上颠簸的结冰路面，"他说，"我就觉得断骨在互相摩擦。"他疼得嚎叫不止，直到再一次幸运地昏死过去。但每次他都是尖叫着醒过来的。

最终，他们到达格雷斯海姆附近的战俘营。他被扔进一间地下室，与来自欧美各地的战俘待在一起。碰巧，其中有一名叫热里（Géri）的医生是法国反抗组织的成员。他是外科医生，用德国人给的一些少得可怜的医疗用品为伤员治疗。那里还有几个获准在这个简陋诊所工作的男护士。

在系在一根电线上的光头灯泡下，热里医生用钢琴线把父亲捆上，全身打上石膏，直到他看起来像挂在地下室天花板上的一只白色巨型蜘蛛。

随后几周，热里医生像给钢琴调音一样收紧钢丝，父亲又痛得大声尖叫。被卡车从坠机处带到这间地下室以来，他还没叫得这样大声过。当他央求医生给他用吗啡时，热里医生告诉他："你轰炸婴儿时，他们是不是也是这样叫的？吗啡是给英雄的，不是给轰炸婴儿的美国苍蝇的。"说完他抽紧一根线，父亲叫得更大声了。热里医生是和平主义者。被盟友而不是敌人折磨，父亲想这实在是太奇怪了。他只能对热里医生又爱又恨。

第8航空队继续空袭这片地区。轰炸机从上方隆隆飞过，当500磅炸弹在战俘营周围炸响时，父亲床上方的灯泡就开始晃动。他看着灯泡，听着他的钢琴弦奏出怪诞的不和谐音调，像巴托克（Bartók）的音乐；似乎是将他们全都炸得粉身碎骨的直接命中前的序曲。如果炸弹落得够近，灯泡就会猛烈晃动砸到天花板上，落父亲一身玻璃碴。

春天来到这片德国田野时，父亲的骨头也愈合了。那些肌肉发达的男护士里有个叫亨利·莫罗（Henri Moreou）的法国战俘，他像抱婴儿一样把父亲抱出地下室，让他坐在太阳下，盖上一块毛毯。四月的一天，他坐在椅子上，把毛毯搭在膝上晒太阳。天气晴朗，只有几片云高高挂在天上。战线已经推进，带走了有时挥之不去的战争气息。太阳温暖，空气凉爽。父亲独自一人，旁边只有一些卫兵散布在一段距离外。他眺望远山，做着白日梦，昏昏欲睡，大部分梦都和食物有关。这个饱受战难的国家仅有的食物是土豆，德国卫兵吃土豆，土豆皮则煮成稀汤给战俘吃。慢慢饿死的父亲满脑子都是蛋黄酱，这种直到今天他还喜欢的食物。其他时候，他会梦到他的妈妈罗莎，她种玫瑰、画画、做陶器，或者梦到家里的那个姑娘，他的未婚妻也就是我的妈妈安娜·玛丽·莫舍（Anna Marie Mosher），她的父亲是一名铁路工人，在60岁生日这天被火车撞死。

父亲会想起他那条叫"大兵"（GI）的老狗，还有他的父亲奥古斯丁（Agustín）。奥古斯丁在采石场用牧豆木烧火做烧烤，然后卖给当地工人，下班后他就回到罗莎身边。奥古斯丁会在午后的阳光中打扫前廊和台阶，一直扫到他们住的西班牙语居民区肮脏街道的人行道上，在罗莎种的一排排玫瑰间扫啊扫。

父亲能听到左边两个卫兵打扑克时轻轻的拍打声。在他的右边，一些人只是盯着虚空中站着，还有两个人在轮流抽一支烟。群山正转为碧绿。他内心平静，甚至可以说快乐，浑然不觉空空的肚子和正在愈合的骨头带来的持续性疼痛。

最远处的山顶上，有东西吸引了他的目光。他看到有东西在动。他看到，一个人似乎从山上长出来。一个负重的人从远处走来，现在正在翻越山顶，来到近前的这一面。那人还很远，父亲什么也看不出来，但即使那么远，父亲还是察觉到有古怪。从没有任何东西翻山而来，他的动作有些熟悉。不可能。他离得太远，分辨不出任何细节，只看到那人背着一个大包和其他装备。

但父亲无所事事，昏昏欲睡，除了看那个人越走越近，他也没什么要做的。他不知道自己看那个人从一片新绿中走出来看了多久。他掉入两座山间的低凹处，消失了一会儿，又从下一个高处冒出来，更大，更清楚了。父亲知道他一定不同寻常。他往椅子前挪了挪：那人背负的东西让父亲无法指认他。他怀疑自己是不是饿昏了头。

这时卫兵也注意到了。打牌的放下了牌，其他人也严阵以待。一个士兵用靴子前掌踩灭烟头，对着无风的空中吹出淡淡的蓝色烟雾，他拿手遮在额上看着。那个孤独的人爬山越岭时，他们没动。如今，他正穿过一片有八分之一英里宽，长着黄花的开阔地带。现在可以清晰地看到他穿着灰绿色衣服，带着武器。他的头顶是圆的。父亲立即明白了原因：他戴着钢盔。那片黄花盛开的田野似乎极为开阔明亮，好像那人漂在盛满液体阳光的碗里。

卫兵集合起队形，端起了施迈瑟冲锋枪。所有人都全神贯注地看着那个孤独的人，看着他走近，走近，花了那么长时间走近。随着他的身影越来越大，揭示的细节和含义也越来越多，围绕在他身边的壮阔景致和开满黄花的田野一会儿将他吞没，一会儿又吐出来，好像他在海上沉浮。他也许是个微不足道的人，却完全吸引了他们的注意力，似乎他们是一个原始宗教的成员，终于等到了神话里归来的神。

也许这些士兵先于父亲很久就知道来人是谁。当受伤的飞行员开始在脑海里拼出他看到的图像时，那人已经到了200码外。然而父亲混乱的大脑还不敢相信，因此他只是不声不响地看着。

这时他听到了水壶和刺刀的碰击声，身份牌、P-38手枪和马口铁杯子的叮当声。所有这些奏出一种咔嗒咔嗒的古老音乐。巨大的帆布背包晃来晃去，靴子在地上拖着，还有那独一无二的四体不勤的懒散——噢，没人会那样走路，摆出那样的姿势；错不了，因为整个世界上只有一种人可以如此松散又优雅。电影和小说表现来表现去都是那漫不经心的步态，那满不在乎的冷淡。他就那样从容地缓走而来，酷毙了。

父亲最终回过神来时，他已经在50码外了，父亲环顾那些卫兵，满以为会看到他们上膛开火。但他看到的是一群年轻的面孔仰着脸，神情懒散而不是恐惧，是"谢天谢地终于结束了"的解脱，他们将武器扔到地上，举起了手。

美国大兵冷静、随意地朝他们漫步过去。当美国侦察兵走过院子，直接走到我父亲身边时，卫兵举着手，一动不动，他的影子投在父亲身上，父亲终于看清了他的脸——咧嘴傻笑着露出歪歪扭扭的大板牙；颜色模糊的柔软头发从钢盔下露出来落在他晒黑的脸上；M-1步枪随意吊在胳膊上。

还嚼着口香糖。

他低头咧着嘴笑，看都不看那些德国兵。他从好彩牌烟盒里抖出香烟，递给受伤的飞行员一支。父亲伸出能动的那只左手接过烟，大兵用老兵难以形容的熟练动作打着之宝打火机点烟，先是他自己的，然后是父亲的，点烟的时候他用双手轻轻罩在父亲瘦弱的手指上。他们吹出烟雾，看着对方。

"嗨，大兵。"大兵说。

"盼你很久了。"父亲说。

"你看上去很饿。"

"确实饿了。"不知何故他发着烧，浑身发抖。

大兵放下背包，在里面掏来掏去，掏出芝士和一大块粗粉面包。他撕了些面包递给快饿死的飞行员，像开弹簧折刀一样打开弹簧刀，切下厚厚一块芝士。父亲立即开始狼吞虎咽，嘴里抑止不住地大声哼哼，每咬一口还会扫视周围，仿佛谁要抢走他的食物一样。他从大兵难过的笑脸中看出自己看上去一定很惨，一个穿着破破烂烂、血迹斑斑制服的幽灵一般的飞行员。他被俘时有170磅，回家时只剩下119磅。

家庭也会发展出自己的生存仪式、道德准则，以及对何为适格的看法。小时候，每到1月23日，妈妈就会做一顿特别晚餐来纪念父亲被击落的那一天，每年我都会听到一些他的几乎不可思议的故事。我有时还会听到父亲在半夜里尖叫着醒来。我知道那些故事是真的，但我不确定自己能不能将心目中那个从天而降的青年与他后来的形象对上号。证据一直在我眼前。他的右臂用不锈钢钉固定着，肘部只能移动很小的角度。当他从跳水板上跳进游泳池时（他能走路就足够令人惊奇，遑论跳水），我可以看到那条胳膊变形成什么样子。当我还很小，只及他膝盖高的时候，我看到他的小腿从上到下都伤痕累累。他的双脚严重变形，正在学步的弟弟菲利普看到后大哭不止。父亲不得不穿特制的鞋缓解走路时的痛苦。

我用了几十年学到的就是他能够回到我们中间缘于他的冷静。他现在冷静，面临死亡那一刻也冷静，只说了必须说的："终于来了"和"弃机，弃机，弃机"，就像这些写在他眼前的检查清单上，就像这是飞行员坚忍克己的默认行为准则规定的。他获授杰出飞行十字勋章，不是因为最后一次飞行，而是因为更早一次他被击落时，凭借冷静、技艺和坚强挽救了机组成员。那次他的两台发动机都熄火了，电台损坏，机翼和尾翼被打成碎片，燃料以惊人的速度泄漏，而他正冷静地下降穿过云层，意识到自己不得不命令机组人员弃机，也许会掉进冰冷的英吉利海峡。

他们还不知道所在的位置。这时他看到一枚火箭穿过云层，于是他转向那团粉红色的火焰。他在飞机完全失灵前及时将飞机降落在比利时某地的沥青跑道上。快乐的机组人员在那里彻夜聚会庆祝直到黎明时分当地人开始工作，木底鞋的声音催促他们上床为止。

我有一幅他和 3 名机组成员的合影，1944 年摄于在纳塔姆斯泰德基地的一次飞行前。站在父亲右边的查尔斯·卡霍里（Charles Kahouri）那时是父亲的副机长，左边是杰克·莱登（Jack Layden）和杰克·库奇巴克（Jack Kutchback），两人都参加了最后一次飞行任务。3 人穿着整洁、严肃的标准制服，帽子戴得端端正正，一副军人姿态。虽然他们努力挤出微笑，但看起来就算不是害怕，也有点紧张。相比之下，父亲不仅没穿制服，还没穿衬衫。他戴着雷朋飞行员眼镜，不拘一格地歪戴着帽子，一只脚伸到前方似乎要踏出舞步。他笑起来正是别人告诉我的像是魔鬼的样子。我总是看着照片想：他当时到底在想什么？多年后再次看到它，我才意识到另外 3 个人都死了，他还活着。

他也没让伤痛阻止他。星期天一大早，他会戴着高顶礼帽，拿一只手杖，突然出现在厨房里跳软底鞋踢踏舞，一边唱着"给我那只旧……软底……鞋……"，一边模仿鼓声，吹口哨哼出伴奏音乐。我们会尖叫鼓掌，这时父亲会像河船赌徒戴梦得·吉姆（Diamond Jim the Riverboat Gambler）一样将手杖绕着手指快速转动。接着他会扔掉手杖，从妈妈准备用来做早饭的一打鸡蛋里抓起 3 只开始抛接。妈妈反对说，要是打破了蛋，他得出去买，而且她也不会再打扫厨房地板。

打破鸡蛋？门儿都没有。

就为了证明这一点，他把鸡蛋放到身后抛接。我毫不怀疑驾驶飞机并被击落的经历使他一下子学会了所有能力。他曾遇到过可怕的事件，但他战胜了它并回到了家中，被身边所有人像对待国王般对待。他坐着抽烟，看上去温文尔雅、聪明英俊。天生的专注使他能接住鸡蛋（表现优异者也有这样的特质），也使他得以在 5 个（后来是 6 个、7 个）儿子在他身边吵得天翻地覆的时候阅读《细胞生物学杂志》（*Journal of Cell*

Biology）。其难度不亚于在 27,000 英尺高空，飞机左翼被打掉，旋转使你的眼珠子都快掉出来的时候阅读紧急检查清单。

我知道自己几乎无望拥有那样的必备品质。当然，他永远不会向我解释。飞行员不会那样说话。但这一切都是无法抵御的诱惑。虽然我还是个孩子，但在我还说不出它的名字前，就下定决心要得到我的那份品质。

因为它，我在白茫茫的沙尘暴里骑着越野摩托车以每小时 125 英里的速度行驶在墨西哥沙漠的一片干湖床上；因为它，在午夜的暴风雪中，我没有帐篷，待在落基山以东最高点一个刀锋般陡峭的悬崖上；因为它，在北极某处裸露的燧石堆上，我抱着一把装着 9 发猎鹿子弹和猎大型动物的"双 0"规格子弹的自动猎枪，等待新鲜驯鹿肉气味引来的灰熊；因为它，我在距地面 10 英尺的高度以每小时 150 英里的速度倒飞通过加利福尼亚圣苏珊娜山（Santa Susana Mountains）的障碍航线，然后我以最好的文字将它记录下来献给父亲。每个前战斗机飞行员都有一个他们所谓的"荣誉室"（I-Love-Me Room），父亲的荣誉室里就放着他的飞行胸章、纪念品和他在陆军航空兵团服役时与已故机组成员的合影。他把我写的所有书和文章都放在那面荣誉墙对面的书架上。女儿说我的工作是每个 13 岁男孩的梦想，前妻则说我从未长大。

一旦被击落，父亲的生存并不像乔·辛普森爬上一座山或像史蒂文·卡拉汉在大西洋里捕鱼那么简单。但我必须这样认为，他的一生引领他达到无意识的境遇、判断和行动的融合，这种融合受制于克劳塞维茨称作冲突和机会的力量，即限定和定义宇宙的双向力。日本游客将车开到冰川国家公园掉落的 30 吨巨石下的这条路可以追溯到受精卵的第一次分裂，甚至可以追溯到修饰过的 DNA 成链书写出自身的定义时。

这并不是说一切都是命运，恰恰相反，它意味着与我们打交道的系统是不可预测的，因而会产生意料之外的深远结果。但这里也有模式。那个为了看看会发生什么而将自行车骑下车库屋顶的男孩，那个为了感觉马的热力和枪的后坐力在中学时加入骑兵的男孩，在学习乘风前进，感受速度、噪音和烟雾，学习在既冷静又激动的复杂芭蕾舞中小心瞄准、一击中的，他是那静默的中心，是马上的骑手，他最终达到了莱沙克所说的"几近神秘的意识水平"。然后为了飞行，他还得闻着油味，在热和烟中将那个过程再来一遍。在爆炸震动了他的飞机，锋利、炽热的高速碎片穿透飞机铝壳将烟雾腾腾的手插进黑暗的机舱时，他再次打起精神将飞机飞得既稳且直，在恐惧中依然保持冷静。手指向谁，谁就会成为不幸的牺牲者。这甜蜜、敏锐和持续痛苦的认知使他凭着坚强的意志，在不可能生存的飞行梦想中活了下来。"他实现了自我救赎。"

生存是持续一生的精神和身体活动。将自行车骑下屋顶和童年动荡生活的丰富经历教会了父亲如何降落。他在荷兰拯救了机组人员，又在诺伊镇上空失去了他们，前者令他问心无愧。怀着坚定的决心，他不仅重建了自己的生活，还生下 8 个儿子重建了机组。虽然长子不幸夭折，但以父亲为首，我们一家有 9 个男人，这正是他失去的人数。

1945 年 4 月 17 日，费德里科·冈萨雷斯中尉走出了格雷斯海姆战俘营。近 34 年后，当时我正在为《花花公子》（*Playboy*）杂志撰稿，研究空难和一架臭名昭著的机型的缺陷。麦道 DC-10 是一种常见的所谓大型喷气式飞机，该飞机的致命飞行故障超过了所有现代喷气式客机。作为《花花公子》撰稿编辑，我正计划和同事一起去洛杉矶参加美国书商协会大会。我的执行编辑谢尔·瓦克斯（Shel Wax）也去。他的妻子朱迪（Judy）将与他同行，去推广她刚刚出版的处女作。一起去的还有小说编辑维基·陈·海德（Vickie Chen Haider）和国外版权编辑玛丽·谢里登（Mary Sheridan）。我本来计划和他们一起乘 1979 年 5 月 25 日下午的美国航空 191 号航班到洛杉矶。但当我发现那架飞机是 DC-10 时，我就告诉谢尔还是不坐为好。他笑着说我看到的事故报告太多了。他说得没错，我确实看了很多。虽然当时，我驾驶派珀小型飞机穿梭于拥挤的空域已经数年了，但想到乘坐 DC-10，还是让我感到不寒而栗。

那天上午，我坐在《花花公子》总部旧址棕榈大楼 10 层谢尔的办公室里和好朋友朱迪聊天，她在她的书上给我签名。我跟维基告了别，她有个一岁儿子，我们经常一起乘公共汽车上班。我还顺便去看了玛丽，祝她旅途顺利。我看着谢尔和朱迪手挽手走向装饰派艺术风格的电梯。我记得自己看着他们依然这么恩爱，在等电梯时像少男少女一样轻声说笑，觉得他们真酷。

航班飞了 31 分钟，坠毁在一片开阔的田野，险些撞上一家油箱生产厂和活动住房区。飞机撞上地面前几乎滚成底朝天。机上 273 人全部遇难，即使过了近四分之一个世纪，依然是美国历史上最大的空难。我的住处离坠机地点只有 20 分钟路程，大火刚刚扑灭，我就在现场报道事故了。有一头中国人般黑色直发的美丽的维基，现在必须通过牙齿才能辨别出她。

这次事件使我在此后更加痴迷于飞行和飞行报道。但我与父亲的差距还有多远的念头始终挥之不去。我一直在追随他，以他为榜样，努力成为他那样的人。我把自己看成英雄的徒弟。但是后来，我开始明白我的想法完全是错误的。他不是英雄，而是生存者。在我和谢尔的妻子一起坐在他的生丝沙发上，他问我是否真的不在那天下午和他们一起去洛杉矶的时候，经过一系列的行动、条件和判断，我以某种方式完成了自我救赎，实现了我的生存。我的回答是：不去。我也成了一个生存者，一切都不一样了。

毕生的行动、条件和判断将父亲置于通往时空点的航线上，在那里，1945 年 1 月 23 日，一颗 88 毫米高射炮弹碰巧飞向海拔 27,000 英尺高空。人们早就无意识地接受了混沌理论和复杂理论等这类理论的精髓。许多故事都写到如果可以回到过去，然后改变哪怕是很小的一件事情，那么将会发生的事情。"因为掉了一根钉，一只马掌没了；因为少了一只马掌，一匹马没了……"，这首打油诗说的就是这个。如果那天亨特上校坐在左边而不是右边座位，那么我就不会诞生了，你也就看不到这本书了。如果

1973 年，杂志社要求我写别的故事而不是航空安全，那么我就不会了解 DC-10，就会和谢尔、朱迪一起登上那架飞机，那你也看不到这本书了。

但不管瞬间的或几小时、几天、几个月的生存是出于偶然、努力，还是无法解释的综合原因，都必然伴随着再次通向那个结局的同样的挣扎。如梭伦告诉克罗伊斯的，只有完整的生命可以被评价。我的生存并不是没有与谢尔、朱迪、维基和玛丽同行，出于各种其他形况，我仍在努力生存下去。如果说是父亲的坠落播下了这本书的种子，那么美航 191 号航班的坠毁事件就是在为这本书施肥，促使其生长。在这个被无法避免的秩序统治的世界里，先后出现的牛顿物理学、爱因斯坦相对论、热力学、量子力学等都确定了重力或任何其他侵害性的自然法则的存在，没有一件事可以真正被认为是偶然，这个词语只是用来解释有序和混乱间那条麻烦的分界线的。因此，命运实际上是规定万物都趋向无序的自然法则（熵）和规定万物俱为自组织的自然法则（复杂理论）间的拉锯线。如果这两个自然法则确实涵盖万物，那么一切都会变得清晰，我们只需回到过去寻找中国的阴阳思想。

当然，父亲的生存没有止于从天空的坠落。我观察它的形成，就如它形成我和我的世界一样。它始于一个双腿、双臂、双脚和肋骨折断了的人，他的鼻子被旁边的男孩像事后想到似地贴上，那时他正在哭，然后他就被打包运回家了。（他告诉我他经历过的最可怕的一次飞行不是机翼被击断的那次，而是回家路上遭遇雷暴的那次飞行机上，他坐在那架老式道格拉斯 DC-3 飞机里看到机翼疯狂地上下摆动，烟灰缸里的灰都被抖光了。）

他重新振作起来，永不停息地努力把握所处的世界。我看到他从坟墓里爬起来，获得博士学位，在一所著名医学院找到一份工作，发表科学论文，成批送出治病救人的医生，在业余时间学习成为优秀的制陶工，学习油画、素描、唱歌、弹钢琴、木雕，制作飞机模型，修好我们的第一台立体声音响，开着 1956 年产的大众客车载着吵闹的一家人穿越北美大陆去冒险。我看到他如饥似渴地不断与世界搏斗，尝试一切，分析一切，体验世界并理解世界，满足他永不知足的好奇心，就像他坐在黑暗中，透过电子显微镜窥探细胞深处的秘密一样。

我们花了整整一夏用各种木头刻制回旋镖，研究空气动力学来解释它们为什么会返回而不是像牛顿说的那样一直前进。

他是我知道的唯一一个从头到尾读完《芬尼根的守灵夜》(*Finnegans Wake*)的人。他让我想起霹雳上校①，他告诉儿子："征服生命，不然它会征服你。"当我做出令人难以理解的疯狂举动时，父亲会用禅师的口吻说："好吧，但要是你摔断了腿，别跑来找我。"

我知道那场灾难没打倒他。他是那个学会了躲避因而不再需要剑术的学徒。逆境锤炼了他，给了他无穷力量。他教会了我生存的第一法则：相信一切皆有可能。

---

① 美国电影《霹雳上校》(*The Great Santini*)的主人公。这是一部讲述飞行员故事的电影。——译者注

附录
探险法则

读到这里，你也许会回顾本书并想：说得很对，但我现在要做什么？我如何避免陷入求生局面？如果发生了意外，我该怎么办？本书的目的不是教人如何做，而是追寻深刻理解，当那个时刻到来时，它总会以某种形式到来，对所有人都是这样，他们将知道自己该做什么。

虽然如此，依然有一些能在所有生存局面下都发挥作用的建议，不管是情绪或财务上的问题，还是在 19,000 英尺的秘鲁山峰上摔断了腿。这些概念适用于所有紧张局面，不仅是生命受到威胁时。和整本书一样，这些概念不完全是给登山高手、战斗机飞行员或奥运会皮划艇运动员等以各自的方式面对死亡的人看的，也是给那些只想度过生活中的艰难时刻，时不时出门看看美景或体验一下肾上腺素激增的普通人看的。

一条建议是在力所能及的范围内接受培训。虽然大部分生存学校可能不会传授生存奥秘或事故理论，但依然能教给你许多，我推荐它们，连那些不想走到野外的人都可以一试。一次我来到内华达州西北部的马萨克湖（Massacre Lake），土地管理局的一名地质专家和我说起来自加利福尼亚的一对带着新生儿的年轻夫妇。他们向东行驶，误上了一条小路并驶入山区，遇到一场暴风雪。他们在一个洞穴里困了几天，直到丈夫走出来找到帮助。他们没想走到野外，但他们严重依赖的脆弱技术辜负了他们，导致他们陷入困境。且不管他们做对或做错了什么，如果他们曾进过一两个生存学校，就可以做得更好。至少他们会知道带上生火材料。

我认为人人都该学点基本生存技巧和生存者的思维方式，因为当我们认为理所当然的文明标志（甚至是财务或情绪支撑）出于各种原因消失时，它们就能派上用场。生存学校的教官发现，参加他们课程的商人越来越多，这倒不是因为他们想在野外生存，他们想要的是技能衍生的其他品质。这里有几条建议，一是能避免你陷入麻烦，二是能在麻烦到来时处理它。

感知、相信，然后行动。避免事故和求生局面是非常聪明的做法。神经生物学家霍勒斯·巴洛（Horace Barlow）说智力与"正确猜测"有关。"正确猜测"关系到人的一个自然倾向：预测。训练的目的是提高在某个给定形势下的预测准确度。但随着形势变化（它一直在变化），你需要的是灵活性，即感知现实发生的事件并适应它的能力。因此训练和预测也许并不总是你最好的朋友。

名为"剑道"（Kum Do）的韩国武术需要非常锋利的剑和（至少一开始是这样）殊死决战，它来源于日本剑道（Japanese Kendo）。如今练习剑道的人用竹剑，但一些招式发展延续了若干世纪，它们的作用就是抖掉剑身上的血，防止血凝固使剑刃变钝。剑道教学生避免"四心病"——恐惧、疑惑、犹豫、受惊。最后一点我还得考虑一番，因为其他几点在我看来不言自明。但我也认识到我们始终不变的防范和预测倾向有时会陷自己于不利境地。在剑道中，学生绝不能预计对手的行动或放任自己的预测天性，因为那会让人"受惊"，而"受惊"会带来瞬间的"疑惑"及随后的突然死亡。相反，他必须清楚而冷静地观察，然后在正确的时刻采取决定性行动。因为一击可以毙命，可以是一场战斗中唯一的一招，剑道传授专注、精确的身体控制、礼节、谦虚和信心。这些品质与你和大自然的力量碰撞时所需要的品质相似。

一些生存学校教官使用首字母缩略词"STOP"——停止、思考、观察、计划（stop, think, observe, plan）。其实应该是停止、观察、思考、计划，但那样缩略词就不够妙了。教官意在教你遇到求生局面时该如何反应，但同样的技巧也能帮助你避免这样的局面。

制订计划和留后手（应急计划）非常重要。假设分析有助于制定备用计划，任何危险行动前都该有这样的步骤。但你必须灵活地执行计划并且愿意放弃它。死板的人是很危险的。在剑道中，如果你事先计划好每一个招式，就会被对手一剑劈开。生存是适应，而适应是改变，但这改变基于对环境的正确解读。有时坚持计划是最佳选择，而临时凑合会带来麻烦。当我进入冰川国家公园时（第九章），如果我只是按原计划走完那条野径，而不是被美景吸引越走越远，就不会陷入困境；如果我在每个岔路口处都能转个身仔细观察正确的小道的样子，也就不会迷路。

那些看清世界的人避免了事故，他们看到了变化并相应地改变了他们的行为。这不能挽救所有人于所有事故。没有什么能挽救一切。但在大部分情况下，它能帮助许多人。我在佛蒙特的生存教官马克·莫里告诉我："我们来自城市，学会了指望事情一成不变。但它们不会。这一点会要了我们的命，或快或慢。"

避免冲动之举；别着急。儿茶酚胺是一把双刃剑。它能在你需要能量爆发时提供力量，比如我知道有个男人在汽车事故后从他女儿腿上抬起了一辆克莱斯勒全尺寸四门轿车。但它也可以让你兴奋过度以至于做错事。不要像那个摩托雪橇手那样，仅仅因为心情愉快、景色怡人就冲上有雪崩危险的山坡。

约翰·布沙尔（John Bouchard）是一名有 30 多年经验的登山高手。他告诉我说："我在巴基斯坦最后一次攀登时，条件明显不恰当。我们尝试（攀登），但登山绳被落石砸断了。我慌了，我有一种不好的预感。我不想去，但同伴坚持。于是我们尝试了另一条路。一旦上路就刹不住车。我忘记了要保持谨慎。我只是说，'去他的，干吧。'我们甚至没带任何露营装备。奇怪的是，我知道我还会这样做。"说到这里他笑了。他还是没搞懂像他这样知识和经验都丰富的人怎么会做出这么莽撞的事。"所

幸在最后 400 英尺，因为没有正确的装备，没法攀登，于是我们被迫在
20,000 英尺高度返回，不需要在那里过夜了"。

连表现优异者都要努力找到情绪平衡点并维持住。他们也需要在前
进中纠正路线，也会犯大错或后果严重的小错误，决定生死的是认识错
误的能力和适应能力，是回到正确路线上来的决心。如果你及时调整你
的行动，采取正确措施，即使最恶劣的环境都可以犯错。

掌握必要的知识。 罗马皇帝、将军马尔库斯·奥勒利乌斯写道："事
物按其自身的结构究竟是什么？它的本质和材料是什么？"对身边世界
的深刻了解也许会救你一命。例如，不通水性的人在进入激流，如救人、
捞东西或渡河前经常会在身上系一根绳子，结果他们死了，因为水和绳
子将他们拖下水，浮不上来。胡德山那几名登山者不了解他们正在使用
的系统，也不了解他们可能面对的力量（第六章）。了解系统，记住，那
些力量可以大到（或快到）令人难以想象的程度。

收集信息。 我在考艾岛利德盖特海滩遇到迈克·克劳德（第八章）
时，无知正让我陷入危险境地。我的问题不是情绪问题。我正要冲动地
跳入那儿的浪花里。我只想去游泳，又没有获得正确的信息。世上有许
多这样的地方——胡德山、华盛顿山、兰姆滑道、冰川国家公园、波
托马克河和大部分滑雪场，都是我说的危险或灾难区域。同样的事故年
复一年，一次又一次地发生。这是件很容易了解的事，但许多人问也不
问就一头冲进去。只要你问，公园护林员、救生员和地方政府都会告
诉你。

接受死者的教训。 如果你能把死人召集到身边，坐在篝火边倾听他
们的故事，就会发现自己置身于最好的生存学校。但这是不可能的，因
此请读一读你选择的游玩地的事故报告。《北美登山事故》、美国全国洞
穴学学会的简报、《河流安全报告》，还有其他出版物〔例如《发病率与

死亡率周报》(*Morbidity and Mortality Weekly Report*)]和网站,它们不仅提供或扣人心弦,或引人发笑,或令人痛苦的读物,还能告诉你别人犯下的错误。这样你就可以警惕类似情形,也许还能避开它们。这不就是那些器械潜水员淹死……的洞穴吗?

谦虚。一名海军海豹突击队中校对研究生存的心理学家阿尔·西伯特说:"兰博那种人是死得最快的。"不要仅仅因为自己在一个方面出色就认为自己的其他方面也出色。施乐、大西洋和太平洋茶叶公司、美国数字设备公司等无数公司的历史表明商人一直在犯这样的错误。加巴上尉(第三章)无疑是一名优秀的陆军游骑兵。他有丰富的求生知识,但对湍急的河流还不够了解(他也不知道这一点),因此他淹死了。

这个原则的另一面是成功的危险。约翰·布沙尔是登山队员,还是滑翔伞运动员,他这样描述:"你飞了上百小时。你觉得自己了解它。你知道如何利用上升气流,做过越野飞行,上过云底,飞过20英里,你觉得自己理解了它。因此你开始蛮干。小心吧!"

1992年,在加利福尼亚欧文斯谷(Owens Valley)举行的全国滑翔伞锦标赛期间,他的朋友利奥(Leo)在练习前两天进行了第一次长距离飞行,这次飞行的高度达到8000英尺,并且跨越40英里,从加州毕晓普飞到了内华达州米纳。"第二天,"布沙尔说,"他飞得不高,尝试进入一阵上升气流,那是一股大气流。气流掀翻了滑翔机,他开始打转,失去控制。他尝试恢复控制而不是张开备用伞,结果撞到地上摔死了。如果不是之前一天那令人难以置信的飞行,我想他应该会张开备用伞。"利奥发展出一种新的次级情绪并因此丧命。"这些运动项目与其他项目的不同之处在于你需要一个引导者。入门之后,你比开始阶段更需要人指导。在登山中,你找到了一个引导者并跟着他,那是一个有经验的人。你对自己的了解部分是通过引导者得到的。"

那些积累了经验同时坚持初学者心态的人成了长期生存者。在飞行中,我们不断回过头重新训练并提醒自己牛顿定律不会因为我们充满了该死的阳刚之气而失效。当你觉得你要做的只是找间电话亭穿上超人斗篷，再从最近的窗口跳出来时，你很难记住那一点。飞行员中有句格言："世上有老飞行员，有大胆的飞行员，但没有大胆的老飞行员。"这一点适用于所有危险活动。

不确定时放弃。这是个艰难的决定。你已经买了机票；你等这趟旅行等了一年；你买了所有的装备。你很难承认事情没有如你所愿。在那样的时刻，明智之举是问自己它值不值得为之送命。当然，有些人需要走近死亡，需要冒真正巨大的危险。或按我一个在芝加哥做警察的朋友的说法："有些人就是想死在警察的弹雨下。"但是布恩·布拉克特（Boone Bracket）常说："我宁愿在地下盼着上天，也不愿在天上盼着落地。"加里·霍夫（第四章）看到伊利诺斯河里 18 英寸粗的大树以每小时 15 英里的速度从他身边飞流直下时就上了岸，而其他人则死了。大卫·斯通（第五章）在大教堂峰东南山壁遭雷击，因为他们不知变通，又没有制订应急计划，也许还有难以控制情绪的原因。所有追求冒险的人都会遇到那样的困难。

德鲁·利曼（Drew Leeman）是美国户外教育学校风险管理负责人。这所学校培训向导并为培训者在各方面提供指导，如激流划艇和单板滑雪。利曼说："你要谦虚。"要能做到及时退出。"在户外教育学校，我们会说，'除了顶峰，还有很多地方。'也许你尝试攀登这座山峰已经有 5 年，也许这是你的第三次尝试，而天气又开始变糟。"

一些人会陷入这样的想法无法自拔。"我花光了钱才来到这里，我不会让风暴什么的毁了它，"利曼说，"那时候，你要能反省自己并说：'今年也没戏了。'否则，你会冒险盲进并遭遇不幸。这需要你审视自身、评估自己的能力和精神状态，然后就会认识到打道回府、找机会再来比硬着头皮上、永不再来要好。"我们的社会只认成功者，但在野外，这样的动机有时是致命的。"你的目标和期限要契合实际，"利曼建议，"接下来就是满足于来到户外。如果能登上顶峰，那也只是锦上添花。"

　　不管麻烦以什么形式到来，除上述规则外，其他规则同样适用。你得有"积极心态"。怪罪别人是一项全民娱乐，证据是鸡毛蒜皮的官司。那不是生存者心态，而在史蒂文·卡拉汉看来，他是坐在地狱里看天堂。他看到的是那个半满的杯子。

　　说到自怜，斯托克代尔回忆起阅读《约伯记》（*Book of Job*）的作用："上帝出现在旋风中，说，'现在，约伯，你需要改改了！生活是不公平的……'这对身在战俘营里的我来说是个巨大安慰。它回答了'为什么是我？'的问题，消除了一切因为既往恶行而受报应的想法。"但这样的心态不会在你需要时从天而降，你要穷尽一生都把它作为看世界的方式，它值得你为之努力，因为它帮你在任何形势下都能获得成功，帮助你成为拯救者而非受害者。

　　像我一样，吉姆·斯托克代尔相信斯多葛派哲学家关于求生是一种生活方式的说法是对的。如果不是斯多葛主义的坚忍和冷静，你将如何描述乔·辛普森和史蒂文·卡拉汉的态度呢？斯托克代尔还推荐了"一门熟悉痛苦的课程"，一些生存学校可以提供该课程，野外旅行也可以提供。虽然是出乎意料的。通过接受日常生活中出现的自然疼痛为求生做准备。求生也许会发生在野外，但也可能发生在战争、疾病、生意失败、逃出一幢起火建筑时，还有其他无数种形式。马尔库斯·奥勒利乌斯所著的《沉思录》（*Meditations*）像一本求生手册是因为写下那些文字时，他正作为将军指挥一场最终获得胜利的艰苦战争。

　　欧文·埃德曼（Irwin Edman）在《沉思录》引言中总结了马尔库斯·奥勒利乌斯的话，他写道："在看上去可能是最坏的'时刻'尽力而'为'需要坚韧，也需要耐心、礼貌、谦虚、正派和意志。"他在"二战"期间，时值同盟国为生存殊死奋战之际写下这些话。同样的道理也适用于所有生存形势。

　　30多年来，我一直在阅读各种各样的事故报告。你可以说我麻木，但对我来说，它们就像无声的喜剧电影。人会做出奇怪的举动将自己陷入惊人的困境中。你真想叫醒托尔斯泰和陀思妥耶夫斯基告诉他们，嗨，你觉得你写的人物疯了……

　　然而，读到人在似乎必死无疑的形势下幸存的例子时，我发现了一个诡异的共同之处。他们所处的时期可以相差数十年甚至几个世纪，文化、地理位置、种族、语言和传统也千差万别，但他们都经历了同样的思考和行为模式。我观察了这些陷入死亡危险时的幸存者是如何思考和行动的，最终将其浓缩为 12 个要点，其中一些与避免陷入困境的步骤是一样的。下面是生存者的做法：

　　1. 感知，相信（观察，理解，相信）。即使在危险初发阶段，求生者的感知和认知功能也在发挥作用。他们注意到细节，甚至可能发现其中的幽默或美。即使他们否认危险，对感官获得的清晰证据的信任也可以抵销它。他们会立即开始识别、承认甚至接受所处形势的现实。就像乔·辛普森（第十三章）所说："我摔断了腿，就是这样。我死定了。"一开始，他们也许会怨天尤人；但很快会放弃那个做法并认识到任何困境，不管好坏，都来自自身。他们在形势中看到机会甚至是好的方面。他们快速经历了否认、愤怒、讨价还价、沮丧和接受阶段。他们"探索内心"。不过也要记住，许多人如戴比·基利（第十一章），也许需要挣扎一段时间才能做到。

　　2. 保持冷静（利用幽默、恐惧来集中注意力）。在恐惧初期，求生者会利用恐惧，而不是被恐惧控制。他们的恐惧常常有点像愤怒并会转变为愤怒，推动他们，使他们变得更敏锐。他们深刻理解保持冷静的重要性并一直警惕过多情绪带来的负面作用。他们保持着幽默感并因而保持冷静。

　　3. 思考 / 分析 / 计划（有条不紊；设定容易做到的简单任务）。生存者会快速组织、安排日常工作，明确纪律。在成功的集体求生时，领导人经常会从最不可能的候选人中脱颖而出。他们会丢开认为生存无望的想法。一个理性的声音会出现并总是被众人听从，控制住形势。幸存者会觉得自己变成了两个人，而且他们会"听从"理性的那个自己。它始于这样的矛盾：理解在外人看来似乎太无望的现实，但仍怀着成功的希望行动。

4. 采取正确、果断的行动（完成任务时胆大心细）。 生存者能将想法转化为行动，愿意为拯救自己和他人冒险，并能将艰巨任务分割成容易做到的简单任务。他们设定可实现的目标，制定短期计划并完成计划。他们一丝不苟地完成这些任务。他们每一刻、每小时、每天都会做好力所能及的事，不好高骛远。

5. 庆祝成功（享受完成任务的快乐）。 即使是最小的成功，生存者也能从中享受到巨大的快乐。这是持续激发动力和防止滑入绝望的重要一步。它还能缓解真实的求生中那无法言说的压力。

6. 往好处想（感恩——你还活着）。 这就是幸存者成为拯救者而不是受害者的原因。总是有人比他们自己更需要帮助，即使那个人不存在。我曾采访过的幸存者约西·金斯贝格在玻利维亚的丛林中失踪了几个星期，在旅行期间，他幻想出一个美丽的伴侣每天晚上和他一起睡觉。他做的每件事都是为了她。

7. 做游戏（唱歌、做智力游戏、背诗、数东西、心算）。 大脑及其神经连接似乎是生存的决定性因素，因此这样做就是为了扩展和深化这个因素。你对绘画、音乐、诗歌、文学、哲学、数学……的学习和体验越多，可供利用的资源就会越多。就像在求生之旅中求生者运用模式和节奏协助前进一样，他们会用艰深的智力活动刺激、安抚和款待大脑。数数也是重要方法，背诗甚至背颂歌可以使混乱的大脑平静下来。移动变成了舞蹈。一名需要走远路的求生者以百步为一组数步子，将每百步献给一个他在乎的人。

斯托克代尔将"对诗的爱好"视为有助提高耐力的重要品质。"你渴望记住，"他写道，"所有琐事都会从意识中消失，而加以注意，你就能在过往记忆的深处进行探索……把诗存在大脑里并每天温习……熟记大量诗歌来做此实验的人拥有的是最棒的礼物。"

幸存者通常带着护身符。他们寻找事物的意义，知道得越多，意义就越深刻。他们几乎视危机如儿戏。他们表现出专业玩家的流畅，在采取行动时平衡情绪和思维。他们说："小心，小心。"但他们的行动轻松而果决。游戏还能带来创造性，而创造性也许会带来能救命的新技术、新方法或新装备。

8. 发现美（记住：这是视觉追求）。 生存者随时能发现大自然的奇迹。对美的欣赏和敬畏使你感觉敏锐。看到美丽的事物时，你的瞳孔会放大。这种欣赏不仅能缓解压力、激发强大动力，还能让你更有效地接收新信息。

9. 相信自己会成功（坚定地相信自己将活下去）。 上述所有做法都指向这一点：生存者会坚持个性、确立决心。求生者告诫自己不要犯错，要细心，要竭尽所能。他们相信，如果做到这些，他们将无往不胜。

10. 放弃（放弃对死亡的恐惧；"丢弃疼痛"）。 生存者善于控制疼痛。在飞机坠毁后走出了内华达山脉的劳伦·埃尔德（第十三章）写道，她"藏起那条信息：我的胳膊断了"。这种就是约翰·利奇所说的"接受现实但不屈从，置之死地而后生"的心态。乔·辛普森意识到他也许会死，但这个想法不再使他感到困扰，因此他继续前进并爬出了那座山。

11. 全力以赴（决心；意志和技艺）。生存者有元知识：他们知道自己的能力，不会高估或低估这些能力。他们相信一切皆有可能并据此采取行动。游戏带来创造性，创造性又让你尝试一些似乎不可能的事。当劳伦·埃尔德乘坐的飞机在 12,000 英尺的高空撞上山顶时，她能逃出生天的可能性似乎为零。但不管怎么说，她做到了，她还在断了一条胳膊的情况下爬下垂直的崖壁。生存者不指望甚至不希望别人来救。他们极为理性地利用世界获取所需，做他们必须做的事。

12. 永不放弃（什么都打不垮你）。天无绝人之路。生存者不会轻易被挫败，挫折是吓不倒他们的。他们知道环境（或商业形势，或他们的健康）在不断变化。他们会重整旗鼓从头来过，将漫长艰巨的过程分成容易实现的小段。生存者永远有继续前进的明确理由。他们塑造出一个由生动记忆构成的世界供自己逃避，并以此维持士气。他们挖掘一切可供分心的记忆。他们接受自己所处的世界，从逆境中发现机会。事后，他们还会总结经验教训，心怀感激。

约翰·格雷（John Gray）是唯一有资格带背包客进入冰川国家公园的向导。他所在的冰川户外导游公司经营着那里的花岗岩公园度假小屋。通往小屋的高山步道（Highline Trail）是公园里一个非常受欢迎的景点。游客将温尼贝戈房车停在洛根山口游客中心巨大的停车场里，那里 8 月份都能积雪 12 英寸。他们带着孩子和相机，沿北美大陆分水岭出发欣赏沿途美景。"出发时，他们只是什么都不懂，"格雷告诉我，"他们甚至不知道上山前得做好准备。许多人不带任何合格装备就屁颠屁颠往上爬，结果形势很快就会变得极为凶险。今年，我们在花岗岩度假小屋分发了全部的垃圾袋，给那些没有适当衣服、低温的游客。我们可以让他们取暖，但垃圾袋是下山路上我们能提供的唯一物品。"

"未知世界有无穷吸引力，"德鲁·利曼说，"即使不知道前方有什么，出发本身就让人难以抗拒。重要的是事先做好准备，弄清楚你可能会遇到怎样的情形。那将决定你的装备、路线、目标和实现目标需要的时间。"

格雷、利曼等人强调了探险的基本工具：计划、谨慎、训练和学习一些良好的决策技巧。

宇航员给我们树立了一个优秀榜样。从没有哪个追求刺激的群体比他们更出名，但他们比其他任何群体都明白，他们的生命不是用来挥霍的。我们是冒险者民族，他们属于我们不仅因为我们出了路费，还因为他们是冒险和探索精神的体现，这种根植内心的探险精神一直是我们民族特征的基本元素。他们的工作具有可预见的致死性：他们中的一些人会死去，但他们还是以相当规律的时间表从事这项工作。当他们工作的时候，我们尽可放心赞美他们的生命，赞扬他们对细节一丝不苟的关注，赞扬他们为安全回家所做的努力。

对回家的人来说，每个人都是英雄。如果有人没有回来，其他人就将作为搜救队员冒着生命危险去救他们或找回他们的遗体。真正的宇航员英雄主义不在于他们冒的风险——每个傻瓜都可以弃生命如敝屣——而在于他们为保护自己免遭伤害而做出的艰苦努力。他们知道，当你放弃自己时，冒险就会变得愚蠢。这不是自私，而是勇敢前进和盲目前进间的细微区别，是献身任务和合理谨慎间的平衡。达到平衡需要真才实学，处于最佳状态的探险者胆大且心细。这意味着知道极限在哪里，而且足够了解自己，能正确估计出你可以走多远并安全返回。

我看着鲍勃·卡巴纳（Bob Cabana）、格里·罗斯（Gerry Ross）和吉姆·纽曼（Jim Newman）等宇航员成为航天飞行大师，他们承担了国际空间站最初的组装工作。他们什么都学，练习每一个动作，为一桩为时两周的工作训练了 5 年。这就是他们成功的秘诀。到了实际操作时，就好像只是另一次演练：熟练生出了清晰的思考。恐慌的大脑是一无是处的。

求生的结果很大程度上取决于你的思维、情绪、身体条件和行动。每个遇到灾难或挑战并且通过自己的努力幸存下来的人都经历了从受害者到生存者的最初转变，并且都按照一个清晰、确定的模式经历了思维和情绪方面的检查、控制、行动和转变。这些活动，如理性从情绪自我分离和认为自己会活下来的几乎盲目的顿悟，在预测生存方面比任何特定技能、训练或装备都重要得多。这些思维过程和转变反映了实际的大脑活动，对此科学家才刚刚窥到门径。参与野外娱乐或冒险户外运动的人可以从这类过程和转变的知识中受益。每个资源有限的人都会陷入灾难。正因为管理了这些资源，并利用伴随资源而来的每个机遇，幸存者才能活着讲述他们的故事。说不准有多少人表现和适应得像教科书般完美的生存者一样，却因为最佳表现也无法克服的极端客观灾难而死去。换句话说，也许你做对了每一件事却还是死了。类似的，你也许像许多人每天都在做的那样，做错了每一件事却活了下来。

不久前，我去参加特技飞行巡回赛时，我的朋友简·琼斯（Jan Jones）正做着她的日常工作。她和我大约同一时期加入国际特技飞行俱乐部。除此以外，简是个相当普通的人：她去小卖部，每天早上冲澡，看电视，洗衣服，和丈夫去看电影。简和我一样，也是裁判，有时我们会在别人飞行时坐在一起。然后有一天她起飞了，机毁人亡。大家痛心地谈论她不必要的冒险。但是，我的另一个朋友也做着非常类似的日常工作和活动，只不过不是飞行，没有冒险。实际上，她的生活极为平静。然后有一天，她感到不舒服去找医生看病，几周后，她死于恶性胶质瘤。有意或无意地，生存者知道活着就是头下脚上地飞行（1999 年有 640 人死于食物导致的窒息，有 320 人溺死在澡盆里）。你已经在头朝下开飞机了，不如索性拉出烟迹，享受乐趣。这样当不同类型的挑战出现时，你可以用同样的冷静面对它。

D. H. 劳伦斯（D. H. Lawrence）写道，你每年都会无意地度过一个周年纪念日：你自己的忌日。此前我已经见过太多次，冒险家在自己的死亡之处兜圈子，嘲讽它，取笑它，与虎共舞。绝不要自欺欺人以为自己可以驯服它。

　　当然，我们在日常生活中也会遇到死神，你可能在午睡时死掉，但那是无意识的。而在冒险中，我们故意挑战命运。我们选了一个无情的、不知疲倦的对手，其他人则假装高枕无忧。我们感觉自己的经历更真实，同时认为大众沉醉在他们的自满中。一个训练有素的人在一次精心规划、万事俱备的探险期间被死神带走跟一个普通人被汽车撞死一样丢脸。没人会说："他真不该走到那里。"但一个不熟悉俄勒冈境内的火山三指山（Three Fingered Jack）的名叫卡尔·伊万（Karl Iwen）的登山者在下山时，他离开了同伴和下山路线，将冰镐绑在背包上来了个雪地冒险。他给同伴上演了一出惊人的表演，失足落入半山峡谷，飞了 600 英尺。卡尔并非死于他所钟爱的运动，而是死于抑制不住的冲动，或者我称之为"浅海晕眩"①的东西。

　　就真正意义上的危险程度来说，完美的冒险不应该比日常生活高很多，因为将我们拴在这里的绳子随时可以崩断。与其小心翼翼地度过无聊的一生最后死于癌症，还不如去冒险，把危险降到最低并从中得到知识，知道自己已经尽了最大努力然后继续生活。

　　不，那头公牛已经在等着我们所有人，有些人宁愿视而不见，有些人则选择将斗篷划过牛角前方。生活就是冒险。当你感觉到那阵风，和吹到你脸上的热烘烘的鼻息时，你就是那些近距离接触过死亡的人之一了。它让我们的生活更紧张刺激。这刺激如此强烈，甚至决定了一些人的命运；一旦尝过，就再也停不下来。对于他们，也许我们不得不承认，最明亮的蜡烛烧得最快。

　　但我相信，如果做法正确，你可以兼得鱼与熊掌。我追随女儿阿梅莉亚所说的"生活中的阴沟理论"，大致是说：你肯定不愿意当自己被公共汽车撞倒，生命正在流失殆尽的时候，然后躺在阴沟里想"我该参加那次漂流旅程的……"或"我该学着冲浪的……"或"我该开特技飞机的——拉出烟带！"

---

① "浅海晕眩"是作者的一种幽默说法。"深海晕眩"是由氮等气体在高压下的麻醉作用引起的，显然浅海里不存在高压条件，也就是说，卡尔本不应该失去理智。——译者注

　　皮特·康拉德（Pete Conrad）是第三个在月球上行走的人。他在一个平常的日子里死于摩托车事故。送医途中，过了一段时间他才死去。我想知道那时候他在想什么，我希望是：**我终于做到了**。

致谢

　　我的每一部作品都是某种合作的成果。我想提到我的家人，特别是我的孩子和父母，他们大度地忍受了我的沉默、怪异举动和长期在外。女儿埃琳娜和阿梅莉亚无私无畏地奉献了她们的爱、支持和见解。约翰·拉斯马斯（John Rasmus）多年来一直耐心地指导我；这本书脱胎自我为他创立并担任编辑的《国家地理探险》杂志撰写的文章。这些年来，杂志社主编吉姆·梅格斯给我的许多文章提供了指导。几十年来，乔纳斯·多维德纳斯和贝齐·多维德纳斯（Betsy Dovydenas）、托尼·比尔（Tony Bill）和海伦·巴特利特（Helen Bartlett）、尤金妮亚·罗斯·莱明（Eugenie Ross Lemming）和鲍比·辛格（Bobby Singer）给了我鼓励、友谊和保护。没有我的编辑约翰·巴斯托（John Barstow），我写不出这本书。没有我30年来的代理人和老友盖尔·奥克曼（Gail Hochman），我不会这么渴望写作这本书。阿里·蔡特（Ari Chaet）、香农·莫菲特（Shannon Moffett）和沙恩·奥马拉（Shane O'Mara）阅读并协助我修改了草稿。感谢我的兄弟斯蒂芬（Stephen）和儿子乔纳斯。另外，我对戴比（Debbie）的感激一天也不会中断。

作者按

　　司法鉴定圈子里人尽皆知，目击者的说法出了名地靠不住。人的认识也不可靠，尤其是面临压力的时候。因此一场事故期间发生事件的版本也常常不同，通常是涉及了多少人，就有多少个版本。虽然我尽可能使用正式事故报告，尽量准确地描述本书里的事故，但这些描述中的一些内容的其他观点可能也成立。我父亲坠机的例子生动说明了这个问题。我们回到德国时，我访问了 1945 年 1 月 23 日，他坠机那天在现场的人。每个人告诉我的故事都大相径庭。类似地，胡德山难发生几天后，我采访了几个幸存者，他们的故事和对事件的记忆方式也各不相同。克利夫·兰塞姆（Cliff Ransom）协助我进行了其中一些采访。因此，虽然关于一些事故的细节可能有不同看法，我依然尽量使用我认为最准确、最合理的描述。

　　为了保护当事人的隐私，书中隐去了部分人士的真名。

——L. G.

出版后记

"他不是英雄，而是生存者。"劳伦斯·冈萨雷斯在本书中如此评价他的父亲，费德里科·冈萨雷斯。后者是"二战"期间美国陆军第八航空队的功勋飞行员，曾随着被炮火击中的轰炸机从 27,000 英尺高空坠落却大难不死，之后成为休斯敦医学中心的一名生物物理学家。劳伦斯·冈萨雷斯一生都在追寻作为生存者的父亲所拥有的优秀品质，并将自己对科学探索的兴趣投入其中。本书即是他数十年追寻和探索的成果。作为第一本科学研究生存的书籍，本书 2004 年在美国甫一出版便成为畅销书，深受读者广泛好评。2017 年，本书再版，畅销热度依然不减，并因其内容发人深省而获得 2018 年埃里克·霍弗奖和蒙田奖章。

劳伦斯·冈萨雷斯是技术了得的特技飞行师、经验丰富的新闻记者、卓有成就的讲席学者、游历广泛的冒险家和孜孜不倦的科学研究者，这些身份都在他妙笔生花的字里行间互相激荡，带给我们极致的阅读体验，帮助我们理解生存者的终极品质究竟为何。

此次，我们将本书的最新版本引进翻译，以期为国内爱好野外生存、勇于挑战生活的朋友们提供一份深度指南，有不到之处还望批评指正。

服务热线：133-6631-2326　　188-1142-1266

读者信箱：reader@hinabook.com

2019 年 7 月

图书在版编目（CIP）数据

生存心理：野外探险家和生活挑战者的深度指南 /
(美) 劳伦斯·冈萨雷斯著；朱鸿飞译. -- 天津：天津
人民出版社, 2019.7

书名原文: DEEP SURVIVAL：Who Lives, Who Dies,
and Why

ISBN 978-7-201-14796-3

Ⅰ.①生… Ⅱ.①劳… ②朱… Ⅲ.①社会心理学—
通俗读物 Ⅳ.①C912.6-49

中国版本图书馆CIP数据核字(2019)第112798号

生存心理：野外探险家和生活挑战者的深度指南
SHENGCUN XINLI: YEWAI TANXIANJIA HE SHENGHUO TIAOZHANZHE DE
SHENDU ZHINAN

[美]劳伦斯·冈萨雷斯 著；朱鸿飞 译

出　　版	天津人民出版社	出版人	刘　庆
地　　址	天津市和平区西康路35号康岳大厦	邮政编码	300051
邮购电话	（022）23332469	网　址	http://www.tjrmcbs.com
电子信箱	reader@tjrmcbs.com		
出版统筹	吴兴元	编辑统筹	王　顿
责任编辑	伍绍东	特约编辑	杨晓晨　韩　伟
营销推广	ONEBOOK	装帧制造	墨白空间·张静涵
印　　刷	北京天宇万达印刷有限公司印刷	经　销	新华书店经销
开　　本	720毫米×1030毫米　1/16	印　张	16印张
字　　数	222千字		
版次印次	2019年7月第1版　2019年7月第1次印刷		
定　　价	49.80 元		

后浪出版咨询(北京)有限责任公司 常年法律顾问：北京大成律师事务所　周天晖 copyright@hinabook.com
未经许可，不得以任何方式复制或抄袭本书部分或全部内容
版权所有，侵权必究
本书若有质量问题，请与本公司图书销售中心联系调换。电话：010-64010019